STEFAN SILLMANN | JOHN O'DONNELL

TRADER KOMPETENZEN

STEFAN SILLMANN | JOHN O'DONNELL

TRADER KOMPETENZEN

- ✓ VERHALTEN ERKENNEN
- ✓ FEHLER VERMEIDEN
- ✓ TRADING VERBESSERN

FBV

Bibliografische Information der Deutschen Nationalbibliothek
Die Deutsche Nationalbibliothek verzeichnet diese Publikation in der Deutschen Nationalbibliografie. Detaillierte bibliografische Daten sind im Internet über **http://dnb.d-nb.de** abrufbar.

Für Fragen und Anregungen:
info@finanzbuchverlag.de

1. Auflage 2017

ein Imprint der Münchner Verlagsgruppe GmbH
Nymphenburger Straße 86
D-80636 München
Tel.: 089 651285-0
Fax: 089 652096

Redaktion: Marion Reuter
Lektorat: Silvia Kinkel
Umschlaggestaltung: Marco Slowik, München
Umschlagabbildung: shutterstock/Urheberrechte by A StockStudio, Aaron Amat, Aila Images, Aleksei Isachenko, Alexander Kirch, All kind of people, Amazingmikael, Anchiy, Andrey_Popov, Anton Watman, Asier Romero, Atstock Productions, Cara-Foto, chaoss, conrado, CURAphotography, Dan Kosmayer, Dean Drobot, Dorota Zietek, Elnur, F8 studio, Francesco83, FXQuadro, GaudiLab, George Dolgikh, George Rudy, g-stockstudio, Halay Alex, Hugo Felix, InnervisionArt, Ionnis Pantzi, Ivonne Wierink, javi_indy, KI Petro, Kiselev Andrey Valerevich, Kurhan, Lena Pan, Ljupco Smokovski, Maksim Shmeljov, Matusciac Alexandru, MatveiFoto, Mayer George, michaeljung, Milles Studio, mimagephotography, Minerva Studio, NakoPhotography, Nejron Photo, originalpunkt, Piotr Marcinski, Robert Kneschke, Roman Striga, S4svisuals, SAMphotofilm, Samuel Borges Photography, Sandratsky Dmitriy, Sergey Nivens, shutterlk, shyshak roman, stockyimages, Syda Productions, takayuki, tale, Tyler Olson, Uber Images, Valua Vitaly, veryulissa, Viorel Sima, Vlad Teodor, wavebreakmedia, Wisiel, Ysbrand Cosijn
Satz: Carsten Klein, München
Druck: Florjancic Tisk d.o.o., Slowenien
Printed in the EU

ISBN Print 978-3-95972-005-2
ISBN E-Book (PDF) 978-3-86248-983-1
ISBN E-Book (EPUB, Mobi) 978-3-86248-984-8

Weitere Informationen zum Verlag finden Sie unter
www.finanzbuchverlag.de

INHALT

I

ALLGEMEINES

Warum so ein Buch?

Seit ein paar Jahren trainieren und coachen wir immer wieder Menschen, die an der Börse Geld verdienen wollen. Diese Trader haben alle etwas gemeinsam. Sie möchten schnell und einfach Geld verdienen. Und genau mit dieser Haltung kommen sie zu uns. Man kann sich vielleicht vorstellen, wie groß die Enttäuschung ist, wenn sie diesen Zahn gleich am Anfang gezogen bekommen. Schnell und einfach geht grundsätzlich auch, allerdings nur, wenn Du sehr viel Glück und bereits sehr viel Geld hast. Diejenigen, die auf Glück setzen, verlieren beim Trading ihr Geld relativ schnell und/oder haben sich dazu entschlossen, Lotto zu spielen.

Wir haben alle unsere gesammelten Erfahrungen in diese Trainings und Coachings gepackt. Wir haben dabei an viele Dinge gedacht, die auf den ersten Blick »ganz normal« erscheinen, wie z.B. die Überprüfung meines »Back-up-Systems« in der Vorbereitung auf einen Trading-Tag am Morgen. Du wirst sagen, das ist doch selbstverständlich! Ist es eben nicht. Und da wir aus eigenen Erfahrungen sprechen, haben wir zumindest versucht, in diesem Buch an alles zu denken. Auch wenn man manchmal erst auf den zweiten Blick den Sinn eines bestimmten Punktes auf unseren Checklisten erkennt …

Alle Punkte, Strategien und Ideen haben am Ende nur den Zweck, Fehler zu vermeiden. Denn wenn wir eines gelernt haben als Trader, Coaches und Trainer, dann ist es das: Ein Fehler bedeutet Verlust. Ganz einfach.

Übrigens nicht nur beim Trading. Noch vor kurzem habe ich mich mit einem professionellen Poker-Spieler, Coach und Trainer unterhalten. Wir haben unsere Erfahrungen zum Thema Risiko-Management ausgetauscht. Welche Gemeinsamkeiten es zwischen dem Pokern und dem Trading gibt. Und siehe da, wir sind gar nicht so weit voneinander entfernt. Beide Tätigkeiten werden von außen als »Zockerei« bezeichnet. Doch beide Tätigkeiten haben in der Realität, und aus professioneller Sicht, rein gar nichts mit Zockerei zu tun. In beiden Fällen heißt es: Ich kann den Markt (bzw. die Karten) nicht beeinflussen und schon gar nicht managen, nur mich selbst.

In beiden Fällen gibt es etwas, was die Teilnehmer »reizt«. Es geht darum, zu gewinnen! Und wie oben erwähnt, zu viele verlassen sich dabei einzig und allein auf ihr Glück. Oder noch besser, sie schieben ihren Misserfolg auf fehlendes Glück. Dazu kommt noch, dass beides vermeintlich leicht zu verstehen ist. Trading heißt »billig kaufen – teuer verkaufen«. Alles klar, ist verstanden. Die Umsetzung ist leider nicht so einfach, sonst könnte es ja jeder. Tatsächlich hast Du als Trader in jedem Moment eine 50/50 Chance, mit deiner Entscheidung richtigzuliegen. An den Märkten hast Du nur zwei Bewegungen, stärker oder schwächer. Deshalb ist die Versuchung ja so groß, immer gleich loszulegen. Ein professioneller Poker-Spieler setzt zwar auch auf Wahrscheinlichkeiten, und schätzt aber durch Beobachtung und Analyse seinen »Markt« ein, bevor er agiert.

Würde der Trader genauso agieren, müsste er zunächst sein persönliches Verhalten analysieren, dann seinen Markt, um anschließend seine Möglichkeiten aufzulisten, damit er schließlich eine Entscheidung treffen kann. Wir haben gelernt, dass ein Großteil der Verluste, die Trader am Markt fabrizieren, nicht auf fehlendes Glück, sondern auf unangepasstes persönliches Verhalten zurückzuführen ist.

Die Essenz dieser Gedanken und Erfahrungen ist, dass sowohl beim Pokern als auch beim Trading tatsächlich nur derjenige gewinnt, der einerseits die eigenen Fehler minimiert und andererseits mehr gute und damit profitable Handlungen vollzieht.

Wie geht das und wie kommt man dahin? Es ist eigentlich ganz einfach: Du analysierst dein eigenes Verhalten in bestimmten Situationen. Wie habe ich mich verhalten? Was habe ich gedacht? Was habe ich gefühlt? Woher kommt dieses Gefühl? Diese Analyse sollte zu einer Selbst-Diagnose führen, die Dir Klarheit über bestimmte Denkmuster und das damit einhergehende Gefühlsleben verschafft. Und natürlich darüber, welche Konsequenzen sich daraus für Dein Trading ergeben. Motto: Gefahr erkannt – Gefahr gebannt!

Das ist weder Hexerei, noch haben wir etwas Neues geschaffen. Jeder Profi überprüft regelmäßig sein eigenes Verhalten mit dem Ziel: sich zu verbessern. Egal wohin man schaut, Business, Sport, Medizin, Fliegerei, Feuerwehr, Katastrophenschutz. Profis haben alle eins gemeinsam: Sie überprüfen und optimieren permanent das eigene Verhalten und trainieren jeden Tag ihre Fähigkeiten, um besser zu werden.

Und genau das trifft auch fürs Trading zu. Die Trader, die schon lange am Markt sind, schauen immer wieder, wie sie sich verbessern können. Hier nur ein kleines Beispiel aus dem Devisenhandel. Vor gut 25 Jahren wurden elektronische Handelssysteme eingeführt. Bis dahin konnte man sich auf sein Gehör und sein Gefühl verlassen. Denn das Geschäft lief über das Telefon und über Lautsprecherboxen mit Brokern aus aller Welt. Wir hörten am Geräuschpegel, wenn sich im Markt etwas bewegte. Wir spürten die Spannung in der Stille kurz vor Bekanntgabe wichtiger Arbeitsmarktdaten. Und dann explodierte der Markt. Alle schrien durcheinander, niemand wusste wirklich, wo der Markt gerade steht, und echte Market-Maker haben Preise gestellt, zu denen sie gleichzeitig kauften und verkauften, um den Markt mit Liquidität zu versorgen.

Dann kamen die Maschinen, und wir hörten immer weniger. Wir sahen auf den Schirm und verfolgten, wie sich die Zahlen bewegten. Ein wichtiger Faktor, nämlich das Gehör und die damit verbundenen Gefühle, wurden einfach ausgeschaltet. Was haben wir gemacht? Die Charttechnik, die bis dahin eher stiefkindlich behandelt und von vielen mit einem Lächeln bedacht wurde, geriet stärker in den Fokus. Anhand bestimmter Parameter haben wir immer wieder versucht, den Markt zu lesen. UND wir mussten lernen, all die Gefühle, die bisher ein wichtiger Faktor und Indikator waren, zu ignorieren bzw. zu kontrollieren. Wir haben Positionen »aus dem Bauch heraus« genommen und gelernt, sie mit dem Kopf zu managen.

Diesen Prozess wollen wir in diesem Buch verdeutlichen und erklären. Wir wollen hiermit ein Werk schaffen, das den Einstieg in professionelles Handeln erleichtern soll. Und wir wollen auch gestandenen Profis die Möglichkeit bieten, sich zu hinterfragen, ob sie noch etwas an ihrem Verhalten verbessern können. Denn auf allerhöchstem Niveau »gewinnt« am Ende der, der die wenigsten Fehler macht …

Noch etwas: Wir werden hier in der im Handel üblichen Du-Form schreiben und dabei auch die männliche Version verwenden. Wir sprechen natürlich damit beide Geschlechter an. Ebenso verwenden wir einen relativ einfachen und verständlichen Sprachstil, wie es bei Händlern üblich ist. Bitte erwarte also keine hochwissenschaftlichen Formulierungen, sondern eher eine offene und deutliche Form der Kommunikation. Wenn es »WIR« heißt, meine ich immer uns,

John und Stefan. Wenn die Formulierung mit ICH beginnt, geht es um Stefan, denn ich schreibe final an diesem Buch und John versorgt mich immer wieder mit wichtigem Input. Und jetzt ... Viel Spaß

Happy Hunting
Happy Trading

John & Stefan

An wen richten sich diese Ausführungen?

Du bist oder möchtest ein Trader sein/werden ...

- Anfänger, Professionelle, Institutionelle, Private, Zocker
- Tätig in allen Asset-Klassen: Devisen, Zinsen, Commodities, Wertpapiere, Anleihen, Aktien, Derivate, Optionen, Zertifikate usw.

Du bist ein Anleger ...

- kurz- und mittelfristiger Anleger, der einen Überblick zu seinem persönlichen Anlageverhalten bekommen möchte
- der gelegentlich Marktbesonderheiten mit kurzfristigen Positionen ausnutzen will
- der einem anderen »Guru« folgen möchte (Social Trading) und erst einmal überprüft, was genau dieser tut und wie er es tut
- der die »Gurus« miteinander vergleichen möchte.

Du bist ein Investor ...

- der die Tätigkeiten und das Verhalten seiner »Investments« beobachten, kontrollieren und gegebenenfalls eingreifen will oder muss.

Du bist ein Controller ...

- der ein allgemeines Verständnis über Märkte haben möchte und mehr über das Verhalten von Tradern und über deren Trading-Entscheidungen erfahren will

- der das individuelle Risiko- und Money-Management bei Tradern überwacht.

An alle …

- die sich für Psychologie an den Finanzmärkten (Behavioral Finance) interessieren
- die Folgen daraus für das persönliche Trading-Verhalten verstehen wollen und
- nach Lösungen zur Optimierung dieses Trading-Verhaltens suchen.

Das sind die Ziele unserer Ausführungen!

Am Ende dieser Ausführung wirst Du in der Lage sein:

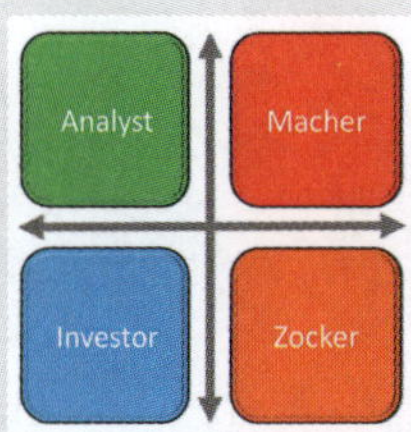

- Dein eigenes Trading-Verhalten noch besser zu verstehen. Vor allem typische Fallen und Fehler zu erkennen und zu eliminieren, die typisch sind für Dein Persönlichkeits-Profil.

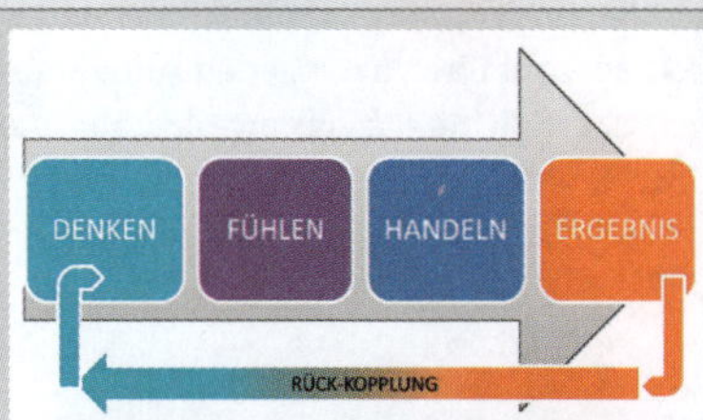

- Dieses Verhalten bei Bedarf und entsprechender Marktsituation noch besser anzupassen bzw. zu optimieren und damit erfolgreicher sein.

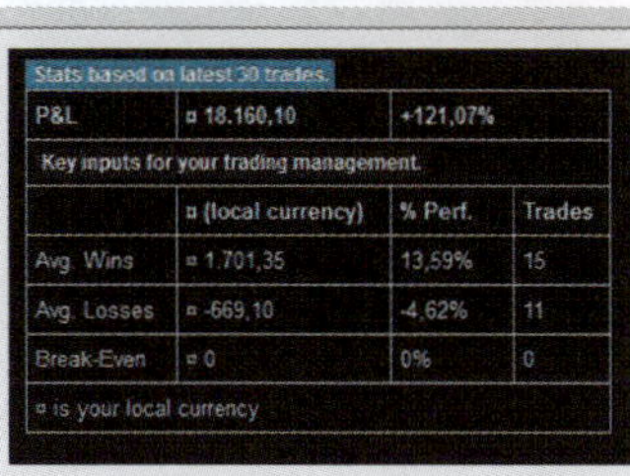

Stats based on latest 30 trades.

P&L	¤ 18.160,10	+121,07%	
Key inputs for your trading management.			
	¤ (local currency)	% Perf.	Trades
Avg. Wins	¤ 1.701,35	13,59%	15
Avg. Losses	¤ -669,10	-4,62%	11
Break-Even	¤ 0	0%	0
¤ is your local currency			

- Mithilfe Deiner persönlich entwickelten Handelsstrategien in den bevorzugten Märkten (noch) professioneller zu agieren.

Zustand	Beschreibung	Checked
Optimaler Zustand	Wie fühle ich mich? Aggressiv = Erst klären und Aggression abklingen lassen Destruktiv = Lustlos? Woran liegt das? Was kann ich dagegen tun? …	
Physische Fitness	Wie geht es mir heute körperlich? Müde, krank, hungrig, durstig? Ist für das leibliche Wohl gesorgt, Toilette erledigt?	
Emotionale Fitness	Mentale und Emotionale Balance. Nervt mich etwas? Bin ich mental »fit for trade«?	
Nicht-Geschäftliches	Persönliche Ablenkungen eliminiert? Verabredungen im Kalender? Einplanen in der Strategie für heute. Handy, Mail, … abschalten.	

- **Deinen** Trading-Stil an **Dein** persönliches Risiko- und Money-Management anzupassen.
- Mit Unterstützung von Checklisten ziel- und lösungsorientiert und damit (noch) professioneller zu **agieren**.

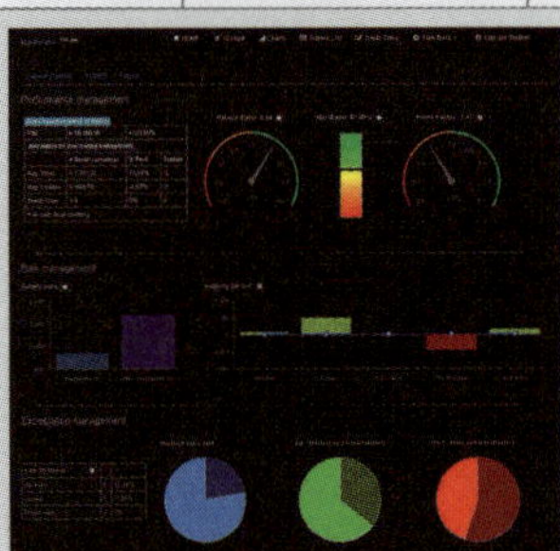

- Mithilfe eines Trading-Tagebuches den Überblick, sowohl über die eigenen Aktivitäten als auch das individuelle Trading-Verhalten, zu haben und vor allem zu behalten.

Unsere »Weisheiten«

Im Verlauf dieser Ausführungen werden wir Dich immer wieder mit Gedanken und Geschichten aus unserer Erfahrung und dem Leben rund um das Trading versorgen. Wir wollen damit Impulse geben und zum Nachdenken anregen, wie Du Deinen individuellen Trading-Stil optimieren kannst und worauf Du achten solltest.

Jede Trading-Strategie, so gut sie auch sein mag, ist irgendwann – aus welchen Gründen auch immer – nicht mehr ein- und umsetzbar. Die Märkte ändern sich, die Bedingungen ändern sich, Du änderst Dich.

In diesem Buch geht es uns darum, dass Du Dir als Trader Deine geistige Flexibilität bewahrst und optimalerweise nicht in den Modus »Das habe ich doch schon immer so gemacht« verfällst.

Es geht auch nicht darum, Deine Strategien nach jedem misslungenen Trade »über den Haufen« zu werfen. Wir wollen, dass Du Deine Trades und/oder Deine Strategie sachlich und anhand vorher festgelegter Kriterien eingehend überprüfst und erst dann gegebenenfalls optimierst.

Henry Ford sagte einst: »Wer immer tut, was er schon kann, bleibt immer das, was er schon ist!« Ein wenig umgewandelt und auf unser Business interpretiert bedeutet das: »Wer immer das Gleiche macht, muss sich nicht wundern, wenn er immer dieselben Ergebnisse bekommt.«

Die Finanzmärkte sorgen jeden Tag dafür, dass diese Weisheit eine besondere Bedeutung bekommt. Auch wenn es immer wieder der Wunsch von Tradern, Anlegern und Investoren ist, die Märkte zumindest mal zu »verstehen«, so gibt es immer erst im Nachhinein, bei der Analyse, eine plausible Erklärung für eine bestimmte Bewegung. Einer meiner ersten Chefs hat mal den scharfsinnigen Kalauer gebracht: »Hinterher bist Du immer schlauer!« Am Ende des Tages bleibt es jedoch trotz all Deiner guten Wünsche dabei: »Du bist nur so gut wie Dein letzter Trade.«

Gerade an den Finanzmärkten gilt diese Weisheit, denn es gibt wohl keinen anderen Markt, an dem mit Veränderungen so schnell so viel Geld verdient oder verloren werden kann.

!WICHTIG !WICHTIG !WICHTIG !WICHTIG

Mit diesem Konzept hältst Du nur eine Möglichkeit in Deinen Händen. Wir geben Dir Ideen und Impulse. Es ist Deine eigene Verantwortung, was Du daraus machst. Wir geben keinerlei Garantie oder Empfehlungen zu Anlagemöglichkeiten oder etwas in der Art. Die hier enthaltenen Hinweise entsprechen unseren Erfahrungen. Wenn wir Zitate oder Ähnliches verwenden, sind die Urheber (soweit bekannt) im Anhang am Ende eines Kapitels aufgeführt.

ÜBUNG #1 – Das Trading-Colors-Game

Beginnen wir mit einer kleinen Übung. Sie soll Dir spielerisch dabei helfen, noch mehr über Dich zu erfahren. Oder Du fragst mal diejenigen in Deinem Umfeld, die schon einmal ein »Spiel« mit Dir gespielt haben. Beim Spielen zeigt sich sehr häufig der wahre Charakter einer Persönlichkeit. Insbesondere dann, wenn man am Verlieren ist. Deshalb wollen wir auch gleich zu Beginn mit diesem kleinen »Selbstversuch« starten.

Wir wurden damals als junge Händler mit diesem Spiel vorsichtig an das Thema Trading herangeführt. Unsere Chefs wollten wissen, welche Ziele wir verfolgen und wie wir Strategie und Taktik in einer spielerischen Atmosphäre umsetzen. Die Rückschlüsse, die dann hinter verschlossenen Türen gezogen wurden, gaben Hinweise auf mögliche Einsatzgebiete auf einem Trading-Floor. Allerdings wussten wir das erst einmal nicht. Wir sollten einfach nur »spielen«.

Und so funktioniert das Spiel

Stell Dir vor, Du besitzt ein Kapital von 10.000 Euro, das ist Dein »Spielgeld«. Du entscheidest, wie viel Du pro Runde einsetzt. Ob 100 oder 10.000, spielt erst einmal keine Rolle. Bitte denke hier nicht zu viel nach, sei spontan, denn es ist **nur** ein Spiel.

Unser Spielplatz ist der **Markt,** und dieser wird hier von farbigen Spielfiguren oder Karten repräsentiert. Wir haben seinerzeit die klassischen kleinen Figuren von Mensch-ärgere-dich-nicht benutzt. Jede Figur repräsentiert einen negativen oder positiven Multiplikator, der einer bestimmten Marktveränderung entspricht. Wir spielen mit fünf Farben und insgesamt sind es dreizehn Figuren. Die Aufteilung der Farben und die Anzahl der Figuren pro Farbe sind in der nachfolgenden Tabelle aufgelistet. In der dritten Spalte siehst Du auch die jeweilige positive oder negative Veränderung des Kapitaleinsatzes (KE) je Farbe.

Farbe	Anzahl der Farben/Figuren	Veränderung
Gelb	2x	-5 * KE
Grün	3x	-2 * KE
Schwarz	4x	+1 * KE
Beige	3x	+2 * KE
Rot	1x	+3 * KE

Beispiel:

Kapitaleinsatz: EUR 1.000

Alternative 1: Gezogen wird eine Figur der Farbe »Beige«, was einer Veränderung von +2 Mal dem Kapitaleinsatz (KE) entspricht. Dein neues Gesamtkapital beläuft sich auf 12.000 Euro.

Alternative 2: Gezogen wird eine Figur der Farbe »Grün«, was einer Veränderung von –2 Mal dem Kapitaleinsatz (KE) entspricht. Dein neues Gesamtkapital beläuft sich auf 8.000 Euro.

Hier noch ein paar Beispiele:

Trade	Einsatz	Gezogene Farbe	Veränderung	GuV	Aktuelles Kapital
1	2.000	Grün	–2 * KE	–4.000	6.000
2	1.000	Schwarz	+1 * KE	+1.000	6.000
3	1.000	Beige	+2 * KE	+2.000	8.000
4	2.000	Gelb	–5 * KE	–10.000	–2.000 (FFT)

Die Beispieltabelle erklärt sich zwar fast selbst, wir wollen allerdings sicherstellen, dass die »Prinzipien« unseres Spiels auch wirklich klar sind.

In der ersten Runde hast Du einen Betrag von 2.000 Euro gesetzt. Grün wird gezogen, das entspricht einer Veränderung von –2 Mal das eingesetzte Kapital (KE), also einem Verlust von 4.000 Euro. Dein neuer Kapitalbetrag (Gesamt) beträgt nur noch 6.000 Euro. Jetzt wirst Du etwas vorsichtiger und setzt in der nächsten Runde nur 1.000 Euro. Es wird Schwarz gezogen. +1 Mal der Einsatz von 1.000 Euro entspricht einer Veränderung von 0. Dein Kapital bleibt erhalten. In der nächsten Runde setzt Du wieder 1.000 Euro, es wird Beige gezogen. +2 mal der Kapitaleinsatz entspricht einem Gewinn von 2.000 Euro. Dein neues Gesamtkapital beträgt nun 8.000 Euro. Mutig geworden setzt Du für den nächsten »Trade« wieder 2.000 Euro. Die Farbe Gelb entspricht einem Verlust von –5 Mal Dein Kapitaleinsatz (KE), also 10.000 Euro. Da Du nur noch 8.000 Euro Kapital hattest, verlangt Dein Broker (Bank) nun eine Nachzahlung in Höhe von 2.000 Euro. Ergo, Du bist fertig für den heutigen Handelstag (**FFT = finished for today**).

Wenn Du jetzt denkst, Du könntest ja nicht mehr verlieren als Dein Gesamtkapital, so stimmt das nur bedingt. Heute bieten viele Broker ihren Kunden an, mit einem sogenannten Hebel, das bedeutet dem x-Fachen ihres Grundkapitals an den Märkten zu agieren. Wir bezeichnen das in unserem Fachjargon als »Leverage«. Sehr häufig findest Du das beim Handel mit Devisen. Es erlaubt Dir, größere und »attraktivere« Beträge zu handeln. Meist ein Trugschluss und wirklich nur etwas für echte Profis mit mindestens zehn Jahren Trading-Erfahrung, doch mehr dazu etwas später.

Start des Spiels

Los geht's mit dem Trading-Colors-Game. Nun sollst Du eine Position eingehen. Setze einen Betrag (zwischen 1 und 10.000) aufgrund Deiner »Markterwartung«. Was glaubst Du, welche Farbe als Erstes gezogen wird? Nachdem Du Deinen Betrag gesetzt hast, wird eine Farbe blind und rein zufällig gezogen (am Ende jedes Kapitels und zwischen den Checklisten). In unserem Spiel gehen wir davon aus, dass es keine guten Prognosen über den Marktverlauf gibt, sondern nur Wahrscheinlichkeiten, welche Farbe gezogen werden könnte. Aus unserer Sicht kommt das dem echten Markt sogar am nächsten!

Führe nun während des »Spiels« selbstverantwortlich und selbstständig Dein Trading-Tagebuch. Profis bezeichnen das auch als **Händlerstaffel**. Ziel, Du sollst Deine Position jederzeit im Auge behalten können. Am Ende jedes Kapitels in diesem Buch wirst Du die Reihenfolge der Ziehung Deiner Farben finden. Völlig willkürlich und zufällig ausgewählt. Natürlich wäre es einfach, schon vorher auf die Ziehungen zu blinzeln. Unser Rat: Tu's nicht. Du würdest nur Dich selbst belügen und nichts über Deine Trading-Persönlichkeit herausfinden.

Hier noch einmal die Vorgehensweise: Dein Grundkapital sind 10.000 Euro. Du setzt einen Betrag zwischen 1 und 10.000 Euro, den Du für angemessen hältst. Erst dann blätterst Du zum Ende der Kapitel, um zu sehen, welche Farbe gezogen wurde. Multipliziere Deinen Einsatz mit dem Betrag der gezogenen Farbe und trage jetzt die »Daten« in Dein Trading-Tagebuch ein. Sobald die Zeile fertig ausgefüllt ist, setzt Du den nächsten Betrag. Jetzt blätterst Du wieder ans Ende des Kapitels bzw. ans Ende eines Abschnitts und so weiter.

Trade	**Einsatz**	**Gezogene Farbe**	**Veränderung**	**GuV**	**Aktuelles Kapital**
1					
2					
3					
4					
5					
6					
7					
8					
9					
10					
11					
12					
13					
14					
15					
16					
17					
18					
19					
20					

Trading-Tagebuch

Nachdem alle Trades durchgeführt wurden, wie stehst Du am Tagesende? Waren Deine »Paper-Trades« erfolgreich? Oder warst Du bereits nach dem sechsten Zug »finished for today«? Was kannst Du daraus lernen? Sicherlich, dass Du den Markt nicht beherrschen kannst. Niemand kann ein paar Seiten vorblättern, um zu sehen, wie der Markt in zwei Tagen oder in zwei Stunden oder manchmal auch in zwei Minuten ist. Du kannst nur Dich selbst beherrschen! Dein Handeln und Dein Denken.

Aufgrund Deines Verhaltens in diesem Spiel kannst Du recht gute Rückschlüsse ziehen, wie Du Dich im Ernstfall und mit echtem Geld verhalten würdest. Es gibt Aufschluss über Deine Persönlichkeit. Es zeigt Dir auf, wie Du mit dem Thema »Risiko« und »Geld« umgehst. Wie Du agierst, wenn Du auf der Gewinner-Seite bist und wie Du reagierst, wenn es mal nicht so gut läuft.

Solltest Du jetzt denken: »Naja, es war ja nur ein Spiel, in der Realität sieht das alles ganz anders aus ...«, zeigt unsere Erfahrung aus vielen Coachings und Trainings, dass dem nicht so ist. In den meisten Fällen steckt hinter dem spielerischen Verhalten mehr Wahrheit, als der Spieler sich selbst zugestehen möchte. Umso größer ist allerdings auch die Erkenntnis, wie stark Deine Persönlichkeitsmerkmale in Deine Entscheidungsfindung einwirken.

Im Verlauf dieses Buches werden wir immer wieder mit den verschiedenen Persönlichkeiten und ihren individuellen Eigenschaften in Bezug auf das Trading-Verhalten zu tun haben.

Unser Ziel ist es, dass Du von Anfang an weißt, wo Deine persönlichen Fallen liegen können. Wenn Du diese schon einmal kennst, wirst Du zumindest aus diesen Gründen Trading-Verluste ausschließen können. Wie gesagt, den Markt kannst Du nicht beeinflussen, nur Dich selbst. Wir wissen selbst, wie ärgerlich es ist, wenn Du nach einem Verlust genau weißt, welchen Fehler Du gemacht hast. Noch schlimmer ist es, aus diesem Fehler nichts gelernt zu haben und ihn ein zweites Mal zu machen.

Mithilfe Deines Tagebuches wirst Du (hoffentlich) jeden Fehler nur einmal machen!

Weisheiten und Storys – Die SNB (Suisse National Bank)

Weiter oben hatte ich die Frage gestellt, ob Du mit nur einem Trade mehr verlieren kannst, als Du auf Deinem Trading-Konto an Guthaben hast ...

Dazu habe ich hier ein sehr gutes Beispiel aus dem Januar 2015:

Der Kunde eines Devisen-Brokers hat 30.000 Euro als Trading-Kapital auf ein Trading-Konto eingezahlt. Laut Vereinbarung mit dem Broker darf er mit einem Hebel von 100 Devisenpositionen eingehen. Er könnte tatsächlich eine Position eingehen im Gegenwert von 3.000.000 Euro.

Nehmen wir an, er hat aber nicht alles gesetzt, sondern hat mit einem Trading-Kapital von 10.000 Euro und einem Hebel von 100 Euro gegen Schweizer Franken (CHF) zu einem Kurs von 1,2100 gekauft. Das bedeutet, er hat durch den Hebel einen Nominalbetrag von 1.000.000 Euro (100 * 10.000) gekauft und 1.210.000 CHF verkauft. Sein Ziel: ein kurzfristig steigender EUR/CHF Kurs und damit ein schöner Kursgewinn.

Um einen möglichen Verlust zu minimieren, hat der Kunde seinem Broker eine Order erteilt, die Position bei einem Kurs von 1,1990 zu schließen (Stop/Loss), sollte der Kurs EUR/CHF bei 1,1990 oder tiefer handeln. Er minimiert damit sein Verlust-Risiko auf 11.000 CHF (1.000.000 * einem Verlust von 0,0110 CHF Pips), das entspricht grob einem Verlust von etwa 9.200 Euro. Seinen Gewinn nimmt der Kunde bei einem Kurs von 1,2350, das entspricht einem Gewinn von 25.000 CHF.

Nun passierte in diesem Januar 2015 aber etwas Außergewöhnliches am Markt, und der Kurs des Euro gegen den Schweizer Franken brach unaufhaltsam zusammen. In diesem Fall hatte die SNB beschlossen, den EUR/CHF-Kurs zukünftig nicht mehr bei 1,2000 zu unterstützen. Da sie dies aber schon über viele Jahre getan hatte und somit (fast) jeder damit rechnete, dass dies auch in Zukunft der Fall sein wird, erwischte es den Markt buchstäblich auf dem falschen Fuß. Jeder Marktteilnehmer, der eine Long-Position in EUR/CHF hatte, versuchte nun, diese Position glattzustellen. Plötzlich gab es nur noch Verkäufer und niemanden, der bereit gewesen wäre, sich als Käufer zu betätigen. Da auch niemand wusste, wie tief der EUR/CHF-Kurs am Ende fallen kann, sackte er erst einmal ins Bodenlose.

Oben erwähnter Broker konnte die Position seines Kunden natürlich nicht zum gewünschten Kurs (1,1990) glattstellen. Der nächste wirklich handelbare Kurs war erst in der Nähe des Tagestiefstkurses, bei 0,8750. Hier fand der Broker einen Käufer und stellte die Position final glatt. Die eingesetzten 1.000.000 Euro hatten jetzt nur noch einen Wert von 875.000 CHF, das entspricht einem Verlust von 335.000 CHF. Auf dem jetzigen neuen Kursniveau entsprechen diese 335.000 CHF wiederum einem Wert von etwas über 382.000 Euro (Verlust). Der Broker informierte seinen Kunden über diesen Trading-Verlust und bat um Ausgleich des Kontos.

Da der Kunde aber »nur« 30.000 Euro auf sein Trading-Konto eingezahlt hatte, verlangte der Broker nun einen »Nachschuss« in Höhe von etwas über 300.000 Euro, um das Konto wieder auszugleichen …

Ärgerlich oder Harakiri? Jetzt stell Dir nur mal vor, dieser Kunde hätte mit den ganzen 30.000 Euro und einem Hebel von 100 gehandelt. Gerüchteweise hörte man von solchen Trades im Markt und einigen Brokern, die schwer in Schieflage gerieten, weil ihre Kunden diese horrenden Nachschüsse nicht leisten konnten.

Zusammenfassung und Auswertung (Analyse) der ÜBUNG #1 – Das Trading-Colors-Game

Das Geheimnis erfolgreichen Tradings sind die Erkenntnisse, die Du nach jedem Trading-Tag sammeln kannst. Du solltest es Dir auch in Zukunft selbst zur Aufgabe machen, Dir nach jedem Handelstag folgende Fragen ehrlich zu beantworten. Welche Erkenntnisse hinsichtlich

Deiner Trading-Mentalität	
Deiner Trader-Persönlichkeit	
Deines Money-Managements	
Deiner Disziplin	
Deiner Risikoneigung konntest Du aus diesem Spiel gewinnen?	

Merke

Ein Trading-Ergebnis an sich ist erst einmal »wertlos«. Den wahren Wert erkennst Du erst, wenn Du nachvollziehen kannst, wie das Ergebnis zustande gekommen ist. Denn nur dann lernst Du, wie Du zukünftig Fehler vermeiden (und Verluste reduzieren) kannst und Gewinne reproduzierbar machst.

Diese erste Analyse gibt Dir wichtige Hinweise, wie sich Deine Persönlichkeit und das damit verbundene Verhalten auf dein Trading-Verhalten auswirkt. Profis analysieren also nicht nur die Performance, sondern auch die Art des Risiko- und Money-Managements, um entweder den Erfolg zukünftig wiederholen zu können oder Fehler (Verluste) zukünftig zu vermeiden.

Das Wissen und das Verstehen, was genau hinter Deinem Trading-Ergebnis steckt, in Bezug auf Risikoneigung, Ergebnisorientierung und Disziplin, bringt am Ende eines Trading-Tages den tatsächlichen Mehrwert und vor allem wichtige Hinweise für zukünftige Trading-Strategien.

»Die erste Eigenschaft ist Selbstdisziplin, die zweite Eigenschaft ist die Fähigkeit zu Money-Management und Risikokontrolle!« (Jack Schwager)

Ziehung 1 der Farben *Trading-Colors-Game*

Trade	Einsatz	Gezogene Farbe	Veränderung	GuV	Aktuelles Kapital
1		Schwarz	+1 * KE		
2					
3					
4					
5					
6					
7					
8					
9					
10					
11					
12					
13					
14					
15					
16					
17					
18					
19					
20					

II

TRADER-PERSÖNLICHKEIT

Hier sollten wir tatsächlich ein wenig weiter ausholen, um besser verstehen zu können, was Persönlichkeit überhaupt bedeutet und was Deine Persönlichkeit für Dich als Trader bedeutet. Da es über das Thema Persönlichkeit schon unzählige Bücher und Literatur gibt, will ich versuchen, es mit meinen Worten und meinem Verständnis so kurz und so verständlich wie möglich zu halten und in die Sprache der Trader zu übersetzen.

Genetisch geprägt sind wir von unseren Ur-Instinkten. Das bedeutet, dass wir vor allem in Gefahren-Situationen mit drei typischen Verhaltensmustern ausgestattet sind: Flucht, Kampf und Erstarrung. Diese Ur-Instinkte sind auch heute noch aktiv, allerdings in stark angepasster Form. Mussten wir uns ganz früher noch vor den »Säbelzahntigern« in Acht nehmen, sind es heute sogenannte »konditionierte« Gefahrenmomente, die uns das Leben manchmal schwermachen. Konditionierte Gefahrenmomente sind in der Regel Alltagsereignisse, die aber aufgrund der persönlichen Konditionierung als Gefahrenmomente wahrgenommen und interpretiert werden. Zu solch einem Gefahrenmoment gehört z.B. auch der Verlust des Arbeitsplatzes oder in unserem Fall der Verlust von materiellen Werten. Noch mehr Beispiele dafür gibt es etwas später.

In den ersten sieben Jahren des Lebens wird unsere Persönlichkeit (oder was wir als Charakter bezeichnen) sehr stark von unserer Umwelt konditioniert. Wir bekommen gesagt, was richtig und was falsch ist, und lernen, was gut und was böse ist. Wir nehmen bei den Menschen in unserem direkten Umfeld bestimmte Verhaltensweisen wahr. Wir registrieren, was bei oder mit diesen Menschen funktioniert (z.B. um bestimmte Ziele zu erreichen) und was nicht. Dann speichern wir diese Erfahrung ab und vertiefen die entsprechenden Verhaltensweisen, von denen wir glauben, dass sie uns dahin bringen, wohin wir möchten. Wie gesagt, sehr vereinfacht dargestellt!

Je älter wir werden, desto mehr werden wir mit (gesellschaftlichen, kulturellen) Normen, Regeln und Gesetzen konfrontiert und gefüttert, die das Miteinander angeblich »einfacher« (?) gestalten sollen. So werden wir immer stärker konditioniert und lassen uns nur allzu oft darauf ein, was »man« darf oder auch nicht. Mit Mitte/Ende dreißig sind wir so sehr konditioniert, dass wir ganz genau wissen, wie diese Welt funktioniert. Im Idealfall lassen wir uns auch von niemandem mehr etwas vorschreiben, sondern schreiben selbst vor (unseren Kindern). Und plötzlich stoßen wir an Grenzen. Dinge passieren, die wir so nicht gewollt haben. Menschen reagieren anders, als wir es uns gewünscht haben. Wir fragen uns: »Was hat sich da draußen verändert?« Wir fragen andere Menschen, lesen in Büchern nach, schauen Nachrichten, um uns zu informieren, was sich in unserem Umfeld verändert hat.

Und hin und wieder hinterfragen wir uns selbst, was sich bei uns verändert hat. Warum wir so sind, wie wir sind. Oder warum es mit manchen Menschen besser oder schlechter harmoniert. So was nennen wir Selbstreflexion. Die Absicht hinter so einer (Selbst-)Reflexion ist der Wunsch, zu verstehen. Sich selbst, sein eigenes Verhalten und die Wirkung, die man damit erzielt. Und möglicherweise dann im nächsten Schritt natürlich auch die Reaktionen der »Anderen«. Aus dieser Reflexion entsteht hoffentlich eine (Selbst-)Erkenntnis. Aus dieser (Selbst-)Erkenntnis könnte eine gewünschte Verhaltensänderung erfolgen. Im Konjunktiv deshalb, weil nicht immer eine Veränderung gewünscht ist. Es hilft auch, eine Bestätigung zu bekommen, dass man so in Ordnung ist, wie man ist.

Doch wann kommt es zu solch einer Reflexion? Wann sind wir dazu in der Lage? Wann sind wir Menschen dazu bereit?

Wenn ich mich selbst als Beispiel nehme, sind es immer bestimmte Ereignisse in meinem Leben gewesen, die mich zum Nachdenken gebracht haben. Ereignisse, die nicht in meinen Lebensplan gepasst haben. Ereignisse, die mich in Schwierigkeiten gebracht haben.

Reflexion findet in der Regel immer dann statt, wenn wir an Grenzen stoßen. Das bedeutet, wenn wir nicht weiter kommen in unserem Leben, persönlich oder beruflich. Wenn Probleme auftauchen, die wir vermeintlich nicht lösen können. Wenn wir auf Menschen treffen, mit denen wir »gar nicht können«. Kurz gesagt, wenn es in unserem Leben nicht so läuft, wie wir es gerne hätten. Zunächst tendieren wir dann dazu, die Gründe dafür, dass es nicht läuft, »da draußen«, im Umfeld (bei den Menschen, den Umständen, etc.) zu suchen. Das ist die einfachste Variante. Denn wir finden tatsächlich sehr leicht und relativ schnell eine Begründung für unseren Misserfolg bei besagten **Umständen**. Die Krux an der Sache ist, die Behebung oder Lösung von Problemen gelingt eben dann auch nur mithilfe von außen, macht uns abhängig von anderen ...

Nur wenige, ich bezeichne sie als sehr »weise« Menschen, forschen bei sich selbst, um herauszufinden, warum etwas nicht passt oder nicht funktioniert. Sie richten den Blick nach innen, um bei sich selbst zu suchen und danach zu forschen, woran es liegt, dass etwas nicht »passt«. Diesen Menschen sei gesagt: »Einsicht ist der erste Weg zur Besserung.« Sich selbst zu kennen, bedeutet auch, sich selbst zu steuern. Und zwar dahin, wohin man selbst möchte, nicht dahin, wo andere meinen, dass man hin sollte.

Damit wir auch wissen, wie und wo wir nach der »Selbsterkenntnis« suchen müssen, bedienen wir uns verschiedenster Tools und Methoden, die im Laufe der letzten 2.000 Jahre (ja richtig gelesen) entwickelt wurden. Wenn man es ganz genau nimmt, geht die Forschung sogar noch weiter als 2.000 Jahre zurück, denn die Astrologie (die ja bei diesem Thema auch häufig hergeholt wird) gibt es schon über 5.000 Jahre. Die meisten Tools und Methoden, wir nennen sie »Verfahren«, arbeiten mit dem Ziel, das menschliche Verhalten verstehen und natürlich auch erklären zu können. Der Mensch ist in seiner Vielfalt schier unerschöpflich, und doch hat man sich den wichtigsten Punkten einer Persönlichkeit von vielen Seiten sehr stark angenähert. Mediziner, Philosophen, Anthropologen, Psychologen, Hirnforscher und einige andere Gruppierungen forschen immer weiter auf der Suche nach den verborgensten Geheimnissen der menschlichen Natur.

TypenWelt und ihre Geschichte

Schon sehr früh in der Geschichte der Menschheit strebten Wissenschaftler, Ärzte und Philosophen danach, Individuen nach bestimmten Merkmalen und in verschiedene »Klassen« einzuteilen. Mit dieser Art der Klassifizierung wurden auch Parameter gefunden, mit deren Hilfe man verschiedene **Typen** unterscheiden bzw. auch untereinander abgrenzen kann. Mithilfe dieser Kriterien wurde nun versucht, Rückschlüsse zu bestimmten Verhaltensweisen bei diesen **Typen**, zu ziehen. Man ging sogar so weit, dass man vorhersagen wollte, wie sich diese **Typen** in bestimmten Lebenssituationen verhalten würden.

Die ersten bekannten »Wissenschaftler«, die sich mit diesem Thema befasst und es auch für die Nachwelt dokumentiert haben, waren griechische Philosophen und römische Ärzte. Diese Herren untersuchten Körpersäfte und brachten sie in Verbindung mit den vier Elementen der Natur. Ging es anfangs nur darum, die »Prägung« eines Menschen herauszufinden, versuchte man im Laufe der Zeit mit diesem Wissen auch die Heilungschancen bei Krankheiten zu verbessern.

Neuzeitlich betrachtet waren es wohl Sigmund Freud mit den Erkenntnissen seiner Psychoanalyse und sein Pendant, der Psychoanalytiker Carl Gustav Jung, die als Vorreiter der Persönlichkeitsdiagnostik gelten. Auch wenn sich beide nicht wirklich mochten, so haben sie sich doch gegenseitig so befruchtet, dass sie heute in einem Satz als Vorreiter der modernen Psychologie gelten.

Persönlichkeitsdiagnostik

In Bezug auf die Persönlichkeitsdiagnostik merkte gerade Carl Gustav Jung schon früh in seiner täglichen Praxis mit Patienten, dass unterschiedliche Verhaltensmuster der Menschen einer auf den jeweiligen Persönlichkeitstyp abgestimmten Behandlung bedürfen.

In der modernen Psychologie und Forschung gelten die Erkenntnisse von Carl Gustav Jung allerdings als veraltet. Umso erstaunlicher, wie viele persönlichkeitsdiagnostische Verfahren der heutigen Zeit immer noch auf dessen Erkenntnissen basieren. Ich habe selbst einige davon ausprobiert, um herauszufinden, welches Verfahren die besten Ergebnisse erzielt.

Das einzige, mir bekannte Verfahren, welches auch eine Reihe wissenschaftlicher und wirtschaftlicher, sprich praxisnaher Validitätsstudien aufweisen kann, kommt aus den USA. Es ist wesentlicher Bestandteil unserer Coachings und unterstützt uns in unserer täglichen Arbeit mit Menschen. Es liefert die zuverlässigsten Erkenntnisse über Motivatoren, passende Arbeitsumfelder, typische Verhaltensweisen und mögliche »Fallen« in zwischenmenschlichen Beziehungen sowie Hinweise auf (versteckte) Potenziale.

Wer sich ernsthaft für dieses professionelle Verfahren interessiert, bekommt weitere Informationen auf Anfrage direkt beim Autor. Ich nutze ihn als Coach in meiner täglichen Arbeit und kann gar nicht dankbar genug dafür sein, dass es ihn gibt.

Für unsere Trader-Trainings und für größere Gruppen haben wir ein eigenes kleines Mini-Verfahren entwickelt. Es basiert im Wesentlichen auf eigenen Erkenntnissen, kombiniert mit ein wenig C. G. Jung und einigen wichtigen Punkten aus unserem Profi-Verfahren. Er ersetzt natürlich keine ausführliche Diagnose und Besprechung einer Einzel-Auswertung, gibt aber schon recht gute erste Hinweise auf die eigene Trader-Persönlichkeit.

Erst in einem professionellen Einzel-Coaching können Persönlichkeit und persönliches Verhalten so intensiv analysiert und besprochen werden, dass sich tatsächlich auch wesentliche und tiefgreifende Erkenntnisse daraus für den Coachee ergeben.

TraderTypenWelt©

Auf den nächsten Seiten lernst Du nun unser kleines Verfahren kennen, das wir speziell für Trader entwickelt haben.

Wir haben es **TraderTypenWelt©** genannt, weil es ausschließlich für eben diese Trader und solche, die es werden möchten, ausgerichtet ist. Es ist nicht wissenschaftlich unterlegt und basiert hauptsächlich auf eigenen empirischen Studien in unserem Umfeld bei Tradern aller Asset-Klassen.

Bei der Auswertung haben wir uns an eine einfache Einteilung in vier **Trader-Typen** gehalten, die wir **Macher, Zocker, Investor und Analyst** genannt haben. Wir haben die Begriffe deshalb gewählt, weil sie für uns am ehesten so gepasst haben (Du kannst dir aber gerne einen eigenen Namen wählen). **Wichtig: Sie repräsentieren keine Wertung!**

Hinweis zum Verfahren:

Geh an dieses Verfahren entspannt ran. Denke nicht zu viel nach, sei spontan. Geh ganz locker damit um, lass Dich einfach ein wenig überraschen, was es mit Dir macht und welche Erkenntnisse Du am Ende gewinnst. Die Ergebnisse und Erklärungen entsprechen keiner Wertung, ob Du ein guter oder schlechter Mensch bist oder ob Du ein guter oder schlechter Händler bist. Am Ende soll es Dir eine Orientierung geben in Bezug auf Dein Trading-Verhalten und welche Konsequenzen es möglicherweise für Dich und deinen Trading-Erfolg hat.

ÜBUNG #2 – TraderTypenWelt©

Der Aufbau des Verfahrens ist sehr einfach gehalten. Unser Ziel ist es, Antworten auf wichtige Fragen zu bekommen, die das Trading-Verhalten des Coachees (hier: unser Trader) ein wenig besser erklären können. Im zweiten Schritt wollen wir aufzeigen, welche Maßnahmen ergriffen werden können, um verhaltensbedingte Fehler beim Trading zukünftig zu vermeiden.

Natürlich ist Verhalten grundsätzlich auch situationsabhängig. Und trotzdem haben wir in schöner Regelmäßigkeit »typische« Verhaltensweisen bei bestimmten Trader-Typen wiederentdeckt. Im Einzel-Coaching haben wir das beobachtete Verhalten dem Coachee (unserem Trader) zuerst gespiegelt, dann gemeinsam eruiert und anschließend diskutiert. Wir haben versucht, ihm seinen so genannten »blinden Fleck« (ein Verhalten, das ihm selbst gar nicht so bewusst ist und dennoch häufig auftritt) sichtbar zu machen. Anschließend haben wir an einer individuellen Strategie gearbeitet, um dieses wenig zielführende Verhalten zu optimieren.

Erstaunlich ist für unseren Coachee immer wieder die Erkenntnis, wie sehr und wie deutlich sich die eigene Persönlichkeit in seinem Trading-Verhalten wiederfindet.

Mithilfe des TraderTypenWelt©-Verfahrens wollen wir erreichen, dass Du Dir die folgenden und wichtigen Fragen am Ende selbst beantworten kannst:

Ziel: Eigenes Tradingverhalten besser einschätzen können	TraderTypenWelt©
Wie beeinflusst meine Persönlichkeit mein Trading-Verhalten? Worauf basieren meine Entscheidungen? Welche Folgen hat Emotionalität bzw. Rationalität für mein Trading? Wie spontan kann ich wirklich sein? Wie konsequent bin ich tatsächlich? Wie gut kann ich mich auf eine Sache fokussieren? Wie leicht lasse ich mich ablenken?	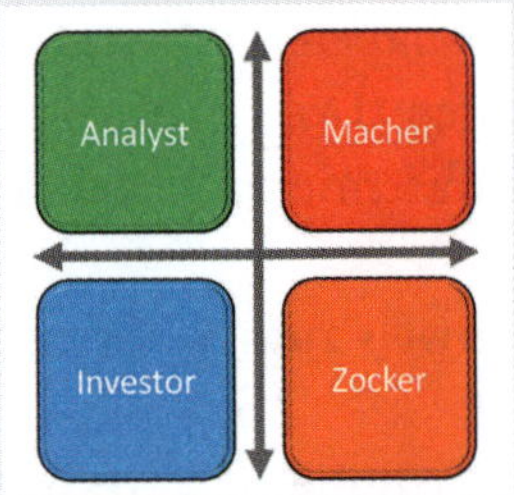

Nachdem Du gleich das Verfahren durchgeführt hast, betrachten wir in der Auswertung zwei Ebenen.

Auf der horizontalen Ebene schauen wir uns an, ob Du mehr oder weniger (selbst-)bestimmt handelst. Die Faustregel besagt, je weiter Du rechts bist, desto mehr agierst Du. Menschen mit einem höheren Maß an (Selbst-)Bestimmtheit sind meist etwas spontaner in ihren Trading-Entscheidungen, häufig auch risikobereiter und insgesamt etwas »schneller« unterwegs. Ein niedrigeres Maß an (Selbst-)Bestimmtheit gibt Hinweise auf mehr Zurückhaltung und somit eine eher aufnehmende Haltung. Trading-Entscheidungen werden hier viel sorgfältiger vorbereitet und je nach Ausprägung ausgiebig(st) analysiert. Hier wird eher investiert als getradet.

Die vertikale Ebene gibt ziemlich gute Hinweise auf Deine »Orientierung«. Ob Du Dich eher nach Deinem Kopf oder eher mal nach Deinem Bauch orientierst. Wir sprechen hier auch von Rationalität gegenüber der Emotionalität. Ganz ehrlich, am Ende des Tages treffen wir alle unsere Entscheidungen erst dann, wenn wir ein »gutes Gefühl« im Bauch haben. Im Coaching haben wir allerdings immer wieder beobachtet, dass rationalere Menschen länger über eine Trading-Entscheidung nachdenken als die emotionalere Fraktion.

Im Schnittpunkt der Ebenen kommst Du dann auf eines der vier Felder und hast einen guten Hinweis zu Deiner Trader-Persönlichkeit. Die Typen Namen sind von uns willkürlich gewählt und kommen den »TraderTypen« aus unserer Sicht am nächsten. Sie enthalten keine Wertung. Deshalb die Bezeichnungen: Macher, Zocker, Investor und Analyst.

Die Übung

Wir haben bei dieser Übung ein paar Adjektive ausgewählt, die im Trading-Alltag immer wieder eine Rolle spielen und deshalb ihre Berechtigung haben.

<table>
<tr><th rowspan="2">(Selbst-)Bestimmtheit</th><th colspan="2">Frage Dich selbst ...</th></tr>
<tr><th>Bist Du eher...</th><th>Oder mehr...</th></tr>
<tr><td rowspan="9">Gehe nun diese Liste der Adjektive durch und entscheide Dich für eine der beiden Möglichkeiten.

Bist Du also eher mal ein entscheidungsfreudiger Mensch, machst Du Dein Kreuz dort. So fährst Du fort, bis du insgesamt neun Kreuze gemacht hast, entweder links oder rechts.

Am Ende zählst Du bitte alle Kreuze zusammen, die Du auf der linken Seite gemacht hast und trägst diese Zahl in das untere Feld (Summe) ein.</td><td>entscheidungsfreudig</td><td>reflektierend</td></tr>
<tr><td>entschlossen</td><td>zurückhaltend</td></tr>
<tr><td>ungeduldig</td><td>geduldig</td></tr>
<tr><td>leichtsinnig</td><td>vorsichtig</td></tr>
<tr><td>zielstrebig</td><td>wankelmütig</td></tr>
<tr><td>schnell</td><td>zögerlich</td></tr>
<tr><td>antreibend</td><td>schüchtern</td></tr>
<tr><td>hartnäckig</td><td>nachgiebig</td></tr>
<tr><td>willensstark</td><td>beeinflussbar</td></tr>
</table>

____ Summe Teil I (nur linke Seite)

Jetzt gehst Du weiter zum zweiten Teil über, der Orientierung ...

Orientierung	Frage Dich selbst …	
	Bist Du eher…	**Oder mehr…**
Auch hier das gleiche Prozedere. Du gehst die Liste der Adjektive durch und entscheidest Dich für eine der beiden Möglichkeiten. Ein Ergebnis bekommst Du am Ende nur, wenn Du Dich für einen der beiden Begriffe entscheidest … Fällt Dir die Entscheidung schwer, könnte auch das ein guter Hinweis für Dich selbst sein in Sachen »Entscheidungsfreudigkeit«. Vielleicht geht es Dir ja öfters so, dass Du Dich nicht so gut entscheiden kannst? Gut, wenn auch hier die Liste vollständig ist zählst Du wieder die Kreuze zusammen, die Du auf der linken Seite gemacht hast.	enthusiastisch	skeptisch
	nachlässig	sorgsam
	intuitiv	logisch
	mitteilsam	aufnehmend
	improvisierend	organisiert
	gutgläubig	kritisch
	konfus	fokussiert
	ungeordnet	methodisch
	spontan	überlegt

____ Summe Teil 2 (nur linke Seite)

Auswertung

Auf der horizontalen Achse trägst Du nun Deinen Wert für das Maß an (Selbst-) Bestimmtheit ein. Im nächsten Schritt trägst Deinen Wert für das Maß an Orientierung auf der vertikalen Achse ein.

Hast Du bei Bestimmtheit eine 8, so liegt Dein Punkt rechts auf der horizontalen Achse. Hast Du bei der Orientierung eine 2, so liegt Dein Punkt oben auf der vertikalen Achse. Jetzt verbindest Du die beiden Punkte miteinander, indem Du eine vertikale Linie durch die 8 ziehst und eine horizontale Linie durch die 2. Die beiden Linien sollten sich oben rechts im Bild treffen, im Feld des »Machers«.

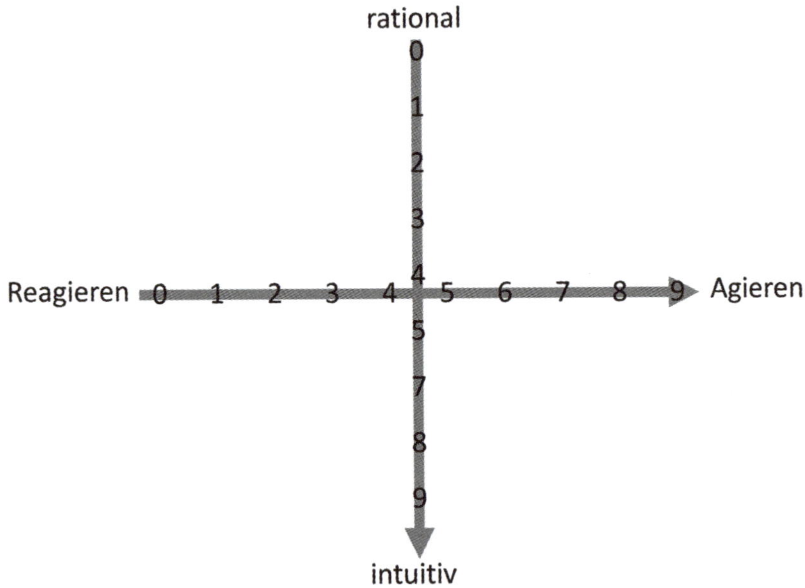

Erläuterungen

Als Nächstes schauen wir uns die einzelnen Bereiche der TraderTypen etwas näher an.

Um die Betrachtung möglichst einfach und verständlich zu halten, haben wir, wie weiter vorn schon einmal erwähnt, den vier Bereichen jeweils einen Namen zugeordnet, den unser Trader-Verstand etwas leichter mit bestimmten Eigenschaften verknüpfen kann. **Macher, Zocker, Investor, Analyst.** Nochmal und ganz wichtig, die Begrifflichkeiten sind keine Wertung und geben auch nur Hinweise zu bestimmten Verhaltensweisen.

Außerdem kann es durchaus sein, dass Du Dich bei der einen oder anderen Beschreibung wiederfindest, also von jedem »Typen« etwas hast. Das passiert insbesondere dann, wenn Du Werte hast, die um das Zentrum herum liegen, also z.B. 4 und 5. Das ist normal und auch nicht schlimm. Uns geht es ja nicht darum, Dich in eine Schublade zu stecken. Sondern darum, dass Du Dir selbst darüber bewusst wirst, warum Du tust, was Du tust. Was das mit Deiner Persönlichkeit zu tun hat und vor allem, was Du tun kannst, um zukünftig Fehler (und damit Trading-Verluste) zu vermeiden.

Zusammenfassung – Worauf sollte beim Trading geachtet werden?

Worauf sollte der Analyst-Typ achten?	Worauf sollte der Macher-Typ achten?
Antrieb: Präzision, Sicherheit, regelkonform	**Antrieb:** das Gefühl von Kontrolle zu haben und Ergebnisse zu erzielen
Beobachtbares Trading-Verhalten: analytisch, faktenbasiert, gewissenhaft, präzise, organisiert, planend, kritisch, mit streng kalkuliertem Risiko	**Beobachtbares Trading-Verhalten:** pro-aktiv, temporeich, ungeduldig, neigt zu mehr Risiko, Aktionist, entscheidungs- und willensstark, niedrige Angstschwelle, will Kontrolle behalten.
Hier ist der Analyst-Typ gefährdet: kleinlich, starr, unflexibel, zu anspruchsvoll, wenig »sich trauen«, Analyse = Paralyse, entscheidungsschwach.	**Hier ist der Macher-Typ gefährdet:** ignorant, überheblich, rücksichtslos, kühn, stolz, dickköpfig, unflexibel
Darauf sollte der Analyst-Typ achten: Mehr zu agieren, flexibler sein, mutiger in Bezug auf Risiko, spontaner, etwas mehr »big picture«, freieres Denken, offen bleiben für Chancen.	**Darauf sollte der Macher-Typ achten:** Offen für zusätzliche Wahl- und Entscheidungsmöglichkeiten, an die eigenen Vorgaben halten in Bezug auf Risikoneigung, Checklisten beachten. Kein Kampf mit dem Markt!

Worauf sollte der Investor-Typ achten?	Worauf sollte der Zocker-Typ achten?
Antrieb: Nachhaltigkeit, Beständigkeit und Balance	**Antrieb:** Action, Herausforderung und Spaß
Beobachtbares Trading-Verhalten: gelassen, aussitzend, nervenstark, geduldig, genügsam, zögernd	**Beobachtbares Trading-Verhalten:** extrovertiert, ungehemmt, spontan, risikoreich, willkürlich, kreativ.
Hier ist der Investor-Typ gefährdet: unschlüssig, starr, langsam, gleichgültig, antriebslos, unentschlossen	**Hier ist der Zocker-Typ gefährdet:** sprunghaft, inkonsequent, oberflächlich, undiszipliniert, unorganisiert, rastlos.
Darauf sollte der Vermittler-Typ achten: Das Ziel im Auge behalten, mehr Handlungsorientierung im Sinne des gesetzten Ziels, mehr Entscheidungsfreude bei sich schnell verändernden Märkten, Entschlossenheit und Pro-Aktivität.	**Darauf sollte der Zocker-Typ achten:** fokussiert bleiben auf das Ziel, mehr Sachlichkeit statt »Blauäugigkeit«, Gründlichkeit in der Vorbereitung und in der Analyse, insgesamt analytischer und vor allem konsequent an die Checklisten halten.

Häufig erleben wir in den Coachings Aha-Erlebnisse und ein: »Jetzt wird mir so einiges klar …« Lass Dein Ergebnis noch einmal kurz auf Dich wirken. Was bedeutet das für Dich? Was kann es für Dein Trading bedeuten?

Die Ergebnisse und Erkenntnisse dieser Auswertung sollen Dich nun begleiten. Achte bei Deinen zukünftigen Trading Entscheidungen darauf, »aus welcher Typen-Ecke« der Impuls kommt. Bist Du Dir darüber im Klaren, bist Du auch in der Lage, auf entsprechende Verhaltens-Maßnahmen zurückzugreifen, die wir Dir in den folgenden Kapiteln vorstellen werden.

Erkenntnisse aus Übung #1 und Übung #2

Nachdem Du nun die beiden ersten Übungen vollzogen hast, welche Erkenntnisse konntest Du gewinnen? Beantworte im Folgenden die Fragen für Dich selbst. Was wurde für Dich deutlicher in Bezug auf …

Deine Trader-Persönlichkeit? Welchem Typ kommst Du am nächsten?	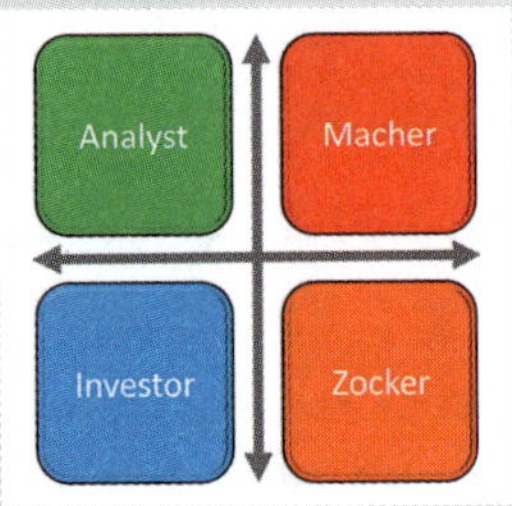
Welche Konsequenzen hat das für Dein Trading?	
Deine persönlichen Stärken und Schwächen?	
Die Möglichkeiten, die sich daraus für Dich ergeben?	
Die Lernfelder, die sich für Dich aufgetan haben?	
Sonst noch etwas?	

Terminologie Trader-Persönlichkeit

Begriff	Bedeutung
Selbstdisziplin	Entsteht aus der Kombination aus persönlichem Ziel, Selbstverantwortung und Eigenmotivation. UND für fehlende Disziplin gibt es auch weder Entschuldigungen noch Erklärungen und schon gar keine Rechtfertigungen!
Selbsterkenntnis	Bildet die Basis für Entscheidungen, die das zukünftige eigene Verhalten betreffen. Aus ihr entwickelt sich in der Regel ein Soll-Ist-Abgleich zwischen den vorhandenen Ressourcen und denen, die es braucht, um eigene Ziele zu erreichen.
Selbststeuerung	Nach dem oben beschriebenen Abgleich zwischen Soll und Ist werden Entscheidungen getroffen und es wird dementsprechend gehandelt. (Siehe auch »Disziplin«.)
Selbstverantwortung	Bedeutet hier, Verantwortung zu übernehmen für seine eigenen Entscheidungen (sowohl vergangene als auch zukünftige). Kein Jammern, kein Klagen und keine Suche nach Schuldigen.
Trader-TypenWelt©	Dieses hier bewusst sehr einfach gehaltene Verfahren plus Auswertung basiert auf eigenen Beobachtungen und den Erkenntnissen und Daten unseres professionellen Verfahrens; dem einzigen Verfahren weltweit aus der Familie der Persönlichkeitsdiagnostik, welches hundertfach validiert ist und von den größten Unternehmen der Welt angewendet wird.

Ziehung 2 der Farben *Trading-Colors-Game*

Trade	Einsatz	Gezogene Farbe	Veränderung	GuV	Aktuelles Kapital
1		Schwarz	+1 * KE		
2		Gelb	–5 * KE		
3					
4					
5					
6					
7					
8					
9					
10					
11					
12					
13					
14					
15					
16					
17					
18					
19					
20					

Notizen

Notizen

III

TRADING-PSYCHOLOGIE

Nachdem wir uns intensiv mit der eigenen Persönlichkeit befasst haben und Du sicherlich einige wichtige Erkenntnisse über Dich gesammelt hast, ist der nächste Schritt, noch ein wenig tiefer in die Psychologie des Menschen einzusteigen. Wir wollen einmal damit anfangen und alle »Fallen« aufzeigen, in die ein Trader tappen kann. Bei den Beispielen, die wir hier verwendet haben, handelt es sich hauptsächlich um eigene Erfahrungen, die wir in unserem Händlerleben (teilweise sehr schmerzhaft) gemacht haben.

Doch zuvor noch eine kleine Geschichte zum Prinzip »Ursache und Wirkung« und was dieses mit unseren Trading-Gewohnheiten und vor allem mit Konditionierung zu tun hat.

Ich habe mir die Frage gestellt, wie Gewohnheiten tatsächlich entstehen und wie sie weiter sogar zu einer Konditionierung führen. Konditionierung bedeutet in diesem Fall, dass wir bei Ereignissen immer ein bestimmtes und vorhersagbares Verhalten an den Tag legen. Und die Frage ist, warum tun wir das? Zur Beantwortung dieser Frage musste ich zeitlich ganz weit zurückgehen. Und zwar in die Kindheit meines eigenen Nachwuchses. Hier habe ich nicht nur gute Hinweise gefunden, sondern die Erklärungen.

Es begann damit, dass wir Eltern uns gefreut haben wie die Schneekönige, wenn unsere Kinder einfach nur gelacht haben. Oder dass das Spielzeug meiner Tochter das Geräusch einer Kuh machte, wenn sie auf diesen Knopf drückte. Und wir Eltern das Ganze noch verstärkt haben mit einem: »Wie macht die Kuh?« Und anschließend: »Das hast Du fein gemacht!« In diesen kurzen Momenten hat sie ihre ersten Vorstellungen bekommen über die Welt um sie herum und begriffen, wie sie funktioniert. Und da es schön ist, wenn Mama und Papa loben und sich freuen, entwickeln Kinder ihre ersten Gewohnheiten.

Dieses Prinzip setzt sich im Laufe des Lebens immer weiter fort. Wir entdecken Neues oder probieren etwas aus, um unsere Neugierde zu stillen. Wir wollen herausfinden, wie Ursache und Wirkung zueinander stehen. Einmal herausgefunden, wählen wir unsere Reaktion. Nach mehreren Versuchen und Untersuchungen der gleichen Sequenz von Ursache und Wirkung beginnen wir, diese Untersuchungen einfach wegzulassen, denn »wir wissen ja jetzt schon wieso und weshalb«. Wir reagieren **wie gewohnt** auf den bestimmten Reiz. Dieser Automatismus hilft uns, den ganz normalen Wahnsinn eines Tages, relativ locker zu meistern, indem wir die komplexesten Prozesse in machbare Aufgaben umwandeln, bedeutet vereinfachen.

Grundsätzlich macht das auch Sinn. Es hat unserer Spezies geholfen, zu überleben, und hilft uns heute, unseren Tag relativ frei und ungehindert zu gestalten. Schwierig wird es nur, wenn Gewohnheiten auf veralteten oder fehlerhaften Untersuchungen basieren. Das erkennen wir daran, dass wir plötzlich an Grenzen stoßen oder dass etwas auf einmal nicht mehr so funktioniert wie früher. »Gute« Gewohnheiten sind auf einmal »schlechte« Gewohnheiten, denn sie bringen nicht mehr den gewünschten Erfolg. Hier stellen sich nun die Weichen.

Die eine Hälfte der Menschen lebt weiterhin in der Vergangenheit. Beschwert sich darüber, dass früher alles besser war. Akzeptiert auf gar keinen Fall, dass sich etwas geändert hat. Und versinkt entweder in der Opferrolle oder versucht, mit aller Macht dagegen anzukämpfen, was nicht mehr zu ändern ist. Starrköpfig und übermotiviert versuchen sie, sich gegen den Strom zu stellen, anstatt zu akzeptieren, was ist, und mit dem Strom zu schwimmen.

Die andere Hälfte entscheidet sich, zu akzeptieren, was ist. Diese Menschen untersuchen erst einmal die neue Situation und ziehen neue Lehren daraus. Sie überlegen sich, welche Anteile ihrer alten Gewohnheiten jetzt auch noch sinnvoll sind, und nehmen sie mit in die Zukunft. Sie positionieren sich neu, mit neuen »guten« Gewohnheiten, bis diese irgendwann nicht mehr passen.

Zugegeben, um diese Haltung anzunehmen, braucht es ein gewisses Maß an Demut, Dankbarkeit und die Bereitschaft. offen und neugierig zu bleiben. Die Größe, alte Gewohnheiten zu hinterfragen. Und genau das sind Verhaltensweisen, die wir bei erfolgreichen Tradern beobachtet haben. Bei Tradern, die mit uns vor 30 Jahren oder mehr angefangen haben zu traden und heute immer noch dabei sind. Dafür gibt es gute Gründe. Und der wichtigste Grund ist die persönliche Einstellung zum Trading. Mindset nennen es die Amerikaner. Wir werden in diesem Kapitel intensiv darauf eingehen.

Die Burn-Rate

Starten möchte ich jedoch mit einer Studie, welche die Online-Plattform »Investopedia« veröffentlicht hat. Hintergrund dieser Studie war die Frage, warum die sogenannte »Burn-Rate« bei Neulingen im Bereich Trading so hoch ist. Lass mich kurz erklären, was damit gemeint ist:

Es gibt immer wieder Menschen, die meinen, an der Börse Geld verdienen zu können, indem sie mit 10.000 Euro ein Depot eröffnen und nun beginnen, mit diesem Geld zu handeln. Man kauft und verkauft auf »Teufel komm raus« und das auf einer täglichen Basis (Day-Trading). Mit dem Ergebnis, dass nach **einem** Monat schon die ersten 40 Prozent dieser »Neulinge« wieder verschwunden sind, weil sie ihr ganzes Geld bereits nach kurzer Zeit »verbrannt« haben. In den nächsten drei Jahren bleiben nur 13 Prozent übrig, die immer noch traden … (Quelle: Odean et al, Haas School of Business, UCLA: »Do Day Traders Learn About Their Ability?«)

Psychologisch gesehen kann man es so erklären, dass die hohen Anfangsverluste in relativ kurzer Zeit zu einem schwindenden Selbstvertrauen führen. Der Antreiber für das Trading ist dann hauptsächlich die Angst vor Verlusten. Aus dieser Vermeidungshaltung folgt eine immer geringer werdende Zahl an getätigten Geschäften. Eher früher als später führt das zu einem kompletten Einstellen der Trading-Aktivitäten. Es ist ein Teufelskreislauf. Zum Schluss bleibt nur noch ein geringer Geldbetrag auf dem noch vor kurzer Zeit mit großem Elan und vielen Hoffnungen eröffneten Trading-Konto. Gerüchteweise hört man von einer hohen Anzahl dieser sogenannten »Zombie-Accounts« bei den Depotbanken. Nicht auszudenken, wie es diesen Tradern und ihren Depotbanken gegangen wäre, wenn alle Beteiligten gewusst hätten, was sie tun …

Das Erstaunliche an oben erwähnter Studie ist die Ehrlichkeit, mit der die Befragten geantwortet haben. Natürlich gab es einige, welche die Gründe »woanders« gesucht und gefunden haben. Nachgefragt, kamen sie dann aber doch bei sich selbst an. Und diese Ehrlichkeit ist sehr wichtig und wahrscheinlich der Hauptgrund und der wesentliche Unterschied zwischen erfolgreichen und weniger erfolgreichen Tradern. Denn das eigentliche Problem zu erkennen, egal wie schwer es für einen selbst ist, führt auch schneller dazu, die passenden Lösungen zu finden.

Werfen wir also mal einen tieferen Blick auf die in dieser Studie erwähnten Trading-Fallen und halten uns schon zu Beginn eine wichtige Weisheit vor Augen: An der Börse gewinnt man nicht, indem man permanent tolle Trades macht, sondern indem man seine Fehler reduziert, sprich nicht in jede erdenkliche Falle tappt.

Trading-Fallen

Trading bedeutet, dass Du es tatsächlich nur mit Wahrscheinlichkeiten zu tun hast. Hast Du allerdings eine Information, die andere nicht haben, und handelst darauf, so ist das strafbar. Es bleibt also bei Wahrscheinlichkeiten, mit denen sich der Kurs einer Aktie in eine bestimmte Richtung bewegt. Die Kunst ist es, mithilfe von allgemein zugänglichen Informationen, diese Wahrscheinlichkeiten zu berechnen. Nach Gesetzmäßigkeiten zu suchen, die diese Wahrscheinlichkeiten wahrscheinlich erhöhen, und jetzt einen Trade aufzusetzen.

Auch wenn es wünschenswert wäre, es gibt beim Trading keine Gesetzmäßigkeiten, die Du handeln kannst. Selbst wenn Du etwas entdeckt hast, z.B. ein typisches Chartmuster, und das hat gerade noch (oder die letzten Tage) funktioniert, ist es im nächsten Moment wieder hinfällig. Du entdeckst in Deinen Charts einen guten Trend. Du hast herausgefunden, dass der EUR/USD-Kurs in den letzten Wochen jedes Mal nach den Handelsbilanzzahlen einen Sprung nach oben gemacht hat. In dem Moment, da Du auf diese Erkenntnis setzt, liegt die Wahrscheinlichkeit, dass sich das auch dieses Mal so bewahrheitet bei 50 Prozent. Besser wird es nicht!

Und dennoch, wenn Du handelst, was Du jetzt gerade siehst, ist diese Wahrscheinlichkeit immer noch höher, als wenn Du darauf handelst, was Du denkst, was kommen könnte …

An einem einfachen Beispiel erklärt bedeutet es, wenn Du einen klaren Abwärtstrend in Deinem Chart siehst, warum nimmst Du dann eine Long-Position ein? Nun gut, das wäre ja noch nachvollziehbar, wenn Du »antizyklisch« handeln möchtest. Aber stell Dir vor, Du bist bereits »long« und der Markt geht kontinuierlich nach unten. Frag Dich selbst, was siehst Du (Realität), und was denkst Du (Erwartungshaltung)?

Dieses »Spiel« zwischen Realität und Erwartungshaltung ist es, was uns in unserer Arbeit als Trading-Coaches beschäftigt. Wirtschaftspsychologen forschen damit und Trader, die sich eigentlich permanent damit beschäftigen sollten, halten von dieser »Psychokacke« nur sehr wenig. Man hat mal davon gehört. Fragt man die erfolgreichen Trader nach ihren Erfolgsgeheimnissen, bekommt man in der Regel auch eine klare Antwort. Klarer Kopf, Disziplin, Strategie, Disziplin, Plan, Disziplin. Fragt man die weniger erfolgreichen Trader nach den Ursachen, hört man von »scheiß Märkten«, wenig eindeutigen Chart-Signalen, unvorhersehbaren Ereignissen. Erkennst Du den Unterschied? Die Guten beschäftigen sich mit sich selbst, die weniger Guten mit allem anderen. Womit solltest Du Dich beschäftigen, wenn Du erfolgreich traden möchtest? Mit Dir selbst. Hier hast Du unmittelbaren Einfluss, sonst nicht.

Wären Märkte rational, wären sie auch vorhersehbar. Die Märkte sind aber nicht rational, sondern getrieben von Menschen und deren Emotionen. Selbst die Trading-Algorithmen, die mittlerweile einen guten Teil des gesamten Tradings bestimmen, sind von Menschen programmiert. Der Psychoanalytiker C. G. Jung würde dieses Markt-Verhalten als irrational bezeichnen (auf unserer vertikalen Achse der untere Teil).

Was bedeutet das für Dich als professionellen Trader? Welche Konsequenz ziehst Du aus dieser Erkenntnis? Wohl die, dass Du erst einmal danach strebst, die wichtigsten und bekanntesten Fehler und Fallen selbst zu vermeiden. Hier also die Top 5 der typischen Trading-Fallen (ohne Vorgabe einer bestimmten Hierarchie):

a) Fehlende Handels-Disziplin

Wie ich jetzt schon mehrfach betont habe und auch weiter betonen werde, ist einer der größten Fehler im Trading, Entscheidungen aufgrund von Emotionen zu treffen. Gerade in Märkten mit einer sehr starken Schwankungsbreite, das bedeutet, es wird wild hin und her gehandelt (wie beispielsweise im Devisenmarkt (FX), liegen Freud und Leid sehr dicht beieinander. Eben noch war die Long-Position im Plus und jetzt liegst Du hinten, sprich: Du müsstest bei Glattstellung Deiner Position einen Verlust hinnehmen. Solche Märkte führen sehr häufig zu einer niedrigen Trefferquote. Das bedeutet z.B., von zehn Trades, die Du machst, liegst Du bei vier Trades gut, sechs Trades gehen »in die Hose«. Diese Quote bedeutet, das Verhältnis zwischen »Gewinnern« und »Verlierern« kann auch schon mal an die Nerven gehen. Besonders dann, wenn es noch schlechter wird. Die Folge ist häufig Aktionismus, ein gewisses Maß an Disziplinlosigkeit. Und Disziplinlosigkeit bedeutet immer ein zu hohes Risiko. Zu hohes Risiko ist kaum beherrschbar und damit verlierst Du die Kontrolle. Und schon bist Du mitten drin im Teufelskreis.

Disziplin kann aber ebenso bedeuten, nichts zu tun. Keine Position einzugehen. Für Stunden vor den Bildschirmen zu sitzen und keine Position zu nehmen, eben weil der Markt momentan nicht zu Deiner Strategie passt. In den Sommermonaten, wenn viele Trader im Urlaub sind, kann es schon vorkommen, dass sich der Markt in engen Bandbreiten bewegt.

Die Versuchung ist groß, hier zu agieren, obwohl es keine passenden Signale zu meiner Strategie gibt. Mir selbst passiert es immer noch ab und zu, dass ich versuche, kleinste Bewegungen mitzunehmen. Der FX Markt lässt es zu, aber da musst Du auch immer erst einmal durch die Geld-Brief-Spanne durch, um einen kleinen Profit zu erzielen. Im Jargon eines Traders nennen wir es auch »herumdaddeln« und es führt am Ende des Tages nicht wirklich zu einem zählbaren Ergebnis. Wir kommen später noch einmal darauf zurück, wenn es um Trading-Strategie und Trading-Pläne geht.

b) Handeln ohne Plan

Wenn wir über Disziplin sprechen, kommen wir nicht um die Frage herum, was Dein Trading-Ziel ist und wie der dazugehörige Trading-Plan aussieht. »*Failing to plan is planning to fail*« ist ein altes Händlersprichwort und trifft gerade beim Handel an den Finanzmärkten voll ins Schwarze. Auch wenn wir später noch einmal intensiv darauf eingehen, findest Du hier schon einmal ein paar wichtige Eckpunkte, was einen guten Plan beinhaltet.

- Das Trading-Kapital, wie viel willst Du riskieren? Wie viel willst Du verdienen?
- Das Trading-Ziel, ausgedrückt in einem gesunden Verhältnis zwischen Risiko und Chance. Oder im Fachjargon, das »Risk-Reward-Ratio«.

- Die Trading-Strategie, Einstieg und Ausstieg, das Level, wo Du Gewinne mitnehmen willst, und das Level, wo Du Deine Verluste begrenzen möchtest.

- Der Trading-Plan, worauf willst Du achten? Welche Kriterien sind für Deine Entscheidungen und Dein Verhalten wichtig?

Schon hier kannst Du erkennen, wie wichtig es ist, dass Du überhaupt einen Plan hast. Und bereits hier scheitern sehr viele, weil sie sich noch nie diese Gedanken gemacht haben. Zumindest nicht in diesem Umfang und mit dieser Gründlichkeit.

Der »Fehler-Klassiker« unter den Trading-Anfängern ist, ohne (realistisches) Ziel, Plan und Verstand zu handeln. Motto: »Ich mach mal und dann schauen wir, was passiert.« Dieses Lernen durch »Versuch und Irrtum« scheint auf den ersten Blick einer der »edelsten Wege« des Lernens zu sein, ist aber ganz realistisch betrachtet einfach zu teuer. Denn jeder misslungene Versuch kostet ganz einfach Geld.

Dabei muss es doch gar nicht so wehtun. Denk doch selbst mal darüber nach, welche Möglichkeiten es gibt, zu lernen. Manche scannen den Markt nach erfolgreichen Tradern und adaptieren einfach deren Strategien. Sie bilden diese Strategien in einem Trading-Tagebuch ab und verfolgen so deren Trading-Verhalten und -Aktivitäten. Andere machen Paper-Trading oder buchen erst einmal ein paar Seminare.

Wir werden im Laufe des Buches noch ein paar klassische Fehler aufdecken und konkrete Vorschläge machen zu Zielen, Plänen und Strategien. Und natürlich dazu, wie Du Deine persönliche Lernkurve optimieren kannst.

c) Fehlende Anpassung an Marktveränderungen

Hier kommen wir zum Thema Sturheit oder auch Blindheit. Nehmen wir mal an, Dein Trader-Persönlichkeits-Profil hat ergeben, dass Du eher mal ein »Macher« bist. Du hast eine Short-Position in Deinem Trading-Buch, da Du den Markt deutlich schwächer siehst für heute. In der ersten halben Stunde scheint Deine Idee aufzugehen und der Markt bewegt sich, wenn auch sehr zögerlich, in die von Dir erwartete Richtung. Da es aber sehr langsam geht (und Du ein

Macher bist) wirst Du ungeduldig. Plötzlich dreht sich der Markt und läuft zügig nach oben. Relativ schnell ist Dein kleiner Gewinn aufgebraucht und Du schaust zu, wie Du immer mehr in die Verlustzone wanderst …

Wir beobachten immer wieder, dass Macher in diesen Fällen wie paralysiert auf den Bildschirm schauen. Ich habe manchmal den Verdacht, sie wollen die Kurse kraft ihres Willens hypnotisieren. Sie können offensichtlich mit dieser sich schnell verändernden Situation nicht besonders gut umgehen. Es findet keine oder wenn überhaupt nur eine schlechte Anpassung an diese veränderte Marktbedingung statt.

Im Coaching bezeichnen wir diesen Zustand des Traders als »Stuck State«. Das bedeutet er »steckt fest«. Emotional verhaftet in seinen Gefühlen. Ausgelöst durch den weiter vorn erklärten mentalen Zwiespalt zwischen Realität und Erwartungshaltung.

Wir kommen ein wenig später noch einmal explizit im Abschnitt »Behavioral Finance« auf diesen Punkt zu sprechen und vor allem darauf, wie Du in diesem Fall agieren kannst.

d) Unrealistische Erwartungen

Mein persönlicher Lieblingspunkt. Ich selbst bin in meinem Persönlichkeitsprofil der absolute »Zocker«. Und gerade die Zocker tendieren dazu »über das Ziel hinaus« zu schießen. Dazu eine kleine Geschichte aus meiner Banker-Vergangenheit …

Mitte der 1980er-Jahre gab es ein Zeitfenster von sechs bis neun Monaten, in dem der Markt für japanische Optionsscheine sehr »en vogue« war. Der Grund war ein einfacher. Über Nacht veränderte sich der Kurs bestimmter Optionsscheine um ein Vielfaches. Hatten wir montags noch Kurse bei 150, stand der Kurs am Donnerstag bei 800.

Ich arbeitete damals in einer nachgelagerten Wertpapier-Abteilung bei relativ geringem Gehalt. Um dies ein wenig aufzubessern, wollte ich am Aktienmarkt »mitspielen« und habe mich bei Investitionen in diesen Märkten gerne auf die Ratschläge anderer verlassen. Das bedeutet, wir hatten »Buddys«, die im Handel unserer Bank arbeiteten und die uns immer mal wieder mit **ganz heißen**

Tipps versorgten. Anfangs war ich noch vorsichtig und kaufte mal zwei bis drei Stück dieser Optionsscheine. Auch wenn ich kaum den Namen aussprechen konnte, geschweige denn wusste, worum genau es bei diesem Papier geht. Schon nach kurzer Zeit lief es dann aber richtig gut. Ich kaufte und zwei Tage später war ich um ein paar hundert Mark reicher.

Angestachelt von diesem Erfolg, ließ ich mir mein Dispo-Limit erhöhen, um »größer« zu werden, der Klassiker. Nach dem Motto »Gier frisst Hirn« habe ich dann auch nur ein paar Wochen später entsprechendes »Lehrgeld« bezahlt. Ich hatte ein Vielfaches dessen verloren, was ich vorher gewonnen hatte, und musste das erste Mal einen Privatkredit aufnehmen, um meine Verluste zurückbezahlen zu können. Ich sage nur: Es hat sehr »weh« getan.

Diese Geschichte, dass Du über Nacht vom armen Schlucker zum Millionär wirst, funktioniert nur, wenn Du Lotto spielst. Auf gar keinen Fall beim Handel an den Finanzmärkten. Große Gewinne im Trading erzielt man entweder durch den Einsatz großer Mengen an Kapital (das haben die Wenigsten) oder durch einen »glücklichen« Zufall, sogenannte »Lucky Punches«, und die sind nun einmal selten, deshalb ja auch »glücklich«.

Die Profis konzentrieren sich darauf, »gesund« zu traden und ihre Strategie genau darauf abzurichten. Ihre Ziele sind immer realistisch und ihr Plan ist genau darauf abgerichtet.

Denke selbst mal darüber nach, was Du Dir als Trading-Ziel selbst vorgibst. Ist es eine konkrete Zahl? Willst Du die Qualität Deines Tradings verbessern? Oder willst Du zukünftig Deine durchschnittlichen Gewinne maximieren und die durchschnittlichen Verluste minimieren? Das wäre in unseren Augen tatsächlich ein gesundes Trading. Getreu dem Motto: *»Never lose more on a bad trade than you win on a good trade.«*

e) Schlechtes Risiko- und Money-Management

Der letzte Punkt unserer Top-5-Liste. Geh noch einmal gedanklich zurück zur Einstiegsübung. Wie viel Geld hast Du riskiert? Warst Du erfolgreich? Wie erfolgreich warst Du? Warum warst Du erfolgreich? Warum warst Du nicht erfolgreich?

Banken müssen heutzutage gemäß Regulatoren und Regularien immer mehr »Eigenkapital« vorhalten, damit sie mögliche Risiken aus ihren Finanzmarktgeschäften auffangen können. Da diese Risiken je nach Betätigung und Geschäftsfelder sehr unterschiedlich sind, braucht man dazu auch ein gut funktionierendes Risikomanagement mit dem entsprechenden Team und professionellen Tools.

Für Dich als Trader ist es genau das Gleiche, Du betrachtest Dein Eigenkapital und überlegst Dir genau, wie viel Du davon für den nächsten Trade riskieren möchtest. Unsere Beobachtung und Erfahrung:

- Erfolgreiche Trader wissen zu jeder Zeit, wie viel sie tatsächlich riskieren. Sie achten darauf, dass dieses Risiko in einem angemessenen Verhältnis zu ihren projektierten Gewinnen steht.

- Werden das Volumen und die Positionen im Trading größer, beginnen die Besten, immer mehr zu diversifizieren. Andere Asset Klassen, unterschiedliche Produkte, wie Futures, CFDs, Zertifikate, Termingeschäfte oder Optionen, die einen mehr strategischen Aspekt haben.

Die alten Händler-Weisheiten, wie z.B.: *»Lege nie alle Eier ins gleiche Nest«*, sind auch hier relevant. Der psychologische Hintergrund von Alles-oder-nichts-Strategien wird im weiteren Verlauf noch einmal ausführlich erläutert. Vor allem aber wollen wir Dir Strategien zeigen, wie Du genau diese Falle zukünftig umgehst.

Ziehung 3 der Farben *Trading-Colors-Game*

Trade	Einsatz	Gezogene Farbe	Veränderung	GuV	Aktuelles Kapital
1		Schwarz	+1 * KE		
2		Gelb	–5 * KE		
3		Beige	+2 * KE		
4					
5					
6					
7					
8					
9					
10					
11					
12					
13					
14					
15					
16					
17					
18					
19					
20					

Trading-Floor-Insights. Was tun Institutionelle und Profis?

Hier müssen wir kurz abschweifen und einen kurzen Blick auf das Thema computergesteuerter Handel werfen, häufig auch als »Algo-Trading« bekannt.

Mit der Entwicklung immer schnellerer Technologien hat es nicht lange gedauert, dass Banken große Summen in ihre eigene Trading-Technologie investiert haben, um »vorne mitspielen« zu können. Schaut man sich auf den Trading-Fluren der Banken und Institutionellen um, entdeckt man sehr viel mathematisches Know-how und noch mehr IT Know-how.

Die Idee, ein computergesteuertes Trading-System zu bauen, welches voll automatisch und selbstständig handelt, war schnell geboren und wurde sehr zügig und mit Nachdruck umgesetzt. Mathematiker legten die Parameter fest, die sie in sogenannten »Back-Testing-Szenarien« durchgespielt und ermittelt haben. Sie erkannten Kauf- und Verkaufssignale (basierend auf allen möglichen Daten, wie Moving Averages, Wochentage, Wirtschaftsdaten), welche die höchsten Erfolgswahrscheinlichkeiten aufwiesen und programmierten ihre Computer darauf, automatisch Kauf- und Verkaufs-Orders auszuführen.

Natürlich haben die Trader in den Banken diese Entscheidung nicht geliebt, denn eine Maschine sollte den Job übernehmen, den sie schon seit vielen Jahren gemacht haben.

Schaut man aber aus dem Blickwinkel der Bank, ergibt sich ein einleuchtendes Bild. Ein Computer kann den Job eines Traders über Jahre hinweg erledigen. 24 Stunden am Tag ohne Pause, ohne Krankheiten, immer voll fokussiert, immer rational. Er wird nicht von YouTube abgelenkt, wird nicht müde, geht nicht zum Mittagessen und macht (fast) keine menschlichen Fehler.

Trotz ein paar jüngerer technischer Pannen, wie z.B. dem Flash-Crash an der Börse vor ein paar Jahren, war die Entscheidung der Banken und einiger Trading-Firmen für den computergesteuerten Handel relativ einfach. Aus ihrer Sicht liegt hier das größte Potenzial, menschliches Versagen zu minimieren. Alles, was mit Emotionen zu tun hat und worüber wir später noch intensiv sprechen werden, Angst, Gier, Planlosigkeit, Hilflosigkeit bei Veränderungen, wird definitiv ausgeschlossen. Der Computer hat keinen »View« für den Markt. Er kauft, wenn das entsprechende Signal kommt, und verkauft wieder auf dem vorbestimmten Niveau. Er dreht sich nicht zu seinem Nachbar und fragt: »Was glaubst, geht es noch weiter hoch bis zur nächsten Widerstandlinie?« Sein Plan ist fest codiert und er hält sich stur daran. Mehr und mehr Markt-Teilnehmer sind Algo-Trading-Programme.

Mit diesem Wissen im Hinterkopf ist es gut sich daran zu erinnern, dass es am Markt nichts **Persönliches** gibt. Kein »*Der Markt mag mich heute gar nicht …*« oder dass der Markt dazu da ist, irgendjemandem einen Schaden zu zufügen. Trading-Computer halten sich an das, was ihnen programmiert wurde, und folgen dem Plan ohne Emotionen.

Was Computer nicht haben, sind Intuition oder ein »Gefühl für den Markt«. Da sind wir Menschen ihnen voraus. Und ich kenne sehr viele und gute Händler, die eine Position aus einem Gefühl heraus nehmen. Der entscheidende Punkt ist, wie sie dann mit dieser Position verfahren. Bleiben sie intuitiv oder halten sie sich dann an ihren Trading-Plan?

Intuition bedeutet nicht, keinen Plan zu haben. Das eine schließt das andere nicht aus. Im Gegenteil, es ergänzt sich sogar sehr gut. Ich selbst habe immer wieder »gute« Positionen vorzeitig geschlossen, obwohl mein »Wunschlevel« noch gar nicht erreicht war. Meistens handelte es sich nur um ein paar Pips. Wäre ich aber stur geblieben und hätte nicht auf meine Intuition gehört, hätte ich die Position behalten, ohne den Profit mitzunehmen. Doch Vorsicht, verwechsele Intuition nicht mit Angst oder Gier.

Eine Intuition ist einfach da. Ein Bild, ein kurzes Gefühl, welches auch etwas in Dir auslöst. Sie kommt, wenn Du in einem entspannten Zustand bist und nicht denkst. Ein altes chinesisches Sprichwort sagt: »*Die Intuition sagt dem denkenden Verstand, wohin er seine Aufmerksamkeit richten soll.*« Deshalb werden wir Dir im Laufe des Buches auch immer wieder zeigen, wie Du entspannt bleiben kannst bei Deinem Trading.

Kleiner Tipp: besorge Dir drei griffige Jonglier-Bälle und lege sie neben Dich an den Platz, von dem aus Du Dein Trading betreibst. Wann immer Du merkst, dass Du verspannst, entspann dich über das Jonglieren mit den drei Bällen. Warum? Das erklären wir Dir weiter hinten.

ÜBUNG #3 – Selbsterkenntnis

Nimm bitte an dieser Stelle eine kurze Selbsteinschätzung vor und trage Dein Ergebnis auf der rechten Seite ein. Wie beurteilst Du Dein derzeitiges Trading-Verhalten in Bezug auf …?

Verhalten	Mein Verhalten
Trading-Disziplin	
Trading-Plan	
Anpassungsverhalten bei plötzlichen Marktveränderungen	
Deine Erwartungen	
Risiko- und Money-Management	

Was wirst Du Dir für die Zukunft vornehmen?

Weisheiten und Storys – »419 Scams« und Trading

Alhaji Ibrahim Lamrode ist **Chef der Abwicklung** der Economic and Financial Crimes Commission (EFCC) in Lagos, Nigeria. Zumindest war er es, als das Buch »McMafia – Seriously Organized Crime« von Misha Glenny geschrieben wurde. Es berichtet über organisiertes Verbrechen und darüber, wie kriminelle Organisationen die Globalisierung zu ihrem Vorteil nutzen und auch beschmutzen. Doch was hat das mit Trading und der damit einhergehenden Psychologie zu tun?

Das EFCC versuchte von Nigeria aus, organisiertes Verbrechen an Opfern weltweit zu unterbinden. Diesen Opfern wurden Briefe oder E-Mails zugestellt, in denen versichert wurde, dass dem Schreiber des Briefes ein großes Vermögen

(Land/Juwelen/Öl Konzessionen/eine große Bank) gehöre. Nun bräuchte er allerdings ein wenig Kapital, um die anstehenden Kosten für Gerichtsverhandlungen und seine Anwälte bezahlen zu können. Dem Leser wurde eine riesige Provision versprochen, wenn er den »Geschädigten« finanziell unterstützen würde.

Du wirst jetzt lachen, aber 2005 verloren Einwohner von 38 verschiedenen Ländern etwa 3 Milliarden US-Dollar. Und das ist nur der bekannte Anteil derer, die sich gemeldet haben ... Übrigens, selbst große Banken waren darin involviert. Diese Verbrechen wurden »419s« genannt, da dies der entsprechende Paragraf für »Advance Fee Fraud« in den nigerianischen Gesetzbüchern ist.

Wie konnte das passieren? Alhaji Ibrahim Lamrode sagte: »Die Verbrecher nutzten einen ganz einfachen ›Fehler‹ in der menschlichen Psyche. Wenn Sie schon einmal 500.000 Euro in ein Projekt investiert haben und Ihr Partner sagt Ihnen, es müssten noch einmal 20.000 Euro nachinvestiert werden, um den Wert weiter zu steigern, denken die Menschen: ›Na ja, im Vergleich zu den bereits investierten 500.000 Euro sind 20.000 Euro wirklich nicht viel.‹« So geht es weiter und weiter und mehr und mehr Geld fließt in die Taschen der Betrüger.

In Bezug auf das Trading nennt man dieses Phänomen »Doubling Up«. Und tatsächlich gibt es viele Menschen, die nach diesem Prinzip handeln: *»If you are in trouble, just double!«* Auf Deutsch nennt man das *»schlechtem Geld gutes Geld hinterherwerfen«*. Die Intention ist klar. Mit dem Nachschuss soll der Einstandspreis der bestehenden Position verbessert werden. Die Wirkung dagegen ist häufig katastrophal.

Während der Internet-Blase zu Beginn des neuen Jahrtausends bekamen wir in unserer Siedlung neue Nachbarn. Unsere Töchter gingen in den gleichen Kindergarten, so lernten sich zunächst die Mütter kennen und kurz darauf, bei einem Grillabend, auch die Väter. Mike, so hieß der Vater, erzählte mir, dass er Geschäftsführer eines kleinen, aber feinen internationalen Telefondienstleisters sei und gerade erst von einem anderen großen Anbieter, einem Konkurrenten, abgeworben wurde. Er war mit einem ordentlichen Aktienpaket geködert worden, denn man wolle mit dem kleinen, neuen und sehr innovativen Unternehmen sehr schnell an die Börse gehen, um das Geschäft im Mittleren Osten expandieren zu können.

Da wir uns gut verstanden, hat er sehr schnell mit schwindelerregenden Zahlen um sich geworfen und uns vorgeschlagen, wir sollten unbedingt in diese Firma investieren. Unser Geld würde sich innerhalb von einem Jahr mindestens verzehnfachen. Da ich vom Persönlichkeitsprofil ein »Zocker-Typ« bin, habe ich nicht lange gezögert und gleich am nächsten Tag einen guten Betrag in diese Aktie (vorbörslich und in US-Dollar) investiert ... Im Laufe des nächsten Jahres und im Hinblick darauf, dass es aufgrund von Verzögerungen noch ein wenig dauern könnte mit dem Börsengang, habe ich weiterhin günstige Einstiegskurse genutzt, um einen noch größeren Anteil am Unternehmen vor dem potenziellen Börsengang zu erwerben. Ich habe immer wieder »nachgemischt« und war am Ende gefühlt einer der größten privaten Anteilseigener dieser Firma. Bis man plötzlich gar nichts mehr hörte und mein Nachbar einen neuen Job in Marokko übernahm. Die Aktie wurde irgendwann von meiner Bank »wegen Wertlosigkeit« ausgebucht ...

»Gier frisst Hirn«. Da ist es wieder. Immer wieder tappen wir Menschen in diese Falle. Warum? Weil wir eben Menschen sind. Wissenschaftler beschäftigen sich auf allen Ebenen mit diesem Verhaltensphänomen bei uns Menschen. Sie versuchen herauszufinden, was uns antreibt, wie wir Entscheidungen treffen und wann. Worauf diese Entscheidungen basieren. Professor Gerhard Roth teilt in seinem Buch »Persönlichkeit, Entscheidung und Verhalten« mit seinen Lesern sehr viele Erkenntnisse von Wissenschaftlern, die sich mit diesen Themen befasst haben oder auch noch befassen. Er sagt auch: »Bei Entscheidungen und Verhaltensänderungen haben die unbewussten Anteile unserer Persönlichkeit das erste und das letzte Wort, Verstand und Vernunft sind nur Berater.«

Was bedeutet das jetzt für Dein Trading? In dem Moment, da es Dir gelingt, möglichst viele dieser unbewussten Anteile bewusst zu machen, wird es Dir gelingen, Dein Verhalten besser zu verstehen und es wo nötig zu optimieren. Je häufiger Du ein neues, zielführendes Verhalten bewusst anwendest, desto mehr dringt es in Dein Unterbewusstsein ein und verdrängt die unerwünschten, vom Unterbewusstsein gesteuerten Verhaltensweisen. Im Coaching nennen wir das dann Automatismen. Und wenn wir später auf mentale Stärke zu sprechen kommen, geht es genau darum: im Ernstfall Automatismen abrufen zu können. Gelingt Dir das, zählst Du zu den Profis und damit zu den Besten.

An den Finanzmärkten sprechen wir beim Thema Verhalten und Entscheidungen über »Behavioral Finance«. Es gibt sehr viele und davon einige sehr gute Abhandlungen zu diesem Thema. Wir wollen hier nur die wichtigsten Punkte ansprechen. Vor allem aber wollen wir Dir zeigen, was Du zukünftig tun kannst, um »psychologische Fallen« zu umgehen. Ab der übernächsten Seite findest Du eine ausführliche und einfach erklärte Zusammenfassung dieser »Fallen« …

Ziehung 4 der Farben *Trading-Colors-Game*

Trade	Einsatz	Gezogene Farbe	Veränderung	GuV	Aktuelles Kapital
1		Schwarz	+1 * KE		
2		Gelb	–5 * KE		
3		Beige	+2 * KE		
4		Grün	–2 * KE		
5					
6					
7					
8					
9					
10					
11					
12					
13					
14					
15					
16					
17					
18					
19					
20					

Behavioral Finance

Schon früh in der Geschichte des Tradings haben sich namhafte Wissenschaftler mit den Zusammenhängen zwischen menschlicher Psychologie und Trading-Verhalten beschäftigt. Eine der wesentlichen Erkenntnisse war und ist: Börsenerfolg (oder auch Misserfolg) hängt zu mehr als 80 Prozent mit der psychischen Verfassung der Handelnden zusammen.

John Maynard Keynes hat bereits 1936 vorsichtig erklärt, dass das Börsengeschehen wahrscheinlich nicht ausschließlich durch rationales Verhalten bestimmt wird. Einen wissenschaftlichen Beweis für irrationales Verhalten lieferten Daniel Kahneman und Amos Tversky 1979 in ihrer Forschungsarbeit zu diesem Thema. Sie stellten fest: »Menschen lieben normalerweise kein Risiko, es sei denn ›sie liegen hinten‹, dann lieben sie es …« Sie haben weiterhin festgestellt, dass spekulativ orientierte Trader sich (zu) häufig von ihren Emotionen leiten lassen, was fast immer zu Fehlentscheidungen führt.

Dabei spielt es gar keine Rolle, ob es negative oder positive Emotionen sind. Das führt zu folgender Erkenntnis: Wir Menschen haben **Angst zu verlieren** (wenn es schlecht läuft) oder **werden gierig** (wenn es gut läuft). Je stärker der emotionale Zustand, desto stärker verändert sich auch die Qualität unserer Wahrnehmung – und damit auch die einhergehende Verarbeitung von Informationen. Auf Deutsch: Der Verstand setzt aus und wir schalten um auf Automatismen.

Diese Automatismen bestehen in der Hauptsache aus Prägungen der Vergangenheit, Erfahrungswerten, Glaubenssätzen und einem sehr individuellen Bild der Welt, wie sie in unseren Augen sein sollte. Wir reagieren dann nur noch aufgrund solcher unbewusster Verhaltensweisen, die tendenziell unlogisch sind. Das erkennen wir im Trading daran, dass Trader versuchen, in diesem Moment *»schlauer als der Markt«* zu sein und irrationale und unlogische Entscheidungen treffen.

Normalerweise hat der Mensch den Drang, dank (oder kraft) seines Wissens, Geschehnisse kontrollieren zu wollen, zu agieren. Und hier muss es einmal ganz klar gesagt werden, dies ist an den Finanz- und Kapitalmärkten nicht möglich!

Das Einzige, was wir Menschen wirklich kontrollieren können, sind wir selbst. Und auch das ist für die meisten eine (zu) große Herausforderung. Denn dazu bedarf es eines hohen Maßes an **Selbsterkenntnis, Selbstverantwortung und Selbststeuerung.**

- **Selbsterkenntnis** erlangen wir durch Analyse der eigenen Denk- und damit auch Verhaltensmuster.

- Erst wenn es hier Klarheit gibt, besteht die Chance zur **Selbststeuerung.** Und zwar einer Steuerung im Sinne der persönlichen Trading-Ziele.

- Dies wiederum bedarf der vollen Übernahme an **Selbstverantwortung.** Und die wird erreicht durch die einfache Frage »Was kann ich jetzt tun, um ...?«

Auch hier später noch ein wenig mehr über das »**Wie funktioniert das genau?**«

Zum Thema typische Denk- und Verhaltensmuster und den einhergehenden Fallen haben die Forschungen des Behavioral Finance folgende fünf Punkte und damit einhergehende Erkenntnisse ergeben:

1. Kognitive Dissonanz
2. Framing-Effekt
3. Sunk-Cost-Effekt
4. Heuristiken
5. Dispositionseffekt

Die Erläuterung dieser Punkte soll Dir aufzeigen, wie unser Hirn funktioniert und was Du künftig tun kannst, um Dir selbst besser helfen zu können, wenn es notwendig ist. Am Ende des Tages wirst Du erkennen, dass unser Verhalten auf bestimmten Konditionierungen basiert. Dass wir ständig mit diesem Abgleich zu tun haben zwischen Realität und Erwartungshaltung und den Folgen aus diesen inneren Konflikten. Du erkennst es bei Dir selbst, wenn Du Dich sagen hörst: »Das darf doch jetzt nicht wahr sein ...« oder »Das kann doch nicht sein ...« oder »Warum passiert das immer mir?«

Hier prallt Realität auf Erwartung. Realität auf Konditionierung und löst einen internen Prozess aus. Lass uns anhand einiger Beispiele zeigen, was »Behavioral Finance« dazu sagt.

Kognitive Dissonanz

An einem einfachen Beispiel kannst Du erkennen, was sich in Deinem Kopf abspielt, wenn Realität und Erwartungshaltung stark voneinander abweichen ... Bitte nimm Dir einen Moment Zeit. Betrachte das nebenstehende Bild und sprich die **Farbe** aus, die Du siehst, nicht das Wort!

Wie ging es Dir damit? Was hast Du Dir gedacht, als Du versucht hast, die Farbe zu benennen?

Was Du in dieser kleinen Übung erlebst, ist ein Konflikt zwischen Deiner rechten Gehirnhälfte, die versucht, die Farbe zu beschreiben, und Deiner linken Gehirnhälfte, die darauf besteht, das Wort zu lesen. Und Deine beiden Gehirnhälften haben unterschiedliche Aufgaben. Sehr vereinfacht gesprochen repräsentiert die rechte Gehirnhälfte das intuitive und emotionale Element, die linke Gehirnhälfte steht für Rationalität und das analytische Element. In der oben gezeigten Übung siehst Du Farben (= Emotion, rechte Gehirnhälfte) und liest Wörter (= Rationalität, linke Gehirnhälfte). Die Namen passen allerdings nicht zu den Farben und das verwirrt Deinen konditionierten Verstand.

So passiert es im Trading. Du hast Dich dazu entschlossen, in eine Aktie zu investieren, und den Kauf auch ausgeführt. Nun fällt aber der Kurs dieser Aktie entgegen Deiner Meinung.

Dies bedeutet, in Deinem Kopf entsteht jetzt ein Widerspruch, zwischen dem, was Du siehst, und dem, was Du hoffst zu sehen. Deine Erwartungshaltung war, dass der Kurs steigt. Die Realität ist, dass der Kurs fällt. Diese Widersprüchlichkeit löst ein Dilemma in Dir aus, was zu einer besonderen Form des »Kopfkinos« führt und sich mit den entsprechenden Gefühlen bemerkbar macht.

So entsteht diese besondere Form der **kognitiven Dissonanz.** Die Realität (fallender Kurs) wird zunächst komplett ausgeblendet (Das willst Du gar nicht sehen). Neue Informationen (z.B. weiter fallende Kurse) werden von Dir weiter konsequent ignoriert. Schlimmer noch, Du forschst nach Gründen, warum unbedingt an der ursprünglichen Entscheidung festgehalten werden sollte.

Dieser innere Konflikt erzeugt eine enorme Spannung und damit auch großen Druck. Und da wir Menschen in dieser Beziehung äußerst leidensfähig sind, lässt dieser Druck auch erst nach, wenn es zu einer erlösenden Handlung kommt. Diese »erlösende« Handlung erfolgt aber eben erst, wenn der Druck zu stark, das heißt der damit verbundene Schmerz groß genug ist (=> wenn der Verlust zu hoch ist). Erst jetzt wird gehandelt und die Position geschlossen. Und genau in diesem Moment lässt der Druck nach. Wir atmen buchstäblich auf. Wir haben es geschafft, etwas Schmerzhaftes loszulassen. Wir sind befreit davon!

! Trading-Floor-Tipp 1: Du hast ein Trading-Ziel und einen Trading-Plan? Halte Dich daran!

Auf dem Trading-Floor und in einem professionellen Umfeld passieren solche Fehler weniger. Jeder professionelle Trader hat seine individuellen Vorgaben in Bezug auf Risiken und maximales Verlustpotenzial **(Maximum Drawdown),** die seinem persönlichen Wissen und der Trading-Erfahrung entsprechen. So gibt es Limits, wie hoch die Beträge sein dürfen, die er maximal handeln darf, und auch die Höhe der Tages-Trading-Verluste wird auf eine bestimmte Zahl begrenzt. So soll vermieden werden, dass der Trader »die Bank verkauft«. Diese Limits werden im Übrigen von einer nachgelagerten Stelle (Risiko-Controlling) permanent überwacht.

! Trading-Floor-Tipp 2: So trainierst Du mentale Stärke!

Wenn Du die Übung mit den Farben regelmäßig wiederholst und trainierst, wirst Du merken, dass sich Deine kognitiven Fähigkeiten stark verbessern werden. Du lernst, Dich viel stärker und schneller zu konzentrieren und zu fokussieren, was Dir dabei hilft, einen klaren Kopf zu bewahren. Es hilft ebenso gut, wie das Jonglieren mit Bällen, wie weiter vorn schon einmal beschrieben.

Framing-Effekt

Auch hier ein visuelles Beispiel: Schau Dir einen Moment das Bild an. Welche der beiden **Linien** ist länger?

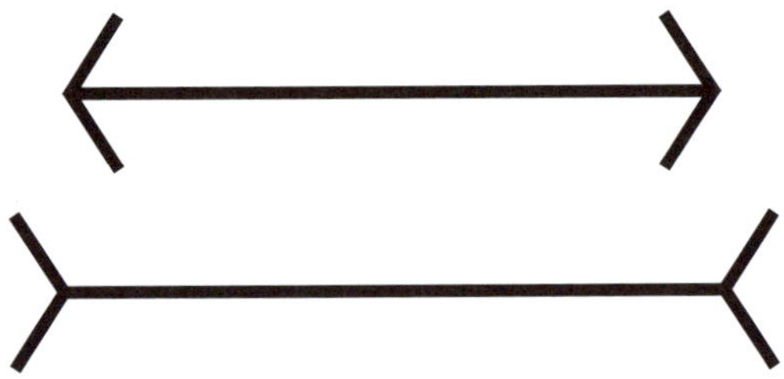

Der erste Tipp gilt der unteren Linie. Tatsächlich sind aber **beide** Linien gleich lang. Wir sind so konditioniert, dass wir versuchen aufgrund unserer bisherigen Erfahrungen nach den einfachsten Lösungen zu suchen, auf die unser Verstand im ersten Versuch kommt. Erst wenn wir ein zweites Mal hinschauen und ein wenig genauer analysieren, erkennen wir eine zweite Lösungsmöglichkeit. Je genauer wir analysieren, umso eher erkennen wir, dass unsere erste (schnelle) Meinung ein Irrtum war.

Was bedeutet das fürs Trading? Im Trading müssen Entscheidungen getroffen werden. Dabei tun sich manche leichter und manche einfach auch ein wenig schwerer. Schau Dir noch einmal kurz Deine Trading-Persönlichkeit an. Wie triffst Du Deine Entscheidungen? Spontan aus dem Bauch heraus? Oder nach reiflichster Überlegung? Grundsätzlich gilt, wann immer wir eine Entscheidung zu treffen haben, schauen wir uns mehr oder weniger genau die Gegebenheiten an und treffen dann eine Entscheidung.

Wir schaffen uns eine Art »**Bezugsrahmen**« und überprüfen innerhalb dieses Rahmens unsere Chancen auf Gewinn und Verlust. Auch dieser Bezugsrahmen basiert auf Erfahrungen der Vergangenheit und auf unserer grundsätzlichen persönlichen »Prägung«. Was wurde mir beigebracht, wenn es um Entscheidungen ging? Was haben mir meine Eltern vorgelebt? Wie ist meine Persönlichkeit? (Selbst-)bestimmt? Rational? Welches Verhältnis habe ich grundsätzlich zum Thema Geld?

Geld ist übrigens ein für Menschen eher emotional behaftetes Thema, obwohl es doch **nur** um Zahlen, Metall und/oder Papier geht. Aber da Geld mittlerweile für die Menschheit eine ganz besondere Bedeutung und vor allem auch mit Existenzängsten zu tun hat (etwas mehr dazu beim Punkt Emotionen/Ängste), fällt es sehr schnell in die emotionale Waagschale. Das heißt für uns, tatsächliche Geldbeträge werden nicht realistisch bewertet, sondern relativ.

Ich gebe Dir ein Beispiel:

Du hast einen Gewinnsprung bei Deinem Kapital von 10 Euro auf 20 Euro.

Du hast einen Gewinnsprung bei Deinem Kapital von 1.000 Euro auf 1.010 Euro.

Welcher Gewinnsprung wird von Dir emotional höher bewertet?

Jeweils absolute Beträge von 10 Euro, jedoch mit einer unterschiedlichen (emotionalen) Wertigkeit für uns, denn wir tendieren dazu, sofort eine prozentuale Veränderung als Maßstab anzulegen. Aber 10 Euro bleiben 10 Euro, oder?

Diese Form der Relativierung einer Tatsache und das damit einhergehende emotionale Verhalten werden im nächsten Beispiel noch deutlicher. Ich habe in meinen Seminaren mit hunderten von Teilnehmern folgende Übung gemacht. Ich habe die Teilnehmer gefragt, was sie bevorzugen. 500 Euro sicheren Gewinn oder eine 50-prozentige Chance zwischen 1000 Euro oder nichts. Die Mehrheit entscheidet sich für die sicheren 500 Euro. Denn 500 Euro sind relativ viel im Vergleich zu nichts. Die Differenz zwischen Null und 500 wird emotional weitaus höher gewertet als die Differenz zwischen 500 und 1000.

Und genau das ist eine der Erklärungen dafür, weshalb wir Trading-Gewinne tendenziell viel früher mitnehmen und die Verluste länger laufen lassen! Denn ein Gewinn von 50 Euro erscheint einem als relativ viel, wenn man vorher bis 500 Euro Verlust zugeschaut hat.

Trading-Floor-Tipp 3: Denke an Dein Trading-Ziel und Deinen Trading-Plan

In dem Moment, in dem Du schriftlich fixiert hast, wie Dein Trading-Plan aussieht, spürst Du eine größere (Selbst-)Verpflichtung, Dich auch daran zu halten. Es ist wie eine Art Vertrag mit sich selbst. Und wir brechen nicht gerne Verträge mit uns selbst.

Unser Chef hat uns früher morgens immer gefragt, was wir uns für den heutigen Tag vorgenommen hätten. Nachdem er die Antwort mit zwei bis drei Fragen hinterfragt hatte, ließ er es uns kurz aufschreiben. Wenn es einmal nicht so gut lief, forderte er uns auf, noch einmal zu lesen, was wir uns zu Beginn des Tages notiert hatten. Und in sieben von zehn Fällen war es tatsächlich so, dass wir von unserem ursprünglichen Plan abgewichen waren.

Ein Plan, den Du nur im Kopf hast, ist viel leichter zu kippen, als ein Plan, den Du Dir aufgeschrieben hast.

Trading-Floor-Tipp 4: So trainierst Du mentale Stärke!

Setz Dich ganz entspannt auf Deinen Stuhl. Oberkörper aufrecht, beide Füße stehen fest auf dem Boden. Ober- und Unterschenkel bilden einen 90-Grad-Winkel. Der Kopf ist gerade und Du schaust nach vorn. Verschränke nun die Arme so, wie Du es üblicherweise tust. Bei mir steckt dann gewöhnlich der linke Handrücken unter dem rechten Bizeps und die rechte Handfläche liegt auf dem linken Bizeps. Die beiden Unterarme liegen überkreuz. Jetzt versuchst Du, die Arme anders als bisher zu verschränken, das bedeutet die gewohnte Position zu wechseln. Bei mir, rechter Handrücken unter dem linken Bizeps und linke Handfläche auf dem rechten Bizeps. Lass Dich mal überraschen, welche Streiche Dir Deine beiden Gehirnhälften spielen. Übe das weiter, am besten immer in den Momenten, in denen Du unsicher, nervös oder sogar hektisch wirst.

Auch durch diese Übung lernst Du, Dich zu fokussieren, ganz bei Dir selbst zu bleiben. Schau Dir noch einmal Dein Trading-Ziel und den dazugehörigen Trading-Plan an und halte Dich daran.

Sunk-Cost-Effekt

Nomen est Omen. Denn hier wird tatsächlich Geld buchstäblich versenkt oder auch verbrannt.

Wir kennen das Prinzip auch unter der Wendung »gutes Geld schlechtem Geld hinterherwerfen«, in der Hoffnung, den Einstiegskurs zu verbessern. Und hier haben wir auch schon den Kern des Problems, und der heißt Hoffnung. Denn Hoffnung hat aber auch rein gar nichts mit irgendeinem Plan zu tun.

Du kannst auf schöneres Wetter hoffen. Wenn Du auf bessere Kurse hoffst, kannst Du genauso gut Dein Geld an eine wohltätige Stiftung spenden.

Vielleicht hört sich das ein klein wenig krass oder sarkastisch an. Und es ist gut, Geld an gemeinnützige Stiftungen zu spenden, denn die machen wirklich gute Dinge mit diesem Geld. Hier geht es aber um professionelles Trading, um bessere Trading-Kompetenzen, und das hat eben nichts mit Hoffnung zu tun.

Wenn Dein Trading-Plan eine solche Strategie beinhaltet, ist alles gut und richtig, dann hast Du Dir etwas dabei gedacht.

Ich selbst habe eine Zeitlang eine Trading-Strategie verfolgt, die bei mir den Namen »Roulette« hatte. Ich habe mir den historischen Kursverlauf verschiedener Währungspaare über die letzten fünf Tage angesehen. Ich wollte herausfinden, bei welchem Währungspaar eine gegenläufige Kursbewegung in naher Zukunft am wahrscheinlichsten ist. Die Idee war, antizyklisch zu handeln und mich gegen einen bestehenden Trend zu stellen. Da mein Timing aber auch nicht das Beste war, habe ich in verschiedenen »Tranchen« gehandelt.

Nachdem ich also ein Währungspaar gefunden hatte, welches über die letzten Tage stark angestiegen war, und das weitere Research (Fundamentale Daten) ergeben hatte, dass es hierzu keinen schwerwiegenden Hintergrund gab, ging ich davon aus, dass es zu einer Kurskorrektur kommen könnte. Meinen ersten Trade habe ich dann zu einem von mir bestimmten Kurs und mit einem Betrag von 1.000 Euro im Verkauf gemacht. Der Kurs stieg allerdings weiter und so habe ich nach einem gewissen Abstand mit dem Verkauf von 2.000 Euro weitergemacht. Beim nächsten Anstieg habe ich 4.000 Euro verkauft.

Da es optimal gelaufen ist, war ich 7.000 Euro »short« mit einem relativ hohen Schnittkurs, habe voll auf die Gegenbewegung gesetzt, mit einem ordentlichen Betrag. Das Risiko war allerdings, dass die von mir erwartete Gegenbewegung entweder gar nicht einsetzt und ich knapp oberhalb ausgestoppt werde oder dass die Bewegung nur sehr schwach ausfällt und ich gar nicht in die gewünschte/geplante Gewinnzone rutsche.

In unseren Coachings haben wir sehr häufig beobachtet, dass die meisten Trader allerdings gar nicht so geplant handeln. Sie kaufen eine Aktie und setzen auf einen steigenden Kurs. Fällt der Kurs entgegen ihren Erwartungen, ändern sie plötzlich, willkürlich und ungeplant ihre ursprüngliche Strategie (ihren Plan) und versuchen, mit einem erneuten Kauf der Aktie mit einem deutlich schwächeren Kurs ihren Einstand zu verbilligen. Nun haben sie auch nur den Einstandskurs im Blick und sehen nicht die eigentliche Bewegung.

Hinter dieser »**Strategie**« steht nur und einzig das Prinzip »Hoffnung«. Man wird mir zustimmen müssen, dass es sich bei diesem Prinzip um Aktionismus handelt und keineswegs um einen wohl durchdachten Trading-Plan.

Trading-Floor-Tipp 5: Denke an Dein Trading-Ziel und Deinen Trading-Plan

Nick war mein Chef, als ich für die Bank of America gearbeitet habe. Mitte bis Ende der 1990er-Jahre. Nick war ein Chartfreak und hat täglich seine »Hoppenstedt-Charts« gepflegt und gehegt. Er war ein großer Freund von Trends und eines seiner Lieblingszitate war: »The trend is your friend.«

Eines Tages saß ich in seinem Office und wir diskutierten wieder einmal über seine Affinität zu Trends im Allgemeinen und einen »Dollar-Chart« im Speziellen. Obwohl der Trend in seinem Dollar-Chart eindeutig nach oben zeigte, wies er mich an, US-Dollars am Markt zu verkaufen. Einigermaßen verwirrt fragte ich nach einer Erklärung für seinen Sinneswandel. Die Antwort war nachvollziehbar, machte allerdings die Vorhersagbarkeit von Kursverläufen nicht einfacher. Seine Erklärung war die folgende: »Dieser Trend hält nun schon sehr lange an. Für mein Empfinden zu lange. Also habe ich ein wenig mehr Research betrieben und festgestellt, dass der Trend auf einige wichtige fundamentale Ereignisse noch nicht reagiert hat. Jetzt gibt es zwei Möglichkeiten. Entweder der Trend ist wirklich »bombenfest« oder es gibt einen größeren Käufer im Markt, der noch nicht »satt« ist und so den Kurs immer noch stärker treibt. Da ich nicht genau weiß, was richtig ist, beginne ich, mich mit einem »schmerzfreien Betrag« gegen diesen Trend zu stellen. Das ist wie bei einer alten Dampflock, die bremst auch nicht sofort und fährt gleich darauf in die andere Richtung, sondern bremst langsam ab. Genau das erwarte ich in den nächsten Tagen für den US-Dollar.«

Was wollte er mir damit sagen? Er hatte eine Intuition (rechte Gehirnhälfte) und arbeitete darauf aufbauend einen Trading-Plan aus (linke Gehirnhälfte). Beides passt nun zusammen und er handelt entsprechend seinem Plan.

Trading-Floor-Tipp 6: So trainierst Du mentale Stärke!

Setz Dich wieder ganz entspannt in Deinen Stuhl. Oberkörper aufrecht, beide Füße stehen fest auf dem Boden. Ober- und Unterschenkel bilden einen 90-Grad-Winkel. Der Kopf ist gerade und Du schaust nach vorn. Mach mit Deinen Händen jeweils eine Faust und strecke die Arme nach vorne aus, sodass Ober- und Unterarm einen leichten Winkel bilden und die Fäuste sich etwa auf Brusthöhe befinden. Strecke nun die beiden Zeigefinger aus und drehe die Handgelenke so nach innen, dass die beiden Zeigefinger zueinander zeigen.

Jetzt machst Du einen vorwärtsdrehenden Kreis zuerst mit Deinem rechten Zeigefinger. Anschließend machst Du einen rückwärts drehenden Kreis mit Deinem linken Zeigefinger.

Jetzt machst Du beides gleichzeitig. Mit dem rechten Zeigefinger drehst Du vorwärts, mit dem linken Zeigefinger rückwärts. Das übst Du immer wieder und so lange, bis Du Dich während dieser Übung locker mit jemandem unterhalten kannst.

Heuristiken

Hier geht es um ein ganz spannendes Thema, welches uns Menschen nicht nur beim Trading beschäftigt. Unser Gehirn ist nicht dazu konzipiert, zu viele Informationen gleichzeitig verarbeiten zu können. Ganz im Gegenteil. Wenn es darum geht, eine Entscheidung zu treffen, werden zahlreiche Vereinfachungen vorgenommen.

Das bringt uns dazu, einen Ball fangen zu können, der offensichtlich nicht gut genug geworfen wurde.

Wir sind in der Lage, aufgrund von Annahmen sehr schnell zu ermitteln, wo dieser Ball runterkommt, damit wir ihn fangen können.

Dies nennt Professor Roth in seinem oben genannten Buch eine »heuristische Entscheidungsfindung«, welche auf einer sehr schmalen Informationsbasis beruht und ganz simple Regeln anwendet. Sie scheint fast genauso effizient wie komplexe Rechenoperationen, ist aber zugleich viel schneller und billiger.

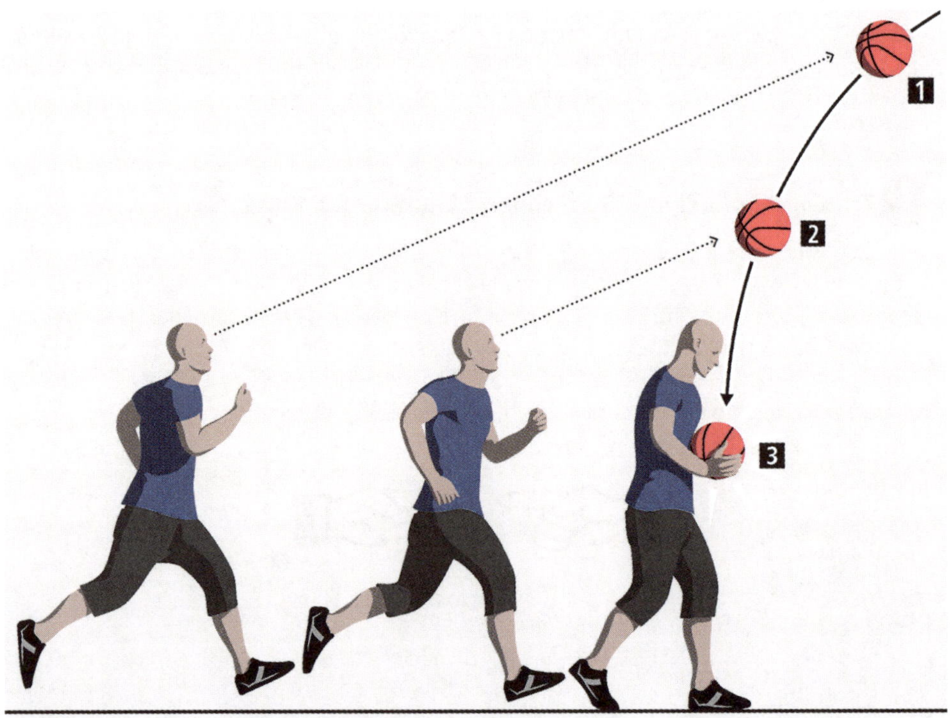

© Copyright by VZ VermögensZentrum/DuFour Capital AG

Wenn es besonders schnell gehen muss, neigen wir immer wieder zu Vereinfachungen, um das vermeintlich richtige Ergebnis zu erhalten.

Hier ein Beispiel:

Welche der beiden Städte hat die höhere Einwohnerzahl? Detroit oder Milwaukee?

Unser Gehirn funktioniert hier auf die einfachste Art und Weise. Wovon weiß ich mehr? Die Tatsache, dass die Stadt Detroit eine größere Präsenz in den Medien hat als Milwaukee, lässt uns darauf schließen, dass sie die größere Stadt mit der höheren Einwohnerzahl ist (was tatsächlich auch so ist).

Allerdings verursachen diese Formen von Vereinfachungen sehr häufig auch Irrationalität und gehörige Fehler, dies sollte man bei dieser Theorie und Herangehensweise ebenso beachten.

Beim Handel an der Börse entscheiden sich dann auch viele Trader für die »Blue Chips«. Das liegt meistens nicht daran, dass der Trader hier ein besseres Research betrieben hat, sondern vielmehr an der Tatsache, dass eine »Deutsche Bank« bekannter ist als eine »State Street Bank«. Oder daran, dass Siemens bei uns bekannter ist als Phillips (obgleich Phillips deutlich teurer ist). Sowohl die Deutsche Bank als auch Siemens stehen eben hier weit häufiger im öffentlichen Interesse. Diese Form von Bekanntheitsgrad schafft den Menschen eine **Illusion von Sicherheit.**

Doch die schnelle und einfache Verfügbarkeit einer Vielzahl von Informationen hat auch einen zusätzlichen negativen Effekt. Sie führt bei uns Menschen dann doch zu einem Überfluss an Informationen und damit auch zu verzerrten Wahrnehmungen. Die Folge ist eine stetig anwachsende Verunsicherung.

Das erkennst Du daran, dass ein Trader, der **hinten** liegt, anfängt, nach allen möglichen Informationen zu suchen, die seine Meinung unterstützen. Das größte Problem hier: Frage fünf Trader nach ihrer Meinung und Du bekommst sechs verschiedene Ansichten. Das ist der Grund, warum Du am Ende noch verunsicherter bist als vorher.

Außerdem führt dieses Phänomen der einfach verfügbaren Nachrichten und Meinungen häufig auch zu den sogenannten selbsterfüllenden Prophezeiungen. Denke nur an den berühmt-berüchtigten »Crashmonat« Oktober (auch Schwarzer Oktober). Viele setzen darauf und warten förmlich auf erste Anzeichen und alle springen darauf.

Wissenschaftliche, teils theoretische und empirische Studien der Professoren Gigerenzer und Gaissmaier von der Universität Konstanz haben schon längst gezeigt, dass wir oft umso bessere Entscheidungen treffen, je weniger Informationen wir haben (vgl. Gigerenzer: Bauchentscheidungen).

Trading-Floor-Tipp 7: Denke an Dein Trading-Ziel und Deinen Trading-Plan

Wie sagt mein Freund und Co-Autor John immer so gerne und treffend: ***»If it looks like a duck, it sounds like a duck and it walks like a duck, it might be a duck!«*** Was will er Dir und mir damit sagen?

Als wir neulich wieder mal einen Blick auf das Setup eines Chart-Systems einer unserer Coachees werfen durften, hat es einen kurzen Moment gedauert, bis wir den eigentlichen Chart überhaupt entdeckt hatten. Der ganze Bildschirm war so sehr »zugepflastert« mit »Moving-Averages«, »Fibonacci-Retracements«, »Gann Angles«, Momentum und so weiter und so fort, dass nicht erkennbar war, wo der Kurs besagter Aktie gerade handelte. Völlig panisch zeigte er uns, was die verschiedenen Parameter ihm anzeigten und wie er diese Informationen interpretierte. Er war aufgrund der Vielzahl an Informationen so sehr verunsichert, dass er uns eher paralysiert, hilflos und tatenlos erschien.

Nachdem wir ein wenig Klarheit geschaffen hatten und den tatsächlichen Kursverlauf erkennen konnten, fragten wir unseren Coachee, wonach dieser Kurs denn aussieht? Was ihm als Erstes auffallen würde? Und welche Strategie er mit dieser einfachen Information anfangen würde. Er antwortete mit einem nachvollziehbaren und gut organisierten Trading-Plan.

Die Frage, warum er diesen Plan noch nicht umgesetzt habe, beantwortete er mit folgendem Satz: »Ich wollte meinen Plan noch aus anderen Blickwinkeln überprüfen, doch je mehr Parameter ich eingefügt habe, desto unsicherer wurde ich. Hätte ich meinem ersten Impuls getraut und danach gehandelt, würde ich jetzt schon deutlich vorne liegen.« Er ging trotzdem, wenn auch ein wenig verspätet, die Position ein und war sehr zufrieden mit sich selbst.

Trading-Floor-Tipp 8: So trainierst Du mentale Stärke!

Setz Dich wieder ganz entspannt in Deinen Stuhl. Oberkörper aufrecht, beide Füße stehen fest auf dem Boden. Ober- und Unterschenkel bilden einen 90-Grad-Winkel. Der Kopf ist gerade und Du schaust nach vorn. Schließe nun Deine Augen. Achte ganz auf Deine Atmung. Versuche, durch die Nase einzuatmen, und durch den Mund wieder auszuatmen.

Jetzt beginnst Du, ganz langsam rückwärts zu zählen. Jeder Atemzug ist eine Zahl. Beginne bei 100 mit dem Einatmen durch die Nase. Solltest Du Dich einmal verzählen, musst Du wieder von vorne beginnen.

Ich nutze diese Übung mehrfach über den Tag verteilt. Ich beginne damit gleich in der Frühe nach dem Aufstehen und als Abschluss eines kleinen Workouts. Auch zwischendrin brauche ich immer mal wieder diese kleine Auszeit für mich selbst, dann zähle ich aber nur von 20 rückwärts. Probiere es selbst mal aus und lass Dich überraschen, wie schnell Du »runter«kommst.

Hin und wieder habe ich genau in diesen Momenten Eingebungen oder Geistesblitze zu einem bestimmten Thema. Es ist einfach da. Und damit ich es nicht vergesse, habe ich mir einen kleinen Block zurechtgelegt, um mir diese Gedanken zu notieren. Dann setze ich mich wieder zurecht, bedanke ich mich für die Eingebung und mache in aller Ruhe weiter mit meiner kleinen Atemtechnik.

Der Dispositionseffekt

Als ich Ende der 1980er-Jahre angefangen habe, Devisen zu handeln, wurde ich von meinem damaligen Chef instruiert, erst einmal sogenannte »Paper Trades« zu machen. Das bedeutet, ich sollte meine Trades einfach mal fiktiv handeln, aber so notieren, als hätte ich tatsächlich gehandelt.

Ich war sehr erfolgreich darin und bereits nach wenigen Tagen erhielt ich auf Nachfrage und nach einem »Ich bin jetzt so weit« vom Chef die Genehmigung, mit richtigem Geld zu handeln. Er meinte mit einem süffisanten Unterton: »Mach mal, aber Du bist erst ein richtiger Händler, wenn Du auch mal richtig danebengelegen hast!«

Voller Zuversicht und mit einem hochmütigen Lächeln in Richtung meines Chefs fing ich also an, mit richtigem Geld zu handeln. Ich hatte ein Limit von 1 Million USD, mit der ich handeln durfte. Um diese Zahl ein wenig zu relativieren, muss ich dazu erklären, dass im Währungsbereich 1 Million USD Trading-Kapital eher ein kleiner Betrag war. Die Standardgröße im Devisenhandel waren 5 oder 10 Millionen USD bzw. ein Vielfaches davon. Und da der Kurs auf 0,0001

Stellen quotiert wurde, war eine Veränderung um 1 Pip (0,00001) auch nur 100 DM wert. Im institutionellen Trading-Bereich waren das tatsächlich »Peanuts«.

Sehr schnell musste ich feststellen, dass der Chef Recht hatte mit seiner Aussage. Und ich gestehe, dass ich zu Beginn meiner Trader-Karriere wirklich jeden Fehler gemacht habe, den es zu machen gab. Heute habe ich das Gefühl, dass die ganzen »Behavioral Finance«-Studien aufgrund meines Trading-Verhaltens gemacht wurden.

Der größte Fehler bestand allerdings darin, Verluste laufen zu lassen und Gewinne relativ schnell mitzunehmen. Und das nennen wir den sogenannten Dispositionseffekt. Auch wenn es dieses Wissen schon sehr lange gibt, in unseren Coachings erleben wir auch heute immer wieder Trader, die in diese **klassische** Falle tappen. Sie schauen ihren immer größer werdenden Verlusten zu und realisieren auf der anderen Seite Gewinne viel zu schnell.

Die gute Nachricht ist, wir kennen den Grund dafür. Fachleute sind sich darüber einig, dass es sich um eine mentale Blockade handelt. Unser Verstand »gaukelt« uns vor, dass ein Verlust erst dann weh tut, wenn man ihn realisiert. Wir verleugnen wieder einmal die Realität (in Form eines Buchverlustes) und bleiben beim Prinzip Hoffnung und dem Satz: »Das wird schon wieder.«

Das Schaubild hier verstärkt diesen Eindruck und zeigt eindeutig, wie sehr und wie schnell wir uns an etwas gewöhnen:

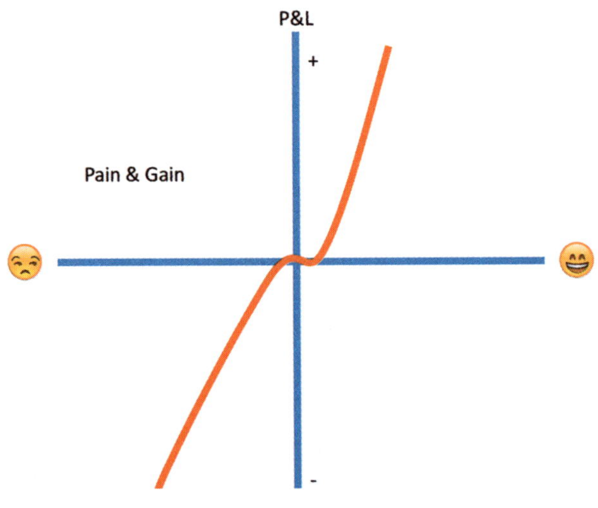

- Der Anfangsgewinn wird weitaus höher bewertet als die folgenden Zusatzerträge, mit abnehmender Tendenz …
- Der Anfangsverlust wird ebenso als sehr schmerzhaft empfunden, danach tritt ein gewisser »Gewöhnungseffekt« ein.

Mein Freund John nennt es das »Pain & Gain« Spiel. Und am Ende bleiben Dir als Trader wieder nur zwei Möglichkeiten. Das Prinzip Hoffnung oder das Prinzip Professionalität und die Entscheidung, Dich an Deinen Trading-Plan zu halten.

! Trading-Floor-Tipp 9: Denke an Dein Trading-Ziel und Deinen Trading-Plan

Auch wenn ich mich häufig wiederhole. Es braucht einen konkreten Trading-Plan, bevor Du loslegst. Weiter oben habe ich schon einmal skizziert, dass sich die Profis ihre Ziele morgens kurz aufschreiben. Was jeder Profi gleich dazuschreibt, sind die Levels, wo er einsteigt und wo er aussteigt. Allein mit diesen wenigen Parametern verhinderst Du schon mehr als 50 Prozent der möglichen Trading-Fallen.

Diese oben erklärten Punkte aus dem Behavioral Finance haben alle etwas mit Verhalten zu tun. Und die nächste Frage, der wir uns nun ein wenig annähern müssen, ist die nach dem »Warum«. Warum verhalten wir uns so? Worauf basiert unser Verhalten. Was löst ein bestimmtes Verhalten aus? Und die Antwort finden wir bei den Emotionen …

Deshalb sprechen wir im Rahmen dieser psychologischen Betrachtungen natürlich auch an, welche Art von Emotionen wie ausgelöst werden und vor allem, was Du zukünftig tun kannst, um diese Emotionen in den Griff zu bekommen.

Zusammenfassung Behavioral Finance

Das Konzept des Behavioral Finance hilft uns, typisches Verhalten zu erkennen und im zweiten Schritt zu verstehen. Der dritte Punkt ist, an diesen Verhaltensweisen zu arbeiten.

Oben beschriebene verhaltenstypische und zu Verlusten führende Verhaltensweisen sind Anteile unserer Persönlichkeit und in der Regel konditionierte Verhaltensweisen. In dem Moment, da Du Dir bewusst machst, welche Wirkung dieses Verhalten in Deinem Trading auslöst, kannst Du sie auch unterbrechen.

Im Trading tendieren wir zu irrationalem und unlogischem Verhalten. Wir werten Verluste höher als Gewinne und gleichzeitig gewöhnen wir uns an beides. Prozentuale Werte werden relativ leichter genommen als absolute Werte. Deshalb lassen wir Verluste länger laufen und nehmen Gewinne früher mit.

Nachfolgenden Chart habe ich bei Investopedia entdeckt und er stammt aus einem Artikel über Behavioral Finance von Brad Sherman. Ich fand ihn gut, habe ihn ein wenig adjustiert und eigene Texte von mir eingesetzt. Er beschreibt sehr schön die emotionale Achterbahn, die viele Trader kennen.

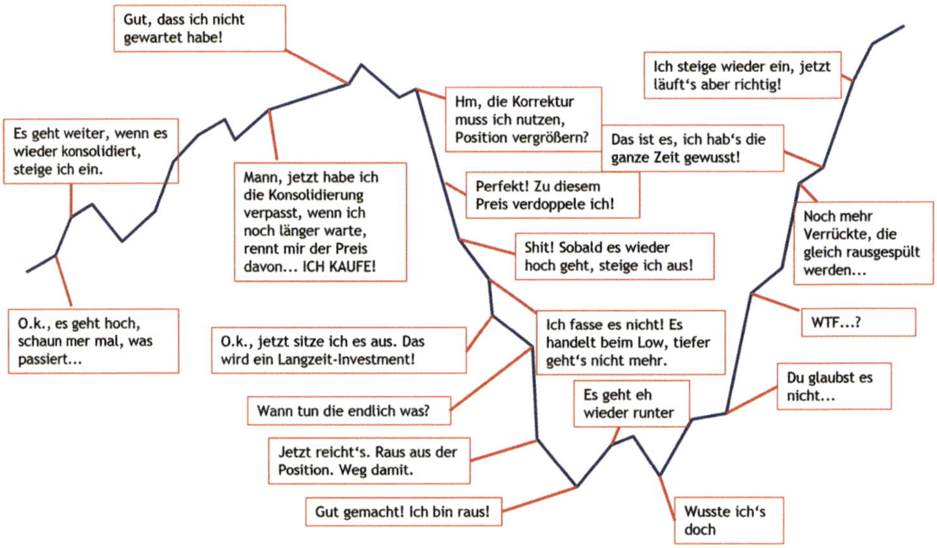

Behavioral Finance auf einen Blick

Beobachte Dein Verhalten und mach Dir Notizen dazu. Schaff Dir ein kleines Notizbuch an, in das Du Deine Erfahrungen mit Dir selbst, Deine Beobachtungen zu Deinem Verhalten sowie Deine Emotionen und die Art und Weise, wie sie entstanden sind, notierst.

Nur dann wirst Du zukünftig auch in der Lage sein, solche Fallen zu entdecken und sie zu umgehen.

Ziehung 5 der Farben *Trading-Colors-Game*

Trade	Einsatz	Gezogene Farbe	Veränderung	GuV	Aktuelles Kapital
1		Schwarz	+1 * KE		
2		Gelb	–5 * KE		
3		Beige	+2 * KE		
4		Grün	–2 * KE		
5		Beige	+2 * KE		
6					
7					
8					
9					
10					
11					
12					
13					
14					
15					
16					
17					
18					
19					
20					

Emotionen

Wir Menschen verfahren in Bezug auf Emotionen im Grunde zwar sehr individuell, ganz grundsätzlich jedoch immer nach dem gleichen Prinzip:

Jeder Mensch reagiert anders und auf seine eigene bestimmte Art und Weise auf Ereignisse.

Um zu verstehen, warum wir so reagieren, wie wir reagieren, müssen wir uns darüber klar werden,

- wie wir Informationen aufnehmen und
- anschließend verarbeiten.
- welche Kriterien wir anlegen, um zu entscheiden, ob etwas gut oder ob es schlecht ist.

Dann können wir auch lernen, was genau ein negatives Gefühl bei uns auslöst und warum es das tut.

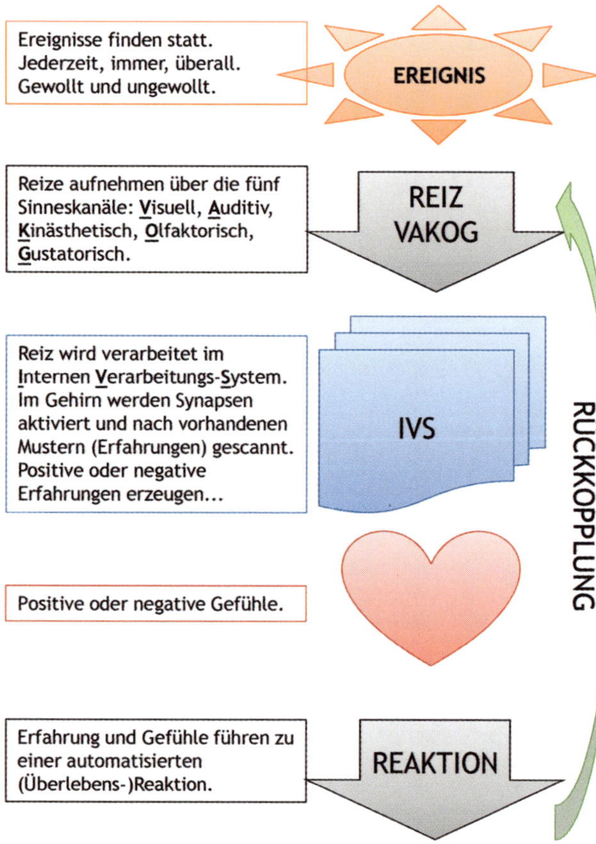

Wir sprechen hier über Automatismen, die in uns selbst kontinuierlich ablaufen. Diese Automatismen zu verstehen, bedeutet auch, dass wir eine Chance bekommen, Einfluss zu nehmen, und diese Automatismen bei Bedarf unterbrechen können.

Gelingt uns das, werden die typischen Re-Aktionen tendenziell weniger. Um ganz klar zu sein, es sind typische Reaktionen, die wir uns lieber ersparen würden, weil sie uns in schlechte Situationen bringen. Beispiel? Überlege mal selbst, wie häufig Du nach einer Deiner Reaktionen schon gesagt hast: »Hätte ich doch nur meinen Verstand vorher eingeschaltet.« Diese Art der Reaktionen meine ich …

Mit dem Unterbrechen der oben beschriebenen Automatismen steigern wir die Zahl unserer bewussten Aktionen. Und eine bewusste Aktion gibt uns immer ein Gefühl von Macht. Macht über uns selbst, unsere Gedanken, Gefühle und unsere Handlungen. Und damit auch Macht über die Ergebnisse, die wir erzielen.

Wie Du Deine gedanklichen Automatismen unterbrechen kannst, erkläre ich Dir im nächsten Abschnitt. Nur so viel sollst Du wissen, es hat etwas mit »Verantwortung« zu tun.

Um den Bogen noch weiter zu spannen und um es Dir noch einmal ganz klar zu machen: Die Qualität Deiner Gedanken bestimmt die Qualität Deiner Ergebnisse. Diese Ergebnisse lösen in einer Rückkopplung wieder einen Gedanken bei Dir aus. Du entscheidest, ob und wie Du einen negativen Gedanken-Zyklus unterbrichst und Dir damit wieder die Möglichkeit schaffst, konstruktiv und zielorientiert zu denken.

Gerade im Trading ist diese Form mentaler Stärke ein echtes Asset für erfolgreiche Trader. Denn Ereignisse passieren. Und an den Märkten passieren diese Ereignisse oft kurz hintereinander. Du bestimmst selbst, was diese Ereignisse mit Dir machen.

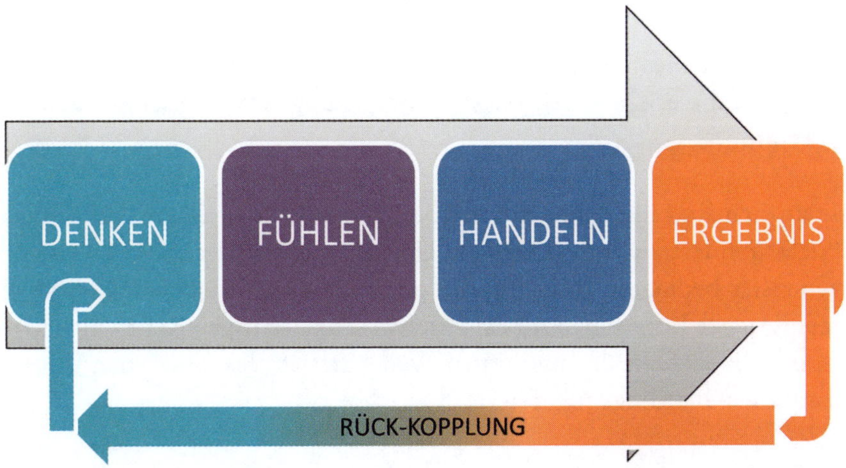

WICHTIG

Jedes Ereignis (= ***Realität***) führt zu Gedanken. Deine Bewertung und/oder Interpretation dieser ***Realität*** führt zu (negativen/positiven) Gefühlen und dadurch zu entsprechenden (Kurzschluss-) Handlungen. Diese Handlungen führen zu einem Ergebnis.

Trading-Floor-Tipp 10: Überprüfe die Qualität Deiner Gedanken

Hirnforscher haben bewiesen, was wir intuitiv schon lange wissen: Negative Emotionen verleiten uns zu Handlungen, die, vorsichtig ausgedrückt, nicht immer zielführend sind. Kommt es zu einer Stress-Situation, werden durch Emotionen Energien freigesetzt, die uns im Grunde nur unser Überleben sichern sollen.

Sehr häufig handelt es sich dabei um negative Emotionen wie Angst oder Frust, die ein klares und logisches Denken eher behindern. Deshalb ist es wichtig, im Trading möglichst ***emotionslos*** zu agieren. Ein detaillierter Blick auf dieses Thema scheint also mehr als angebracht und deshalb beschäftigen wir uns auf den nächsten Seiten mit den verschiedenen Ausprägungen von Emotionen, wie z.B. der Angst und der Gier, aber auch mit positiven Emotionen, wie Freude und Sicherheit.

Wir haben die wichtigsten Emotionen für Dich zusammengefasst. Jetzt wollen wir herausfinden, wie sie in Dir ausgelöst werden und welche Folgen sie für Dein Trading-Verhalten haben können.

Motto: Gefahr erkannt – Gefahr (fast) gebannt.

Angst

Angst ist ein erlebtes Gefühl, das im Vorgriff auf einen bestimmten Schmerz oder eine Gefahr erlebt wird, meist in Begleitung des Wunsches nach Flucht oder Kampf.

Ängste an sich sind überlebenswichtig. Sie haben eine Schutzfunktion und uns über viele hunderttausend Jahre das Überleben gesichert. Wir sprechen hier von **genetisch** bedingten Ängsten, die gut und sinnvoll sind. Diese **genetisch** bedingten Ängste lösen einen fürs Überleben sehr wichtigen Reflex aus, nämlich Kampf oder Flucht. In der modernen Welt hat sich das Überleben in unseren Lebensräumen allerdings relativiert.

Es gibt noch genügend Orte und Lebensräume, wo diese Form des Überlebens leider wieder oder immer noch eine Bedeutung hat. Im Rahmen dieses Buches bitten wir um Verständnis, wenn wir diesen Aspekten keinen Raum bieten. Wir wollen uns hier einzig und allein auf das Trading-Geschehen an den Finanzmärkten beschränken.

Im Trading sprechen wir über die Angst vor finanziellen Verlusten. Da Geld an sich für uns Menschen eine existenzielle Bedeutung gewonnen hat, wirkt ein Verlust von Geld für viele durchaus bedrohlich.

Bei einem Trader, der gerade eine schlechte Phase hat, häufig ausgestoppt wird und Verluste generiert, entsteht eine besondere Form von Schmerz. Sie ist vergleichbar mit der Art Schmerz, die normalerweise nur durch das Gefühl von Ablehnung verursacht wird. Das bedeutet, in diesem Fall entsteht durch den Verlust von Geld die Angst vor Zurückweisung und Ablehnung. Diese Ängste sind allerdings nicht genetisch bedingt, sondern **konditioniert.** Sie entstehen aufgrund von mehr oder weniger traumatischen Erlebnissen in der Vergangenheit und in Bezug auf das Thema Verluste.

Tritt im Trading also eine unerwartete Marktveränderung ein, die sich zu Ungunsten der eigenen Trading-Position entwickelt, entsteht durch die Konditionierung unseres Bewusstseins ein natürlicher Reflex: »Ich mache mir Sorgen um meine finanzielle Existenz.« Die Qualität dieser Gedanken entspringt, wie weiter oben schon einmal beschrieben, den bisherigen und persönlich gemachten Erfahrungen, Prägungen, etc. zu diesem Thema.

Da wir Menschen allerdings auch aufgrund dieser Prägungen dazu tendieren, unerwarteten Ereignissen eher mal eine negative Bewertung zu erteilen, entwickeln wir auch ein entsprechend negatives Gefühl (Sorge). Dieses Gefühl verleitet uns wiederum zu einer entsprechenden Handlung …

Häufig entstehen Ängste auch aus einem Gefühl der Unsicherheit. Und Unsicherheit basiert in der Regel auf mangelnder Vorbereitung oder entsteht bei ganz neuen Dingen, mit denen wir konfrontiert werden (sollen). Andererseits ist Angst auch genau der Indikator, der für persönliches Wachstum zuständig ist. Im Coaching erleben wir immer wieder, dass die Menschen dann am erfolgreichsten sind, wenn sie ihre eigenen Grenzen überwinden und genau das tun, wovor sie am meisten Angst haben. Ist diese Angst einmal überwunden, fühlt man sich stärker, reifer, um eine Erfahrung reicher und damit auch selbstbewusster.

Angst vor Trading-Verlusten? Überprüfe erst einmal ganz grundsätzlich, ob Trading wirklich das richtige Metier für Dich ist. Kannst Du diese Frage mit Nein beantworten, stelle Dir die nächste Frage. Woher kommen dann diese Ängste? Unsicherheit? Die gute Nachricht ist, Du hast viele Möglichkeiten zu lernen, Dich in das Thema rein zu arbeiten. Je intensiver und gründlicher Deine Vorbereitung ist, desto besser. Dein Ziel sollte klar sein, ebenso Dein Trading-Plan. Schau auf Deine Beträge, mit denen Du handelst. Reduziere sie bis zu einer Größe, wo Du möglichen Verlusten ganz entspannt entgegenschauen kannst.

Hier kommt noch eine der wichtigsten Erkenntnisse aus unseren Coachings …

Sobald Du weißt, was auf Dich zukommen kann, verfliegt die Angst. Denn Du beginnst, Dich mit dem Ganzen auseinanderzusetzen. Du arbeitest mit all den möglichen Dingen, die passieren können. Du suchst in Deinen Erinnerungen, wie Du früher mit solchen kritischen Situationen umgegangen bist. Du erschaffst Dir einen Plan für den Fall, dass so etwas wieder passiert.

Das machst Du schon? Well done, weiter so …! Wenn nicht, solltest Du jetzt damit anfangen, einen konstruktiven Plan für unerwartete und unerfreuliche Ereignisse zu erstellen, die Dir bisher noch ein Gefühl von Angst bereiten. Ereignisse passieren, auch den Besten. Nur die Besten gehen anders mit Ereignissen um, denn sie sind vorbereitet.

Was passiert in so einer speziellen Trading-Situation? Der erste »Schock« führt zu einer Erstarrung, die das klare Denken blockiert und deshalb auch wahrscheinlich Geld kosten wird. Stell Dir mal einen Piloten vor, der gerade festgestellt hat, dass sein Motor ausgefallen ist. Er kann auch nicht dasitzen und sein Unglück beklagen, *er muss agieren*! Das WIE wird ihm in stundenlangen Trainings antrainiert. Das Resultat, er muss gar nicht mehr nachdenken, er handelt automatisch.

Die Kernelemente von Angst sind: plötzliches Auftreten, überraschend und gefahrvoll. Die Plötzlichkeit ist nicht unter unserer Kontrolle. Aber die Tatsache, dass wir schon vorher darüber nachgedacht haben, was passieren könnte, und dass wir uns einen Plan zurechtgelegt haben, was wir in diesem Fall tun, verringert den Überraschungseffekt.

Wenn Du Dir also zukünftig darüber im Klaren bist, dass Ereignisse an den Märkten passieren können (und das wird mit Sicherheit der Fall sein …) und

Du auch damit rechnest, dass es passiert, macht es das insgesamt und gefühlt weniger gefahrvoll für Dich. Da Du ja für solche Fälle einen Plan entwickelt hast, wirst Du schneller agieren und sparst Dir damit wahrscheinlich viel Geld.

Trading-Floor-Tipp 11:

Ich habe über viele Jahre hinweg private Trader im FX-Handel direkt betreut. Deren Trading-Volumina waren dann doch so groß, dass der Privatkundenbetreuer die Spezialisten gebeten hatte, dieses Mandat zu übernehmen.

Einer dieser Kunden war ein recht erfolgreicher Zahnarzt aus dem Norden Deutschlands. Bei einem unserer ersten Besuche vor Ort in seiner Praxis führte er uns in sein privates Zimmer. Gemütlich eingerichtet, mit Bücherregalen an der Wand, einer kleinen Sitzgruppe mit Tisch, einem Schreibtisch, worauf drei (!) Bildschirme nebeneinander standen. Bei den Büchern handelte es sich fast zur Hälfte um Werke rund um das Thema »Financial Markets«. Zwischen den Büchern befand sich einer der ersten Flachbildschirme in beachtlicher Größe. Wir waren beeindruckt!

Unser Kunde erzählte uns, dass er am Morgen, noch bevor Kollegen oder Patienten die Praxis beträten, eine ausführliche Marktanalyse betreibe und sich auf den jeweiligen Trading-Tag einstelle. Aufgrund seiner Analyse übermittele er uns dann seine Orders, täglich zwischen 7.30 Uhr und 8.00 Uhr. Mittags melde er sich kurz und frage nach dem Stand der Dinge, bevor er am Abend seinen Tagesabschluss mache. Wenn es mal etwas Besonderes gäbe, könne es auch sein, dass er zwischen den Behandlungen nachschaue, was geht.

Von ihm habe ich etwas zum Thema **Angst** vor Trading-Verlusten und Trading-Kapital gelernt. Ich fragte ihn nämlich ganz explizit, wie er auf seine Betragsgrößen komme, mit denen er handele. Seine Antwort war einfach und einleuchtend.

»Ich habe gelernt, dass es einen Unterschied macht, ob ich über einen potenziellen Verlust von 10 Prozent nachdenke oder ob ich mir einen festen Betrag vornehme, den ich maximal riskieren möchte. 10 Prozent von 1 Million Trading-Kapital sind ziemlich genau 100.000. Das war mir nominal zu viel. Aber mit einem Betrag von 20.000 maximalem Verlust kann ich gut leben, dann bin ich prozentual nur noch bei 2 Prozent.«

Woran erinnert uns dies? Genau, an den Framing-Effekt. Wenn Du also über einen Stop/Loss für Deine Trading-Position nachdenkst, stell Dir keine Prozentzahl vor, sondern lege den absoluten Betrag fest, mit dem Du leben kannst und der Dich ruhig schlafen lässt.

Übrigens war unser Zahnarzt über Jahre hinweg sehr erfolgreich mit seinem Trading. Sein Geheimnis? Er hatte täglich ein Trading-Ziel und einen dazu passenden Plan …

Gier

»Gier ist gut!«, sagte einst Gordon Gekko im Film *Wall Street*. Sie treibt uns an, Höchstleistungen zu vollbringen, über uns selbst hinauszuwachsen. Hier steckt eine evolutionäre Entwicklung dahinter, denn man hat schon immer versucht, etwas mehr »rauszuholen«, um für schlechte Zeiten gerüstet zu sein.

Gier macht uns aber auch blind für Anzeichen, die auf ein »Genug« hinweisen. Ein altes Sprichwort sagt: »*Genug ist der Reichtum der Weisen!*« Und es passt so gut zu dem von uns geschulten **gesunden** Trading-Verhalten.

Laufen Deine Positionen gut, ist es völlig normal, auf höhere Gewinne zu hoffen. Auch wenn das ursprüngliche Kursziel bereits erreicht wurde. In Acht nehmen solltest Du Dich vor der Gefahr der sogenannten »Halskrankheit« (»den Hals nicht voll genug bekommen«). Sie führt häufig dazu, dass wir am Ende auch das wieder verlieren, was sich bis dahin angesammelt hat.

Merke: Ein Naturgesetz besagt, dass jegliche Formen von »Extremen« meist durch die Natur wieder in Balance gebracht werden. Das solltest Du möglicherweise im Hinterkopf behalten. Für die Kapitalmärkte bedeutet das: Wer zu gierig ist, verliert alles!

Neulich habe ich einen Film angeschaut. *Moneyball – Die Kunst zu gewinnen,* mit Brad Pitt in der Hauptrolle. Dieser Film basiert auf einer wahren Geschichte und beschreibt die Situation, in welcher der ehrgeizige Team-Manager Billy Beane steckt. Der Club-Besitzer seines Baseball-Teams möchte Erfolge, aber nicht mehr Geld ausgeben. Im Gegenteil, er verkauft die besten Spieler.

Gegen alle Widerstände engagiert der Team-Manager Billy einen Computernerd und Baseball-Fan namens Peter Brand, der ihm mithilfe von statistischen Erhebungen hilft, ein erfolgreiches Team zusammenzustellen. Im Kern des Films findet sich eine Aussage, die im Grunde alles Wichtige beschreibt: »Menschen, die einen Verein leiten, denken darüber nach, Spieler zu kaufen. Das Ziel sollte aber nicht sein, Spieler zu kaufen, sondern Siege zu kaufen. Und um Siege zu kaufen, musst Du ›Runs‹ kaufen.«

Trader denken zu häufig in zu großen Zahlen: »Ich will Tausende verdienen«. Warum beginnen sie nicht damit, erst einmal konstant »einhundert« zu verdienen? Viele argumentieren damit, dass es das nicht wert sei. Wir sagen, es ist vor allem mal ein guter Start. Denn wenn Du nicht in der Lage bist, konstant die kleinen Ziele zu erreichen, weshalb willst Du Dich gleich an die großen Ziele machen?

Trading-Floor-Tipp 12: Behalte die Kontrolle

Ich hatte eine gute Bekannte, die sich während der »Dotcom«-Phase eine goldene Nase verdient hätte, wenn ... Ja, wenn sie nicht so gierig und unerfahren gewesen wäre. Sie hatte bei einigen »Zuteilungen« Glück und erhielt Aktienpakete zum Emissionspreis dieser Aktien. Sie hatte damals insgesamt etwa 50.000 DM investiert und lag in der Spitze bei knapp 250.000 DM. Als ich sie fragte, wann sie »genug« hätte, konnte sie mir diese Frage nicht beantworten, sondern wollte mich und ihren gesamten Freundeskreis dazu animieren, mit einzusteigen, um »schnell reich zu werden!« Am Ende verlor sie alles, denn sie konnte nie »genug« bekommen. Ihre »Halskrankheit« war unheilbar ...

Läuft Deine Trading-Position gut, sichere sie ab. Zieh Deinen Stop nach oder arbeite mit einem Trailing Stop. Wie sagte mein früherer Chefhändler so lapidar: »Es ist noch niemand davon arm geworden, wenn er Gewinne auch mal realisiert hat.«

Zorn

Zorn ist eine reflexhafte Reaktion, die ebenso auf einer bestimmten Konditionierung basiert, allerdings auch dem einen oder anderen Charakterzug entspringt. Woher auch immer, Zorn ist offensichtlich ein ebenso schlechter Berater wie die Gier oder die Angst!

Zorn entsteht wie alle anderen Emotionen durch eine exponentielle (stark übertriebene) Bewertung einer Divergenz. Die Realität entspricht nicht den Erwartungen ... und das heute schon zum dritten Mal hintereinander. Das Gefühl von Hilflosigkeit wird durch das Gefühl von Machtlosigkeit und der eigenen Tatenlosigkeit permanent verstärkt. Der bereits aufgestaute Frust wird **potenziert,** und jetzt wird mit allen Mitteln versucht, »dem Markt zu beweisen, wer der Herr im Hause ist«.

Trading-Floor-Tipp 13: Nimm Dir eine Pause

Weiter oben hatten wir schon einmal empfohlen, etwas zum »Spielen« auf den Tisch zu legen. In dieser Situation ist es (finanziell) überlebenswichtig, einen klaren und kühlen Kopf zu bewahren bzw. wieder zurückzubekommen. Ein Bekannter von mir hat einen Softball und eine passende Zielscheibe an der Wand, an der dieser Softball kleben bleibt. Gerät er in Wallung, packt er den Ball und schleudert ihn mit voller Wucht gegen die Wand. So lange, bis er wieder »bei Sinnen« ist.

Denke an die Atemübung oder verlasse für einen Moment die belastende Situation. Hole Dir ein Glas Wasser, einen Kaffee oder Tee. Irgendetwas, was Dir persönlich in diesem Moment gut tut.

Freude

Deine Position läuft in die richtige Richtung, Du liegst vorne. Ein gutes Gefühl. Eine positiv-neutrale Haltung ist grundsätzlich mal gut. Aber Achtung, wahre Freude führt nicht selten zu Überheblichkeit und unbedachten Handlungen. Du kennst bestimmt das Sprichwort: *»Übermut tut selten gut«*.

Du bewegst Dich schnell mal außerhalb Deiner eigenen (und geplanten) Komfortzone. Außerhalb der Dir selbst auferlegten Bedingungen. Deine Positionen werden plötzlich größer, auf Stops wird großzügig verzichtet. »Es läuft doch …« Du bist weniger »bei der Sache«, weniger fokussiert. Du triffst Entscheidungen, die Dir die Freude schnell wieder nehmen können.

Trading-Floor-Tipp 14: Denke an Dein Trading-Ziel und Deinen Trading-Plan

Etwas später in diesem Buch werden wir Dir zeigen, wie Du Dich mithilfe von Checklisten selbst »überlisten« kannst. Sie werden Dir bei Deinen selbst-disziplinarischen Übungen eine gute und wichtige Hilfe sein.

Sicherheit

Das Gefühl von Sicherheit hast Du immer dann, wenn Du selbst bestimmen kannst. Wenn Du das Gefühl hast, alles »im Griff« oder unter Kontrolle zu haben. Du bestimmst, was Du änderst, wann und wie.

Und hier kommt jetzt der Haken. Die Erfahrung zeigt, dass Finanz- und Kapitalmärkte ein Gefühl der Sicherheit gar nicht erst zulassen!

Berechenbare Kursverläufe? Vorhersehbare Trends? Alles eine Illusion! Sicher ist nur, dass nichts sicher ist! Natürlich geben Charts »gute Hinweise« – eben aber auch nicht mehr. Dies ist nur eine vermeintliche Sicherheit, und am Ende ist die Charttechnik manchmal auch sehr trügerisch. Eben haben wir noch ein sehr starkes »Signal« entdeckt, und im nächsten Moment lehrt es uns wieder Demut, weil es falsch war.

Das bedeutet für Dein Trading, Charts können auch eine der größten Fehlerquellen im Trading sein. Und wie vorher schon einmal beschrieben, nur weil Du alle möglichen Parameter und Indikatoren über bzw. auf den Chart legst, bedeutet es nicht, dass Du auch bessere Informationen bekommst. Im tiefsten Innern wissen dies auch die meisten Trader, wollen es aber oft nicht wahrhaben.

Das heißt also, Sicherheit ist trügerisch und im Trading eher die Seltenheit. Sicher kannst Du Dir nur darüber sein, was Du tust, worüber Du die Kontrolle hast. Unwohlsein entsteht erst durch die Angst vor Kontrollverlust, und die wiederum entsteht aus der Unsicherheit über die Unvorhersehbarkeit der Märkte. Und wie oben beschrieben, basiert Angst auf unbewussten, bei Dir abgespeicherten Denkmustern. Hinterfrage diese Denkmuster, worauf basiert Deine »Angst« tatsächlich? Und was kannst Du jetzt tun, um wieder »sicherer« zu sein? Was kannst Du tun, um wieder die Kontrolle zu erlangen?

Trading-Floor-Tipp 15: STOP – ANALYSE – FOKUS – AKTION – KONTROLLE

Während meiner Zeit bei der Bank of America durfte ich bei den Kollegen in New York mit am Handelstisch sitzen, um zu lernen, wie wirklich professionelles Trading stattfindet. Ein Erlebnis ist mir aus dieser Zeit ganz besonders im Gedächtnis geblieben.

An einem relativ ruhigen Freitagnachmittag fragte einer der Kundenbetreuer nach einem größeren Betrag in »Cable« für seinen Kunden, einen namhaften und bekannten Broker.

Hier noch eine kurze Erläuterung. Cable ist am Währungsmarkt die Bezeichnung für das Währungspaar GBP/USD. Am Freitagnachmittag gibt es durch die Zeitverschiebung fast nur noch Marktteilnehmer aus dem US-Markt, das bedeutet, es gibt weniger Liquidität am Markt.

Der zuständige Cable-Händler quotierte seinem Kundenbetreuer einen handelbaren Preis, worauf dieser nach Rücksprache mit seinem Kunden mit »YOURS« antwortete. Alles gut soweit, der Broker hatte unserem Cable-Händler die GBP/USD verkauft und der Händler musste nun versuchen, diese Position im Markt glattzustellen. Was grundsätzlich auch kein Problem gewesen wäre, wenn nicht besagter Broker auch bei zehn anderen Banken angerufen und das Gleiche dort gehandelt hätte. Die Kombination aus großem Betrag und dünnem Markt führte dazu, dass unser Cable-Händler irgendwann fluchte und schimpfte, da er keine Preise mehr im Markt fand, um die Position zu schließen. Dies bekam der Chefhändler mit, brüllte laut STOP, ließ sich kurz die Situation beschreiben und instruierte den kompletten Tisch, also alle Devisenhändler, zu ihren Kunden und Counterparts rauszugehen und Cable zu verkaufen, alles was geht. Jeder Geldkurs sollte bedient werden, bis er wieder STOP sagen würde. Originalton: »Hit every bid in cable till I say STOP!« Der Markt fiel kurzzeitig weiter wie ein Stein, da unser Haus viel mehr verkaufte, als der Markt aufnehmen konnte. Zwei bis drei »Big Figures« fiel das Währungspaar, bis der Chefhändler STOP brüllte und begann, die mittlerweile entstandene Short-Position wieder einzudecken.

Was ich daraus gelernt habe und Du daraus lernen kannst? Wenn Du das Gefühl hast, Dir entgleitet die Kontrolle, dann sage Dir selbst laut »STOP!« Dann analysierst Du kurz die Situation: »Was passiert hier gerade? Welchen Einfluss hat das auf meine Position? Welche Handlungsmöglichkeiten stehen mir jetzt zur Verfügung?« Jetzt triffst Du eine Entscheidung, handelst danach und übernimmst damit automatisch wieder die Kontrolle über Dich und Deine Position. Im letzten Schritt analysierst Du, ob die Entscheidung richtig war bzw. ob Du noch etwas adjustieren musst. Ganz zum Schluss analysierst du noch einmal den gesamten Vorgang und filterst das heraus, was wichtig für Dein zukünftiges Trading sein kann. Ob Du einen Gewinn oder Verlust gemacht hast, spielt hier erst einmal keine Rolle, nur was Du gelernt hast.

Stress

Obiges Erlebnis am Trading-Desk in New York ist auch ein sehr gutes Beispiel für den Umgang mit stressigen Situationen im Trading. Doch wie entsteht Stress und wie kann man lernen, besser damit umzugehen?

Stress ist ein sehr stark erforschtes Thema und wurde und wird immer wieder aus den verschiedensten Blickwinkeln »beleuchtet«. Wir wollen es hier so einfach wie möglich halten und gehen davon aus, dass Stress in der Regel als Reaktion auf eine Bedrohung folgt. Diese Reaktion dient dazu, sich selbst besser schützen zu können.

Biologisch betrachtet, erfolgt bei Stress eine erhöhte Ausschüttung von Hormonen (Adrenalin, Noradrenalin, Dopamin, Cortisol) und zwar immer dann, wenn die vermeintliche »Sicherheit« verloren geht. Im Ernstfall werden damit die Reaktionen »Kampf« oder »Flucht« unterstützt.

Im Trading entsteht Stress zu fast 100 Prozent im Kopf. Also durch die Art und Weise, wie wir denken. Ganz konkret, wie wir »Ereignisse« verarbeiten, sprich bewerten und interpretieren. Und aufgrund der weiter oben beschriebenen Konditionierungen tendieren wir eben zu Irrationalität und negativer Emotionalität. Die Folgen sind Kampf oder Flucht und es kommt noch eine dritte Ebene dazu, die (Schock-)»Starre«.

Für das Trading-Verhalten bedeutet dies:

Kampf	Mehr Aggressivität. Erhöhung der Positionsgrößen oder das willkürliche Löschen von Short/Long-Orders.
Flucht	Resignation. Positionen werden vorzeitig geschlossen. Motto: »Bringt ja eh nix ...«
Erstarren	Destruktivität. Die laufende Position wird vollkommen ignoriert. Du fokussierst Dich auf etwas komplett anderes.

Weiterhin sind noch andere, ebenso als »normal« empfundene Verhaltensmuster zu entdecken, die sich aus den drei oben genannten Grundhaltungen entwickeln. Wir empfinden in diesen Situationen solche Verhaltensweisen als »notwendig«, manchmal auch als erlösend, und versuchen, damit den Stress abzubauen. Hier noch ein paar »Specials«:

- Spontan-Trading – außerhalb des eigenen Plans aus einer Laune oder Eingebung heraus

- wahllose Stops, willkürliches Löschen oder Setzen von Stops bis hin zu Traden ganz ohne Stops

- Charts werden stundenlang »hypnotisiert« auf der Suche nach neuen Gelegenheiten

- das Trading-Risiko wird ziel- und planlos und willkürlich verkleinert oder vergrößert.

Tatsächlich erreichen wir durch diese Form des Aktionismus aber genau das Gegenteil. Die Absicht ist, wieder Kontrolle zu gewinnen. Jedoch wird der Eindruck erweckt, ferngesteuert zu sein. Erkennen kannst Du das, wenn Du Dich selbst hörst, mit Sätzen wie: »Höher geht's nimmer« oder »das ist aber jetzt wirklich das absolute Low«!

Dass Trading unter Stress nicht wirklich erfolgreich sein kann, erklärt sich schon fast von alleine. Die logische Konsequenz sollte sein, dass Du eben nicht handelst, solange Du das Gefühl hast, unter Stress zu stehen. Du solltest entweder warten, bis sich Dein Stresspegel gelegt hat, oder ganz aktiv dagegen arbeiten. Ein paar Übungen kennst Du ja schon, weitere Ideen dazu gibt‘s später.

Wichtig ist, dass Du rechtzeitig erkennst, wann Du unter Stress stehst, und etwas zu tun, bevor es zu spät ist. Hier sind hier noch einmal ein paar wichtige Hinweise und Symptome, an denen Du erkennst, dass Du unter Stress stehst:

- häufige Nervosität
- nicht erklärbare und plötzliche Überreaktionen
- ein starkes Gefühl von Hilflosigkeit und Traurigkeit
- keine Hoffnung für die Zukunft
- den häufigen Drang nach Rückzug
- das Gefühl von Unruhe und innerer Anspannung
- andauernde Erschöpfungszustände
- wiederkehrende Kopfschmerzen und Verspannungen im Nacken
- sich wiederholende Schlafstörungen und Nachtschweiß
- häufige Bauchschmerzen und starke Übelkeit
- starkes Herzklopfen und auftretende Herzprobleme

- chronische Rückenschmerzen
- vermehrt auftretende Unentschlossenheit und Entscheidungsunfähigkeit
- plötzliche und starke Angstgefühle
- unregelmäßiges Hungergefühl und willkürliches Essverhalten
- zu viel Rauchen und unkontrollierter Konsum von Alkohol
- sonstige Suchtsymptome.

Achte auf Dich selbst, Du bist Dein größter Wert. Erkennst Du die Symptome zu spät, hilft letztendlich nur der Weg zu einem medizinischen Spezialisten. Und/oder die Einsicht, dass sich an Deinem Trading-Verhalten, das letztendlich zu diesen Symptomen geführt hat, etwas ändern muss/sollte.

Präventiv kannst Du dagegen eine ganze Menge gegen den Stress tun. Und das ist einfacher, als Du denkst.

Trading-Floor-Tipp 16:

Hier sind unsere drei »Lieblinge«, mit denen wir wirklich schon seit vielen Jahren erfolgreich sind:

- **Bewegung** – ausreichend und am besten in frischer Luft.
- **Ernährung** – gesund, ausgewogen, schmackhaft. Es geht nicht um »Selbstgeißelung«, sondern um Balance.
- **Erholung** – ausreichend, gerne auch aktiv. Empfehlenswert sind auch Entspannungsübungen, Atem- und Meditationstechniken, um wieder zu Kraft zu kommen.

Newolo VirtualCoach

In letzter Zeit setze ich in meinen Coachings zur Stress-Prävention auch ein neues Online-Tool ein, das meinen Coachees dabei hilft, sie auch längerfristig und nachhaltig bei der Bewältigung von Stress zu begleiten.

Ich arbeite nun seit gut zwei Jahren mit dem Newolo VirtualCoach (newolo.com) zusammen. Es ist ein online-basiertes Verfahren und kommt ursprünglich aus Finnland. Es wurde entwickelt von Psychologen, erfahrenen Coaches und den Forschern des VTT Technical Research Centre of Finland, eines der führenden Forschungsinstitute weltweit.

Im Wesentlichen geht es darum, zu erkennen, zu lernen und zu handeln. Zu erkennen, welche Denkweisen Stress bei Dir auslösen. Zu lernen, welche Strategien Dir helfen, diese Denkmuster zu unterbrechen. Und gemäß diesen Strategien zukünftig zu handeln.

Dieses Training geht über zehn Stufen in zehn Wochen und begleitet Dich mit Selbstlernphasen, sehr gut geführten und einfachsten Übungen sowie gezielten Wiederholungen in Deinem persönlichen Entwicklungsprozess.

Am Ende bist Du in der Lage, auf zukünftige Stresssituationen viel entspannter zu reagieren. Du gewinnst eine ganz neue Form der Achtsamkeit und wendest zielführende Methoden bei wichtigen Entscheidungsfindungen an. Du gewinnst Souveränität bei Veränderungssituationen und bei der Bewältigung größerer Herausforderungen.

Das Beste an diesem Verfahren: Die Kosten werden Dir von Deiner Krankenkasse zurückerstattet, da es das Siegel der Zentralen Prüfstelle Prävention trägt. Also, entweder Du schickst mir auch hierzu eine Mail oder gehst direkt auf die Seite und meldest Dich an, um es kostenlos kennenzulernen.

Ziehung 6 der Farben *Trading-Colors-Game*

Trade	Einsatz	Gezogene Farbe	Veränderung	GuV	Aktuelles Kapital
1		Schwarz	+1 * KE		
2		Gelb	–5 * KE		
3		Beige	+2 * KE		
4		Grün	–2 * KE		
5		Beige	+2 * KE		
6		Rot	+3 * KE		
7					
8					
9					
10					
11					
12					
13					
14					
15					
16					
17					
18					
19					
20					

Kognitive Umstrukturierung

Was tun, wenn Du am Morgen schon merkst, dass Du einen wirklich schlechten Tag erwischt hast? Gar nicht erst anfangen? Wieder zurück ins Bett? Manchmal kann dies eine echte Option sein. Oder es passiert etwas während des Tages, was Dich emotional sehr belastet. Was tun? Sofort den Handelstag abbrechen oder zumindest unterbrechen? Alle offenen Positionen schließen? Und dann zurück ins Bett? Warum nicht?

Meistens stehen Dir allerdings diese beiden Optionen nicht zur Verfügung. Das bedeutet, es liegt an Dir selbst (wie immer!), wie Du Dich auf Deinen Handelstag einstellst. Trotz des schlechten Tages oder trotz der emotionalen Belastung durch das Ereignis!

Einer meiner ersten Chefs im Handel hat ganz zu Beginn meiner Karriere zu mir einmal gesagt: »Stefan, am Ende des Jahres stelle ich Dir genau zwei Fragen. Frage 1: Welches Ergebnis hast Du im abgelaufenen Jahr erzielt? Frage 2: Welches Ergebnis nimmst Du Dir für das nächste Jahr vor?« Wow, das ist ja einfach, dachte ich mir ...

Erst ein wenig später habe ich überhaupt begriffen, was er mir tatsächlich sagen wollte. Und als ich es verstanden hatte, war es dann tatsächlich sehr einfach.

⇨ ***DU BIST FÜR ALLES SELBST VERANTWORTLICH!***

Es hat ihn schlicht nicht interessiert, warum ich mal einen schlechten Tag hatte oder warum mich ein bestimmtes Ereignis »getroffen« hatte. Warum? Erstens, weil es den Markt auch nicht interessiert hat! Zweitens, weil es mir auch nicht weitergeholfen hätte, wenn es ihn interessiert hätte.

Bitte versteh mich nicht falsch, ich will damit nicht sagen, dass er ein schlechter Chef war. Im Gegenteil, er war der beste Chef, den ich je hatte. Und natürlich hat er sich für mich interessiert, denn er hat mich gefördert und gefordert. Aber die wichtigste Lektion, die er mir beigebracht hat, war, dass der Markt sich eben nicht um mich und meine Befindlichkeiten kümmert. Dass ich dem Markt völlig egal bin. Und diese Erkenntnis sollte sich JEDER, der handelt oder handeln will, egal ob privat oder für eine Institution, gut merken.

⇨ ***DU BIST DEM MARKT VÖLLIG EGAL!***

Was bleibt Dir also? Du musst für Dich selbst sorgen. Dich selbst darum kümmern, dass Du an einem schlechten Tag wieder in einen guten Zustand kommst, um auch erfolgreich sein zu können. Und die gute Nachricht ist:

⇨ ***DAS GILT FÜRS GANZE LEBEN, NICHT NUR FÜRS TRADING!***

Doch was kannst Du aktiv tun, um in einen guten Zustand zu kommen?

Ich starte jeden Tag mit einem kleinen Workout und einer kurzen Meditation und wollte wissen, ob andere Menschen das auch tun. Also habe ich das Internet durchforstet nach den Begriffen Meditation und Trading. Wie sehr habe ich mich gefreut, als ich auf verschiedenen einschlägigen Seiten der Presse Artikel zu diesem Thema gefunden habe. Die *Huffington Post*, der *Independant*, *Breitbart* und *Bloomberg Markets* berichten über dieses Thema. Demnach starten die erfolgreichsten Hedgefonds-Manager der New Yorker Wall Street ihren Tag mit einer halben Stunde Meditation oder auch bestimmten Achtsamkeitsübungen.

Die steigende Anzahl von Firmen, die diese Trainings nutzen, sowie die wachsende Präsenz in den Medien, die diese Trainings erfahren, stehen für deren Effektivität.

Stärkung der Resilienz, (Selbst-)Zufriedenheit, Konzentration und die verbesserte Zusammenarbeit untereinander verbessern sich nachweislich und deutlich durch ein Achtsamkeitstraining. Auch Burnout-Rekonvaleszenten berichten von extrem guten Ergebnissen als Folge der Trainings, genauso wie unzählige internationale wissenschaftliche Studien, die sich mit Achtsamkeitstrainings befasst haben.

Die wesentlichsten Erfolge dieser Achtsamkeitstrainings sind in der folgenden Übersicht zusammengefasst:

Bereich	**Wirkung von Achtsamkeit**
Lebensqualität	Verbesserung der Lebensfreude, Stressreduktion, Steigerung der Kreativität, Verlangsamung des Alterungsprozesses
Mentale Fähigkeiten	Steigerung von Erinnerungsvermögen, Konzentration, Wahrnehmung und emotionaler Intelligenz
Physische Gesundheit	Reduzierung von Bluthochdruck, chronischen Schmerzsyndromen, Diabetes, schnellere Erholung nach Krankheiten aller Art

Bereich	Wirkung von Achtsamkeit
Psychische Gesundheit	Positive Wirkungen bei Angstzuständen, Burnout, Depression, Schlafstörungen, Stress-Tinnitus und Zwangsstörungen
Verhalten	Reduktion von Aggression, Alkoholsucht, Essstörungen, Lernschwierigkeiten und sonstigem Suchtverhalten. Bessere Präsenz beim Gegenüber!

Wie ich weiter oben schon einmal erwähnt habe, entsteht Stress in der Hauptsache im Kopf. So kommen wir auch in unseren Coachings immer wieder zu dem Ergebnis, dass ein Großteil des uns bekannten Stresses »hausgemacht« ist. Er entspringt der einzigartigen Fähigkeit unseres menschlichen Gehirns, uns unser Leben – kraft unserer Gedanken – so richtig schwerzumachen.

Daher setzen viele unserer Übungsformen und Coaching-Tools auch genau da an, bei den Denkgewohnheiten.

Stress reduzieren, durch Änderung der Denkgewohnheiten

Kognitive Umstrukturierung ist eine bewährte Technik, negative Gedanken und Gefühle zu verstehen und automatisches Verhalten (Reaktionen, ausgelöst durch diese Gefühle) zu kontrollieren. Durch diese Technik sind wir in der Lage, (meistens unnötiges) negatives Denken, zu überwinden. Eine schlechte Stimmung ist nicht nur unangenehm, sie hat sogar massiven Einfluss auf unsere Leistung.

Kognitive Umstrukturierung unterstützt dabei, negatives oder verzerrtes Denken zu ändern, und eröffnet die Chance, mit einem veränderten (positiven) Blick auf bestimmte Situationen zu schauen oder an sie heranzugehen. Die Technik der kognitiven Umstrukturierung kann in vielen Situationen helfen, z.B.

- um negative Gedanken vor dem nächsten Trade zu überwinden
- um die Stimmung an einem schlechten Tag zu heben
- um bewusst neutral/positiv zu denken vor einer wichtigen Entscheidung
- um Versagensängste, Erfolgsängste zu überwinden und
- um Selbstsabotage zu besiegen.

So wird die kognitive Umstrukturierung im Trading-Alltag genutzt

Vielleicht kennst Du die Momente, in denen Deine Stimmung »umschlägt«. Du kannst es sogar körperlich spüren. Anspannung, Verspannung, es wird Dir heiß und/oder kalt. Der Bauch »rührt sich, die Nackenhaare stellen sich auf, Pupillen verengen sich und vor allem: Die Atmung verändert sich sehr stark. Das hat einen biologischen Hintergrund, denn in diesen Momenten der »Gefahr« stellt der Körper auf Automatismus um. Durch den Anstieg des Adrenalinpegels wird die Atmung angeregt, um die entscheidenden Stellen des Körpers für den Notfall mit mehr Sauerstoff zu versorgen.

Schritt 1 – Runterkommen

Runterkommen kannst Du wirklich wörtlich nehmen, denn es bedeutet, dass Du ganz bewusst auf Deine Atmung achten sollst. Du verlagerst so Deine Aufmerksamkeit von »oben« (dem Kopf = Denken) nach unten (zum Bauch = Fühlen) und hier ganz speziell auf das Ausatmen. Das Ausatmen sollte mindestens doppelt bis dreimal so lange dauern wie das Einatmen. Unterstützend wirkt die Aufforderung an Dich selbst:

»Einatmen und jetzt gaaanz langsam ausatmen!«

Nach dem dritten tiefen und ganz bewussten Ausatmen stellt sich (genauso automatisch, denn dem Unterbewusstsein wird signalisiert: Gefahr vorüber) wieder mehr innere Ruhe bei Dir ein.

Schritt 2 – Diagnose

Damit Du auch zukünftig noch besser mit dieser Technik arbeiten kannst, wird die vergangene Situation analysiert. Zuerst sollst Du die Situation beschreiben, welche die negative Stimmung ausgelöst hat. Bewährt hat sich hier, diesen Schritt (zumindest anfänglich) **schriftlich** und möglichst exakt auszuführen. Jetzt, da Du noch einmal über alles nachdenkst, fühlst Du Dich ein wenig wie ein externer Betrachter, der von außen und vor allem unbeteiligt beobachtet. Dies führt zu einer Veränderung des Blickwinkels. Stell Dir selbst die Frage:

»Welche meiner Gedanken haben zu dieser Stimmungslage geführt?«

Schritt 3 – Stimmungsanalyse

Jetzt sollst Du den Verlauf Deiner Stimmungsveränderung analysieren. Wie ging es Dir vor der Situation bzw. dem Ereignis, wie ging es Dir währenddessen und auch danach, eine ganze Weile später? Diese Analyse hilft Dir, zu erkennen, was genau die Veränderung Deiner Stimmungslage ausgelöst hat. Was sind überhaupt Stimmungen? Oder eine Stimmungslage?

Stimmungen sind fundamentale Gefühle. Es gibt einen einfachen Weg, Stimmungen zu erkennen und sie von Gedanken zu unterscheiden. Stimmungen können wir in der Regel mit einem Wort beschreiben (Angst, Zorn, Enttäuschung, Freude, Glück), während Gedanken viel komplexer sind.

Hier ein Beispiel: »Jetzt hat der Markt meine Trading-Idee pulverisiert …« ist ein Gedanke und das dazugehörige Gefühl (bzw. die dazugehörige Stimmungslage) ist Ärger, Frust, Demütigung oder Unsicherheit. Du wirst erkennen, dass nicht die Ereignisse Deine Stimmungslage beeinflussen, sondern die Qualität Deiner Gedanken zu diesen Ereignissen. Deshalb die Frage:

»Welche Gedanken haben diese Stimmungslage bei mir ausgelöst?«

Schritt 4 – Gedankliche Automatismen identifizieren

Die entscheidende Frage in Deiner Analyse kommt jetzt.

»Gibt es wiederkehrende Mechanismen in meinen Gedanken?«

Diese Frage ist ganz wichtig, denn sie könnte der Schlüssel dafür sein, dass Du zukünftig schon viel früher merkst, wenn ein bestimmter Gedankengang aufkommt, der Dich sonst immer »runtergezogen« hat.

Lass uns an dieser Stelle einmal gemeinsam darüber nachdenken, welche gedanklichen Automatismen am häufigsten vorkommen. Ich habe bei mir selbst und in unzähligen Coaching-Sitzungen mit Klienten festgestellt, dass wir alle dazu tendieren, im entscheidenden Moment die falschen Fragen zu stellen. Ich erkenne das an einem einfachen Beispiel.

Stell Dir vor, Du fährst auf der Autobahn. Du bist gut unterwegs, allerdings etwas zu spät dran, weil Du nicht rechtzeitig rausgekommen bist. Jetzt passiert das Ereignis, Du kommst in einen Stau. An diesem Punkt stellen sich 99 Prozent der Menschen die gleiche Frage: »Warum ich?« oder so was wie: »Na klar, war ja logisch, dass das ausgerechnet mir passiert, warum nur immer mir?« Spür mal in Dich rein, was diese Frage bei Dir auslöst. Oder denke kurz darüber nach, wie Du mit einem Menschen verfahren möchtest, bei dem Du diese Aussagen hörst. Willst Du ihm helfen? Willst Du ihn trösten? Willst Du ihn aufbauen?

Der Grund für diesen Impuls ist, dass er sich in einer »Opferhaltung« befindet … Nimm mal das Trading-Beispiel von weiter oben. Du hast eine »Long«-Position eröffnet, doch der Markt läuft nach unten. Was passiert in Deinem Kopf? Welche Gedanken hast Du? In den meisten Fällen beginnen diese Gedanken mit dem Wort

»WARUM …?«

Und es ist genau dieses Wort, welches bei uns ein schlechtes Gefühl entstehen lässt. Wir bringen uns mit dieser Frage (Warum?) selbst in die Opferhaltung, denn genau in diesem Moment fühlen wir uns so **hilflos.**

Der nächste gedankliche Automatismus, der sich einstellt, ist die Frage nach den Schuldigen.

»WER …?«

Wer ist für diesen Stau verantwortlich? Wer ist schuld, dass die Position gegen mich läuft? Wir suchen nach irgendetwas oder irgendjemandem, den wir verantwortlich machen können. Du meinst, das tust Du nicht? Gut so … bist Du Dir da ganz sicher? Genau diese zweite Frage (Wer ist schuld?) führt nämlich dazu, dass sich das negative Gefühl bei uns verstärkt. Wir fühlen uns **machtlos**, ausgeliefert und beginnen, in einen emotionalen Abwärtsstrudel zu geraten. Wir »suhlen« uns ein wenig (oder manchmal auch sehr viel) in unserem Leid und sind so arm dran.

Und weil wir ziemlich gut darin sind, zu jammern und zu klagen, setzen wir in Sachen gedanklichem Automatismus noch einen drauf. Denn die nächste Frage, die uns einfällt ist:

»WANN …?«

»Wann passiert hier endlich was?« »Wann geht es denn weiter?« »Wann dreht sich der Markt endlich wieder?« Und wir verdammen uns selbst durch diese Gedanken zur **Tatenlosigkeit!** Jetzt sind wir emotional vollends »unten« angekommen. Selbstzweifel beginnen, uns zu plagen: »Vielleicht bin ich ja nicht gut genug …?« Wir beginnen uns selbst zu zerstören.

Vielleicht erkennst Du ja jetzt selbst, was bei Dir hin und wieder passiert, wenn Du Dir diese offensichtlich falschen Fragen stellst. Lass es mich noch einmal auf den Punkt bringen, was wir vorhin mit der Qualität Deiner Gedanken begonnen haben. Ich setze jetzt noch einen drauf und behaupte:

Die Qualität der Fragen, die Du Dir stellst, bestimmt die Qualität Deines Lebens.

So einfach kann es sein …

Kleiner Tipp. Beobachte mal in Deinem Umfeld, wie häufig die Menschen solche Fragen stellen. »Warum passiert das immer mir? Wer hat denn das wieder verbockt? Wann passiert hier endlich was?« Hörst Du diese Fragen, spüre doch mal in Dich rein, wie es Dir geht. Möchtest Du trösten? Suchst Du nach Rechtfertigungen? Willst Du helfen?

Beobachte mal Dich selbst, wie es Dir geht, wenn Du längere Zeit mit Menschen zu tun hast, die sich in einer Opferhaltung befinden und klagen. Oder die für alles einen Schuldigen suchen und immer die Verantwortung wegschieben. Die permanent jammern, aber nichts tun. Was würdest Du am liebsten tun? Davonlaufen weil sie Dir die Energie rauben? Kann ich gut verstehen ...

Schritt 5 – Balancierte Gedanken finden

Jetzt geht es darum, einige ziel- und lösungsorientierte Gedanken zu finden, die Dir selbst weiterhelfen und Dich zum Ziel führen. Du musst lernen, diese »alten« und offensichtlich nicht zielführenden Automatismen zu unterbrechen. Eine sehr gute neue Frage könnte sein: »Was hilft mir weiter und was nicht?« oder noch besser: »Was ist mein Ziel?«, »Was kann ich jetzt tun, um dieses Ziel zu erreichen?«, »Welche Maßnahmen kann ich jetzt ergreifen?«

Spüre mal kurz (oder auch lange) in Dich rein, was diese Fragen bei Dir auslösen. Welche Stimmung entsteht bei Dir durch diese Fragen? Wie fühlt es sich an? Vielleicht ein Gefühl von Zuversicht, Aufbruchsstimmung? Du wirst mir zustimmen, dass es sich sicherlich besser anfühlt als ein: »Och, warum passiert das immer mir?«

Mit diesen Fragen wird es Dir gelingen, die vorhergehenden belastenden Gedankengänge (alte Automatismen) zu unterbrechen und neue, zielführende Gedankengänge (neue Automatismen) zu »programmieren«. Übrigens eine Technik, die auch Spitzensportler anwenden, wenn sie in einer Krise sind und diese überwinden wollen.

Im Prinzip funktioniert es wie bei einem Computer. Wenn er »hängt«, sprich in einem nicht arbeitsfähigen Modus unterwegs ist, fährst Du ihn einmal komplett runter. Jetzt startest Du ihn neu, damit er wieder in einen »arbeitsfähigen« Modus hochfahren kann.

Genau das Gleiche machst Du mit Deinem »Kopf«. Du unterbrichst die Gedanken, die Dich emotional belasten und Dich daran hindern, wieder voranzukommen, und startest neu mit Gedanken, die Dir helfen, Deine Ziele zu erreichen oder Probleme zu lösen.

Die Frage ist, wie bekomme ich denn die richtigen, das heißt zielführenden Gedanken? Indem Du lernst, Dir die richtigen Fragen zu stellen. Doch zuvor musst Du die problemorientierten Gedanken aus Deinem Kopf entfernen.

Immer wieder praktizieren wir diese kleine Übung mit unseren Coachees. Wir lassen sie einen Moment über eine problembehaftete Situation berichten. Wenn sie gerade so richtig dabei sind und beginnen, sich zu ereifern, sage ich ganz laut:

»STOP!«

Das Überraschungsmoment ist ganz auf meiner Seite, denn damit haben sie nicht gerechnet. Was aber in diesem Moment passiert, ist Folgendes. Der Gedanke, den sie hatten, wird sofort unterbrochen und im Kopf ist für einen kurzen Moment eine gewisse Leere. Wie gesagt, es ist wie bei einem Computer.

Jetzt kommt die entscheidende Phase, denn ich möchte ja, dass mein Coachee über etwas nachdenkt, was ihn weiterbringen könnte, nicht darüber, was nicht funktioniert. Also stelle ich ihm eine Frage:

»WAS IST DENN DEIN ZIEL?«

Und am Gesichtsausdruck kann ich erkennen, was diese Frage bewirkt hat. Mein Coachee denkt tatsächlich darüber nach, was er wirklich will. Und nicht mehr darüber, was er nicht will. Hört sich irgendwie zu einfach an, ist es aber nicht. Denn wir sind unheimlich gut darin, zu formulieren, was wir alles nicht wollen. Bei der Formulierung dessen, was wir stattdessen wollen, tun wir uns ein wenig schwerer.

Ist das Ziel einmal formuliert, lasse ich ihn auch nicht mehr raus und bleibe dran. Denn meine nächste Frage zielt darauf, was es jetzt vom Coachee braucht, um dieses Ziel zu erreichen. Also stelle ich die nächste Frage:

WAS KANNST DU DENN JETZT TUN, UM DEIN ZIEL ZU ERREICHEN?

Und jetzt habe ich ihn komplett auf der richtigen Spur. Er denkt darüber nach, was er selbst tun kann, um dieses Ziel zu erreichen. Niemand außerhalb, kein anderer. Die Verantwortung bleibt bei ihm selbst.

Und genau das ist die Strategie, die Du selbst jeden Tag anwenden kannst, um erfolgreich zu sein. Stell Dir einfach selbst die **richtigen** Fragen und Du erhältst automatisch die richtigen Antworten. Ich kann es wirklich versprechen, mit gutem und reinem Gewissen. Derjenige, der diese Strategie beherrscht, verändert sein Leben zum Guten. Ehrenwort!

Diese Fragen führen zu Selbstverantwortung, mehr Selbstbewusstsein und Selbstmotivation. Sie haben direkten Einfluss auf Deine Wirkung nach außen, weil Du viel souveräner erscheinst. Zufriedener und selbstsicherer.

Schritt 6 – Die jetzige Stimmung beobachten

Jetzt sollte Deine Stimmung zumindest »aufgeräumter« sein, wahrscheinlich sogar deutlich besser. Aufschreiben! Ich habe erlebt, dass die Fähigkeit, sich die richtigen Fragen zu stellen, enorme Veränderungen zum Guten bewirkt. Lass Dich mal überraschen, wie es sich auf Dein Trading-Verhalten auswirkt …

Im Profisport sprechen wir in diesem Fall über »mentale Stärke« der Athleten. Sie sind in der Lage, sich in entscheidenden Momenten die richtigen Fragen zu stellen. Sie haben diese Technik zu einem Automatismus gemacht. Genauso wie sie in ihren Trainings Abläufe trainieren, die sie dann im Ernstfall einfach abrufen können, trainieren sie auch ihre Gedanken. Wir sprechen dann auch über eine professionelle Haltung oder ein professionelles »Mindset«.

Was für den Sport gilt, findet auch in anderen Branchen seine Gültigkeit, wie zum Beispiel in der Medizin und in der Fliegerei. Das beste Beispiel für mentale Stärke ist die Not-Landung des Flugzeuges auf dem Hudson River in New York. Ohne die vorhandenen und hundertfach geübten Automatismen und die damit verbundene mentale Stärke wäre es sicherlich zu einer großen Katastrophe gekommen.

Und natürlich gilt es gerade für Professionalität im Trading. Die Fähigkeit, problemorientierte Gedanken in zielorientierte Gedanken umzuwandeln, ist ein Grundpfeiler für erfolgreiches und gesundes Trading.

Die Blitzintervention für Trader

Im Trading können Gedanken und die damit einhergehenden Gefühle extrem stark und extrem schnell schwanken. Beides »schießt« durch Kopf und Körper und verursacht buchstäblich ein Wechselbad an Gedanken und Gefühlen. Hier hilft die **STOP-STRATEGIE.**

1. Sobald ich merke, dass meine Gedanken Jo-Jo spielen (»Mindfuck«), muss ich mir ein lautes STOP setzen.

2. Dieses STOP führt zu einem »Reset« der Gedankenströme (wie bei einem Computer). Dabei ist es nicht wichtig, ob ich es mir in meinen Gedanken vorstelle oder laut sage.

3. Jetzt kommt es darauf an, dass Du Dir die richtigen Fragen stellst, denn darauf richtet sich Dein Fokus:
   - Was ist mein Ziel?
   - Was kann ich jetzt tun, um dieses Ziel zu erreichen?

Ziehung 7 der Farben *Trading-Colors-Game*

Trade	Einsatz	Gezogene Farbe	Veränderung	GuV	Aktuelles Kapital
1		Schwarz	+1 * KE		
2		Gelb	–5 * KE		
3		Beige	+2 * KE		
4		Grün	–2 * KE		
5		Beige	+2 * KE		
6		Rot	+3 * KE		
7		Grün	–2 * KE		
8					
9					
10					
11					
12					
13					
14					
15					
16					
17					
18					
19					
20					

Mentale Stärke und Trading

Die besten Trader, die ich jemals kennen gelernt habe, machten auf mich immer einen entspannten, coolen und vor allem sehr souveränen Eindruck. Wenn Du Dich mit so einem unterhältst, ist alles, was er sagt, so selbstverständlich. Er (oder sie) ist völlig normal und auf dem Boden geblieben.

Die »Lauten« haben sich in der Regel als »Luftpumpen« herausgestellt. Aufgeblasen und viel heiße Luft, nichts dahinter.

Die Guten sprechen nicht bei jeder Gelegenheit darüber, wie groß ihre Positionen sind und wie toll sie sind. Im Gegenteil, Du musst schon sehr gut fragen und genau zuhören, um ein wenig mehr Informationen zu bekommen. Und dann sprechen sie auch in aller Bescheidenheit, manchmal eher demütig und vor allem dankbar dafür, dass sie die Chance haben, diese Fähigkeiten so einsetzen zu können. Sie teilen ihr Wissen gerne, obwohl sie manchmal gar nicht so genau wissen, was sie da tun. Sie tun es einfach.

Aber eines haben diese Jungs und Mädels gemeinsam: Sie sind fleißig, sie sind wissbegierig, sie sind routiniert und sie folgen jeden Tag einem ihnen ganz eigenen Tagesablauf. Sie haben einen Automatismus aufgebaut, der sie erfolgreich gemacht hat. Dieser Automatismus beinhaltet auch die kontinuierliche Überprüfung, ob er noch passt, damit sie erfolgreich bleiben.

Ich sehe hier viele Parallelen zu Spitzensportlern, mit denen ich immer mal wieder als Coach arbeiten darf. Die Eigenschaften sind nahezu die gleichen. Talent ja, 10 bis 20 Prozent. Der Rest ist harte Arbeit. Fleißig und immer bestrebt, sich selbst zu verbessern. Daraus entwickeln diese Top-Athleten ihre mentale Stärke. Sie üben und trainieren so oft, dass sie in den entscheidenden Momenten in der Lage sind, Automatismen abzurufen. Sie können sich zu 100 Prozent auf das fokussieren, was sie erreichen wollen. Und dann sind wir auch gleich wieder bei unserer oben erwähnten Blitz-Intervention: STOP – ZIEL – FOKUS.

Gehirnströme und Achtsamkeit

Wir haben sehr oft auf den letzten Seiten über Achtsamkeit, Bewusstheit und Fokus gesprochen und wie Du in einen entspannten Zustand kommen kannst. Was Du hier tatsächlich vollziehst, ist eine Beruhigung Deiner Gedankenströme.

Es ist ein Bewusstseinszustand mit relativ niedriger Intensität der Gedankenströme. Es sind elektromagnetische Gehirnströme, die sich mithilfe eines Elektroenzephalogramms (EEG) messen lassen. Die Frequenz dieser Wellen wird in Zyklen pro Sekunde ausgedrückt.

Im normalen Wachzustand und der alltäglichen Arbeitswelt hast Du einen Wert von 14 bis 20 Zyklen pro Sekunde, man nennt das den **Beta**-Zustand. Dein Bewusstsein ist hier sehr stark nach außen gerichtet und versucht, möglichst viel aufzunehmen.

Kurz vor dem Einschlafen oder kurz nach dem Aufwachen, bei Tagträumen oder leichten Meditationen misst man einen Wert zwischen 7 bis 14 Zyklen pro Sekunde und Du befindest Dich im **Alpha**-Zustand. Hier ist Dein Bewusstsein ganz nach innen gerichtet, Du bist »bei Dir selbst«.

Vier bis sieben Zyklen pro Sekunde, der **Theta**-Zustand, werden meist in der Tiefschlafphase gemessen. Wobei während des Schlafens allgemein auch Alpha- und Beta-Wellen gemessen werden, denn in der Nacht verarbeitet Dein Bewusstsein die Erlebnisse des Tages ins Unterbewusstsein. Das merkst du daran, dass die »Dinge« am nächsten Tag meistens nicht mehr so schlimm sind wie am Tag zuvor.

Unter vier Zyklen befindest Du Dich im **Delta**-Zustand, der auch mal kurz im Tiefschlaf eintreten kann.

Übertragen auf unser Gehirn bedeutet das, dass in einem **Alpha**-Zustand beide Gehirnhälften optimal zusammenarbeiten. Unsere kleinen mentalen Übungen ein paar Seiten zuvor bringen Dich in genau diesen Zustand. Du bist wach, bekommst aber mehr mit und nimmst mehr auf als im Beta-Zustand.

Linke und rechte Gehirnhälfte

Lass uns kurz bei den beiden Gehirnhälften bleiben. Ganz einfach gesprochen ist die linke Gehirnhälfte zuständig für Rationalität und das Analytische in Dir. Die rechte Gehirnhälfte ist zuständig für Intuition und Emotionalität. Man sagt, dass wir Menschen im Allgemeinen nur einen Bruchteil dessen nutzen, was Verstand, Bewusstsein und Unterbewusstsein zu leisten in der Lage sind. Und dass der Großteil der Menschen viel häufiger mit der linken Gehirnhälfte (also rational) unterwegs ist. Umso erstaunlicher die Tatsache, dass im Trading so oft das negativ Emotionale so sehr hervorkommt. Unterm Strich bedeutet das, wenn wir es schaffen, linke und rechte Gehirnhälfte so zu trainieren, dass sie permanent und optimal zusammenarbeiten, sind wir leistungsfähiger, aufnahmefähiger, einfach besser und damit erfolgreicher. Beim Trading, beim Sport, bei allen Aktivitäten.

Doch wie bekommen wir das hin? Wie erreichen wir, dass das, was wir beabsichtigen, auch tatsächlich so eintritt, wie wir es wollen? Wie können wir die Lücke zwischen Absicht und Wirkung schließen?

Auch hier haben wir uns hingesetzt und mit den Besten gesprochen, Biografien gelesen und immer wieder selbst ausprobiert, was funktioniert. Herausgekommen ist ein 4-Stufen-Plan, der überall einsetzbar ist. Mit dem Du Dein ganzes Leben gestalten kannst, nicht nur Dein Trading. Daher halten wir ihn ein wenig allgemeiner.

Stufe 1

Du brauchst ein Ziel! Wo willst Du hin? Was willst Du erreichen? Bevor Du ganz spontan antwortest, lass mich Dir einen kleinen Tipp geben: Aktiviere Deine rechte Gehirnhälfte. Lass Dein Ziel »von innen« kommen. Am besten in einem ruhigen und entspannten **Alpha**-Zustand. In diesem Zustand kommen uns meistens die besten Ideen. Einige haben dies beim Joggen oder wenn sie ihr Hobby ausüben. Wir sind dann ganz bei uns und auf einmal ist sie da, die Idee. Wenn wir uns stattdessen auf die linke Gehirnhälfte verlassen, fangen wir schon gleich an zu werten und verwerfen möglicherweise viel zu früh eine sehr gute Idee.

Entspann Dich, lehn Dich zurück und frage Dich: Was will ich wirklich? Und lass Dich mal überraschen, was da in Dir erscheint.

Bezogen aufs Trading: Überlege Dir mal ganz ehrlich, was willst Du mit Deinem Trading erreichen? Geld verdienen? Das ist die erste Antwort. Was ist dann, wenn Du Geld verdient hast? Was ändert sich? Warum willst Du traden? Was steckt dahinter? Erst wenn Du mit dieser Antwort wirklich zufrieden bist, gehst Du zum nächsten Punkt.

Stufe 2

Du brauchst einen Plan! Wie kommst Du da hin und was braucht es dafür von Dir? Dabei hilft folgende Übung: Stell Dir einfach noch mal vor, Du hättest Dein Ziel bereits erreicht. Erfreue Dich daran und genieße diesen Moment. Von diesem Punkt aus schaust Du nun zurück und findest heraus, was Du alles getan hast, um Dein Ziel zu erreichen.

Mithilfe der linken Gehirnhälfte stellst Du Dir ganz rational und analytisch die richtigen Fragen: Was war der finale Schritt, den ich getan habe, damit ich dieses Ziel erreicht habe? Was war der Schritt davor? Welchen Schritt habe ich vor diesem gemacht? Und so weiter und so fort. Du verfolgst den Weg rückwärts vom erreichten Ziel bis zum ersten Schritt.

Du überlegst Dir genau, welche Hindernisse und Hürden auf Dich zukommen können und wie Du sie überwindest. Dein Plan wird sicherlich nicht vollständig sein, denn Du musst immer mal mit unvorhergesehenen Umständen und Ereignissen rechnen. Doch für diese Fälle hast Du einen »Notfallplan« entwickelt, der Dir immer helfen wird.

Bezogen aufs Trading: Wie ist Deine Strategie? Wie sieht Dein Trading-Plan aus? Im Verlauf des Buches werden wir Dir viele weitere hilfreiche Tipps geben und Vorschläge machen für Strategien, Pläne und Checklisten. Auch einen »Notfallplan« stellen wir Dir vor.

Stufe 3

Erfolg hat drei Buchstaben: T-U-N. Zurück zur rechten Gehirnhälfte. Die meiste Kraft entwickeln wir, wenn wir uns auf etwas freuen. Und das Phänomen ist, je klarer das Ziel ist, das wir haben, und je besser der Plan, desto mehr freuen wir uns auf die Umsetzung. Wir sind motiviert, wir wollen jetzt unbedingt loslegen.

Denke hier noch einmal an die emotionalen Zustände. Negative Emotionen rauben uns die Energie. Positive Emotionen spenden uns Energie! So entstehen Höchstleistungen. Wir benötigen keine Motivation von außen (extrinsisch), keine berühmte Karotte, die uns jemand vorhält und die uns abhängig macht. Die Motivation kommt von innen (intrinsisch) und ergibt sich aus einem eigenen

Ziel, das für uns Sinn macht, und den Möglichkeiten (einem Plan), die uns zur Verfügung stehen.

Bezogen aufs Trading: Du weißt, was Du willst, und Du hast einen Plan, wie Du dorthin kommst. Was Du nicht weißt, eignest Du Dir an. Triff Deine Entscheidungen und handle gemäß Deinem Trading-Plan!

Stufe 4

Überprüfe Dich selbst! Und wieder zurück zur linken Gehirnhälfte. Wann immer es ein Problem gibt oder ein Ereignis passiert, welches nicht in den Plan passt, hast Du eine gute Gelegenheit zur Überprüfung. Es ist wie ein Navigationssystem. Du gibst ein Ziel ein und fährst los. Tritt ein Hindernis auf, sagt Dein Navi nicht: »Fahren Sie zurück zum Ausgangspunkt, es hat heute keinen Sinn ...!« Es wird Dir eine alternative Route vorschlagen, die Du in Deinen Plan integrieren kannst. Dann setzt Du es um. War es gut, prima, mehr davon. Hat es nicht gepasst, versuche etwas anderes.

Schlimm wird es nur, wenn gleich beim ersten Problem alles in Frage gestellt wird. Das ist der Grund, warum viele Menschen ihre Ziele eben nicht erreichen. Entweder sie sind sich ihres Zieles nicht sicher, oder sie haben keinen Plan oder es fehlt beides.

Bezogen aufs Trading: Analysiere mithilfe von Checklisten (folgen auf den kommenden Seiten) regelmäßig Dein Trading-Verhalten. Lerne aus den eigenen Fehlern. Und optimiere kontinuierlich.

Jetzt sprechen wir über **mentale Stärke im Trading**. Jetzt gehen wir an die Trading-Strategien und -Pläne.

Ziehung 8 der Farben *Trading-Colors-Game*

Trade	Einsatz	Gezogene Farbe	Veränderung	GuV	Aktuelles Kapital
1		Schwarz	+1 * KE		
2		Gelb	–5 * KE		
3		Beige	+2 * KE		
4		Grün	–2 * KE		
5		Beige	+2 * KE		
6		Rot	+3 * KE		
7		Grün	–2 * KE		
8		Gelb	–5 * KE		
9					
10					
11					
12					
13					
14					
15					
16					
17					
18					
19					
20					

Notizen

IV

TRADER-CHECKLISTEN

John, mein Co-Autor, hat sich vor vielen Jahren einen Traum erfüllt und seinen Hubschrauber-Pilotenschein gemacht. Bei einer seiner letzten Flugstunden vor der Prüfung fragte er seinen Fluglehrer, der gerade einen »Pre-Flight-Check« durchführte, ob dieser denn diesen Check nach so vielen Jahren Flugerfahrung nicht manchmal auslassen würde. Nun, diese Frage hat ihn fast die Zulassung zur Prüfung gekostet. Piloten »checken« immer und permanent!

Vor dem Start, während des Starts, während des Fluges, während der Landung und nach der Landung. Einen Piloten wird man **nie** ohne seine Checkliste sehen. Denn die Hauptintention Checklisten zu nutzen ist:

⇨ ***FEHLER vermeiden!***

Vielleicht ist das ja der Grund, warum die Fliegerei nach wie vor mit großem Abstand das sicherste Mittel der Fortbewegung ist. Durch diese Erfahrung hat John erkannt, dass sich alle Profis an Checklisten halten. Auch eine OP-Schwester lernt anhand von Checklisten, welche Instrumente vor einer OP vorhanden sein müssen. Weil es eben ganz wichtig ist, Fehler zu vermeiden!

Nun, wir wissen aus eigener Erfahrung, dass sich auch das Trading manchmal wie ein »Blindflug« anfühlt. Deshalb haben wir den Tagesablauf eines Traders bzw. den Ablauf eines einzelnen Trades in einzelne Abschnitte aufgeteilt. Dabei haben wir darauf geachtet, alle Eventualitäten, die zu Fehlern führen können, zu berücksichtigen und in diese Checklisten integriert.

⇨ ***Was zu Beginn vielleicht ein wenig kleinlich erscheint, hat in der Praxis schon einmal Geld gekostet, deshalb ist es auf einer der Checklisten.***

Insgesamt haben wir **sechs Listen** entwickelt. Zwei Checklisten für die Vorbereitung, zwei für die Durchführung während des Tradings, eine für danach und eine Checkliste für besondere Momente, Krisen oder die Überarbeitung von bestehenden Trading-Strategien. Jede Liste hat einen eigenen Namen und wird durch ein eigenes Wort beschrieben, wobei jeder Buchstabe dieses Wortes wiederum seine eigene Bedeutung/Beschreibung hat.

Diese Form der Darstellung von Begriffen wurde in der Hirnforschung erprobt und führt dazu, dass wir Dinge besser im Gedächtnis behalten können. Wir fordern unseren Kopf damit heraus, beide Gehirnhälften zu benutzen, was nachweislich zu einem besseren Erinnerungsvermögen führt.

Überblick der Checklisten:	
Die PRE TRADE Checkliste	▸ MOMA
Die TRADE ON Checkliste I	▸ PREPARE
Die TRADE ON Checkliste II	▸ LAST
Die IN TRADE Checkliste	▸ RELAX
Die DAY END Checkliste	▸ CLOSE
Die Krisenmanagement-Checkliste	▸ FORDEC

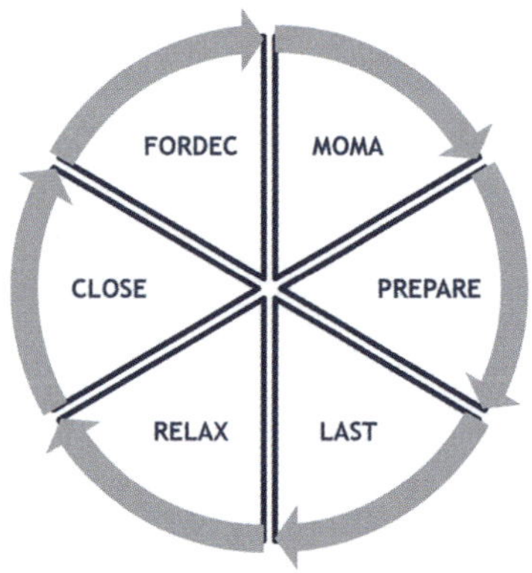

Anfangs erscheint es Dir wahrscheinlich zu »umständlich«, all diese Checklisten im Trading zu nutzen. Und es steht Dir natürlich frei, Deine eigenen Listen zu konstruieren. Wir möchten Dir nur ans Herz legen, solche Listen in Deine Trading-Tag-Routine zu integrieren. Nur damit Du eben genau die Fehler vermeidest, die wir schon einmal gemacht haben.

Ein Vorschlag noch in eigener Sache: Mach neue und eigene Fehler und erweitere die Checklisten, wir sind dankbar für all die Punkte, an die wir noch nicht gedacht haben.

Ziehung 9 der Farben *Trading-Colors-Game*

Trade	Einsatz	Gezogene Farbe	Veränderung	GuV	Aktuelles Kapital
1		Schwarz	+1 * KE		
2		Gelb	–5 * KE		
3		Beige	+2 * KE		
4		Grün	–2 * KE		
5		Beige	+2 * KE		
6		Rot	+3 * KE		
7		Grün	–2 * KE		
8		Gelb	–5 * KE		
9		Schwarz	+1 * KE		
10					
11					
12					
13					
14					
15					
16					
17					
18					
19					
20					

Vorbereitung eines Trading-Tages

Zu der Zeit, als wir noch aktiv waren und in einem Handelsraum gesessen haben, der so groß war wie zwei Fußballfelder, war die tägliche Vorbereitung ein MUSS. Insbesondere deshalb, weil unser Global Head jeden Morgen Punkt halb Acht eine halbe Stunde Briefing erwartete von allen Abteilungen des Bereichs Global Markets. Kurzfristige Zinsen, langfristige Zinsen, Devisen, Derivate, Kunden, Research, anstehende Wirtschaftsdaten und Ereignisse des Tages. Alles wollte er wissen, und wir hatten maximal eine halbe Stunde dafür Zeit. Pro Nase etwa zwei bis drei Minuten.

Da unsere Abteilungen mit mehreren Leuten besetzt waren, bedeutete das, dass man einmal im Quartal dran war. Arbeitsbeginn spätestens 7.00 Uhr, damit man sich gut vorbereiten und echte Informationen abliefern konnte. Und jeden Morgen stellt man sich die Frage: »Welche Informationen sind wichtig? Welche kann ich weglassen?« Die Antwort aus der Sicht eines Devisenmannes: »Was ist über Nacht passiert? Erst im späten New Yorker Handel, anschließend in Far-East? Welche Rückschlüsse kann ich daraus ziehen? Und welche Prognosen ergeben sich daraus für den heutigen Handelstag?«

Das Gute an diesem Morning-Briefing war, dass diejenigen, die dort teilgenommen haben, die Informationen der anderen Abteilungen mitgenommen und im eigenen abteilungsinternen Morning-Meeting weitergegeben haben. Die Händler haben dann aufgrund dieser Informationen ihre eigene Trading-Strategie für diesen Tag geplant, die Sales-Leute haben ihre Kunden angerufen und entsprechend deren Bedürfnissen Vorschläge gemacht bzw. grundsätzlich informiert.

Sinn und Zweck dieser Art von Vorbereitung war es, »böse Überraschungen« zu vermeiden. Gerüstet zu sein für den Tag. Wenn Du weißt, dass die Handelsbilanzzahlen der Amerikaner am Nachmittag veröffentlicht werden und die Schätzungen geben ein eher düsteres Bild ab, musst Du keine Long-Position im US-Dollar haben. Andererseits, wenn Du den Forecasts nicht traust, weil sie die letzten beiden Male auch danebengelegen haben, wirst Du gerade deshalb eine Long-Position eingehen.

Trading-Floor-Tipp 17: Die Meta-Beratung

Mein Kollege und Co-Autor John hat in letzter Zeit mal etwas ganz Neues versucht. An seinen Trading-Tagen macht er einen Morning Call mit sich selbst aus und nennt ihn »John talks to himself«.

Dazu hat er eine Software installiert, die seinen Bildschirm mit all seinen Charts als eigenes Video aufzeichnet. Er »filmt« seine eigenen Charts, während er den Markt observiert. Er denkt dabei laut und nimmt sich mithilfe des Headsets selbst auf. Entdeckt er z.B. bei einem Chart ein bestimmtes Muster, das sehr eindeutig ist , fällt es ihm auch leicht, es einfach zu erklären. Tut er sich dagegen bei seiner Erklärung schwer und formuliert Sätze wie z.B. »Es könnte stärker gehen« oder »Es könnte schwächer gehen..«, kann er davon ausgehen, dass er »zocken« wird, statt professionell zu traden. Sagt er sich jedoch »Es besteht eine große Chance, dass der Markt sich zu diesem Punkt bewegen wird«, hat er das Gefühl einer starken Idee.

Er kombiniert diese Idee dann noch mit Aussagen zu Einstiegslevel, Stop/Loss und Take/Profit und hat das Gefühl, sich selbst beraten zu haben. Er erinnert sich dabei stark an seine Zeit, als er institutionelle Trader betreut und diesen fundierte Trading-Empfehlungen gegeben hat, die auf einer rationalen und professionellen Analyse basierten.

Psychologisch gesehen funktioniert diese Strategie sehr gut, denn sie basiert auf einer Art »emotionalem Loslassen« des eigentlichen Geschehens. Er beobachtet und kommentiert das Geschehen aus einer Art »Metaposition«. Er nimmt sich damit selbst den Druck, auf eine Bewegung des Marktes sofort zu reagieren oder unbedingt irgendein Signal finden zu müssen.

Die Folge sind deutlich weniger »unkontrollierte« Versuche, eine Bewegung unbedingt mitzumachen. Stattdessen finden nur noch Trades statt, bei denen er sich wirklich gut fühlt. Außerdem hat er festgestellt, dass er noch besser in der Lage ist, sich über Stunden hinweg zu fokussieren, ohne einmal müde zu werden. Auch wenn der Markt einmal sehr ruhig ist. Was er noch bemerkt hat: Er handelt nicht mehr aus Langeweile …

Einen interessanten und persönlichen Aspekt der täglichen Vorbereitung habe ich während meiner Zeit bei den Amerikanern sehr geschätzt. Unser damaliger Chef meinte ganz ernsthaft zu mir und den Kollegen: »Jungs, wenn ihr morgens hier rein kommt, erwarte ich gut gelaunte und hoch motivierte Profis.« Anfangs war ich wenig verwirrt, und ich fragte ihn natürlich vorsichtig, was ich machen solle, wenn es mir an einem Tag mal nicht möglich sei, gut gelaunt und hochmotiviert zu sein. Seine klare Antwort: »Dann bleib zu Hause!« Ich sollte einfach so frei machen? Wo war der Haken?

Die Erklärung war ebenso einleuchtend, wie seine Botschaft klar war. »Sollte der Fall eintreten, dass Du die Kriterien nicht erfüllen kannst, bleib zu Hause.

Ruf an und sag, Du hast Durchfall oder sonst was, es ist mir sch … egal. Aber ich will hier niemanden sitzen haben, der die Stimmung versaut, andere mit runterzieht und damit der ganzen Abteilung schadet. Ich brauche für unseren Job gut gelaunte und hochmotivierte Profis! Wer das nicht bringen kann, ist falsch hier!« Wow, was für eine Ansage. Klar, präzise, unmissverständlich, sehr amerikanisch. Und was für eine Wirkung es erzielte! Ganz ehrlich, ich habe diese Option in sechs Jahren nur ein einziges Mal gezogen. Den Rest der Zeit hatten wir viel Spaß und waren sehr erfolgreich.

Was mir besonders klar wurde: Zu einer persönlichen Tagesvorbereitung gehört mehr, als die Zeitungen oder das Internet durchzuforsten. Wenn die persönliche Haltung am Morgen schon nicht stimmt, wird es verdammt schwer, einen erfolgreichen Handelstag hinzulegen. Genau aus diesem Grund haben wir unsere erste Checkliste um diese Punkte erweitert.

Wie Du den Tag auf gar keinen Fall beginnen solltest …

John und ich arbeiteten eine Zeitlang gemeinsam bei den Amerikanern. Es war die Zeit, als es noch 15 Währungen in Europa gab. Wir hatten einen Kollegen, dessen Philosophie lag irgendwo zwischen »Es ist besser, keine Position zu haben und zu wünschen, du hättest eine, als eine Position zu haben und du wünschtest, du hättest keine …« Und er lebte diese Philosophie … wenn auch nur für eine relativ kurze Zeit.

Montagmorgen, ein FX-Handelsraum in Frankfurt. Die Tür geht auf und besagter Kollege kommt herein. »Guten Morgen, Jungs … was für ein hartes Wochenende! Ich glaube, heute geht nicht viel am Markt. Man wird erst einmal beobachten, wie die Woche startet.«

Dienstagmorgen. »Mann, was für ein Move gestern, oder? Zu blöd, dass ich den verpasst habe. Jetzt muss ich mich erst einmal zurückhalten und beobachten, was der Markt heute tun wird. Ist wahrscheinlich zu volatil für mich …«

Mittwochmorgen. »Ts, ts, ts, was für ein verrückter Markt, hoch, runter, dann wieder hoch. Heute Nachmittag kommen Zahlen aus den USA. Ist wahrscheinlich zu gefährlich, vorher noch etwas zu machen …«

Donnerstagmorgen. »Ich WUSSTE es, dass der Markt fällt, war halt nicht schnell genug gestern. Aber egal, es ist fast Wochenende, also wird der Markt sowieso ruhig werden ...«

Freitagmorgen. »Oh, TGIF! Ich werde heute früher Feierabend machen, denn ich sehe, dass der Markt keine klare Position vor dem Wochenende einnehmen wird. Eher mal eine Seitwärtsbewegung. Ich denke, ich werde nur beobachten heute ...«

Das war schon fast eine »typische« Woche für ihn und die Folge war, dass er diese Art von Trading dann nicht mehr lange bei uns durchführen durfte.

Trading-Floor-Tipp 18: Die Meta-Beratung

Die Erkenntnis hier ist, dass ein Trader sich ganz einfach selbst negativ beeinflussen kann, wenn er an seinen Tisch geht und Aussagen, wie oben aufgeführt, trifft, ohne erst einmal einen Blick auf den Markt geworfen zu haben.

Offen zu sein bedeutet gleichzeitig, Möglichkeiten zu sehen. Gehst Du mit einer Haltung »Heute wird nicht viel passieren ...« den Tag an, wird Dein Unterbewusstsein automatisch so programmiert, dass es auch gar keine Trading-Gelegenheiten erkennt, selbst wenn sie Dich quasi anschreien. Wir nennen das dann eine selbsterfüllende Prophezeiung.

Deshalb ist es ja unser Anspruch, eine morgendliche Routine positiver Aktionen, sowohl mental als auch physisch einzuführen, und zwar noch bevor Du an Deinen Trading-Tisch gehst. Profis in allen Bereichen praktizieren dies täglich und sind damit erfolgreich. Diese tägliche Routine hilft Dir, Dich mental und physisch »ready for takeoff« zu positionieren. Wenn Du am Ende des Tages nicht gehandelt hast, weil Deine Setups nicht aufgegangen sind oder Du kein gutes Signal bekommen hast, weißt Du zumindest, dass es nicht an Deinem Willen gelegen hat.

Wir wollen jetzt mit Dir Schritt für Schritt durch Deinen Trading-Tag gehen. Wie bereitest Du Dich persönlich, methodisch und fachlich vor? Welche Punkte und Schritte solltest Du unbedingt beachten?

Diese drei Punkte werden sich wie ein roter Faden durch die nächsten Seiten ziehen. Die Idee haben wir aus unseren »normalen« Coachings übernommen. Sie sollen dem Coachee helfen, sich über seine verschiedenen Kompetenzen bewusst zu werden.

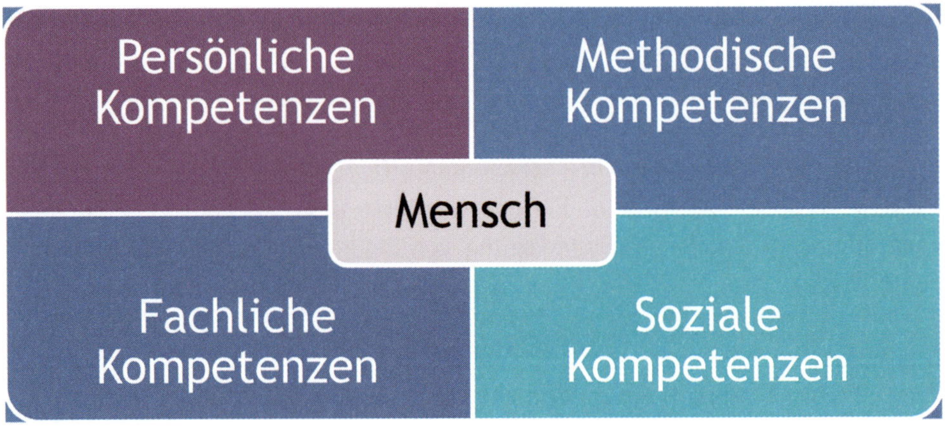

Kompetenzfelder

Allerdings findet sich hier immer noch ein vierter Punkt, die sozialen Kompetenzen. Sie spielen für ein professionelles Trading eine eher untergeordnete Rolle.

Übertragen auf unser Thema der Trader-Kompetenzen und in Verbindung mit den Checklisten der Vorbereitung auf einen erfolgreichen Trading-Tag, schauen wir auf den nächsten Seiten inhaltlich auf die verschiedenen Vorbereitungsphasen bzw. Vorbereitungsschritte.

Vorbereitung

Im Verlauf der Checklisten werden wir immer wieder diesen »roten Faden« aufnehmen, um Dich Schritt für Schritt daran zu gewöhnen. Und wenn Du das Gefühl hast, dass es Dir irgendwann »zu den Ohren herauskommt«, bist Du kurz vor dem Punkt, dass es in Fleisch und Blut übergeht. Genau so arbeiten Profis. Sie wiederholen und optimieren permanent. Ob im Business oder im Sport. Wer erfolgreich(er) sein oder werden will, muss üben, üben, üben.

Kaizen

Aus Japan kennen wir das Prinzip »Kaizen«. Der Begriff ist eigentlich mehr eine Philosophie, eine grundsätzliche Haltung. Er beschreibt einen kontinuierlichen und anhaltenden Verbesserungsprozess. In Deutschland kennt man es unter dem Begriff KVP (Kontinuierlicher Verbesserungs-Prozess). Die Amerikaner haben ihren PDCA-Zirkel (Plan-Do-Check-Act) und das CANI-Prinzip (Constant And Neverending Improvement).

Ziel ist es, aus Fehlern zu lernen, Gutes zu optimieren und niemals mit diesem Verbesserungsprozess aufzuhören. Toyota wurde zum Beispiel aufgrund dieses Prozesses zum größten Autobauer der Welt. Das ging sogar soweit, dass der Autobauer Ford für ein bestimmtes Modell Toyota-Motoren eingekauft hat, um den Umsatz für dieses Produkt anzukurbeln. Es gelang Ford für einen relativ kurzen Zeitraum, mithilfe der qualitativ besseren Motoren, den Umsatz zu steigern. Zwischenzeitlich haben jedoch die Ingenieure von Toyota minimalste Verbesserungen an ihren eigenen Motoren vorgenommen, die sowohl den Verbrauch als auch die Leistungsfähigkeit optimierten. Ich glaube, bei Ford fragt man sich heute noch, was man falsch gemacht hat …

Wir wollen Dir helfen, mit diesem Prinzip Dein Trading-Verhalten zu optimieren. Damit Du langfristig und nachhaltig erfolgreich bist und eine gesunde Trading-Strategie verfolgst.

Checkliste Nr. 1 – Die PRE TRADE Checklist: MOMA

1. ME (OPEN)
2. Operations (POWER)
3. Markets (NEMO)
4. Account (RATIO)

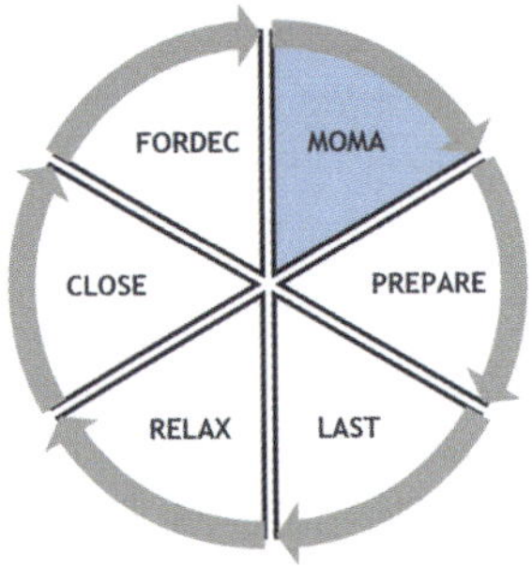

Wir haben für jede einzelne Checkliste mit einem einfachen Wort einen Bezug zum Thema geschaffen, sodass Du es Dir für immer gut merken kannst. Wie gesagt, jeder Buchstabe entspricht einem neuen Wort, das wir weiter unten erklären.

Unser Ziel ist es, dass Du durch bewusste, konstante und kontinuierliche Anwendung einen für das Trading sinnvollen Automatismus schaffst. Dieser Automatismus soll insbesondere in **kritischen** Situationen greifen, genau dann, wenn mentale Stärke, also die Fähigkeit, diese Automatismen abrufen zu können, gefragt ist. Wie heißt es so schön: *Wiederholung ist die Mutter der Meisterschaft!*

Profis beginnen ihren persönlichen Trading-Tag erstens sehr individuell und zweitens auch sehr speziell. Sie haben gelernt, je besser die Vorbereitung, desto besser die Durchführung. Zu einer guten persönlichen Vorbereitung blicken sie zunächst auf sich selbst, bevor sie überhaupt den Computer einschalten.

In unseren Coachings haben wir natürlich auch die Trader kennengelernt, die sich morgens einfach an den Computer setzen und anfangen zu handeln. Ohne darüber nachzudenken, was sie da tun, geschweige denn zu wissen, wohin sie wollen und wie sie dahin kommen wollen. Sie wundern sich meist nur, wenn es nicht so läuft, wie sie es gerne hätten.

Unsere eigenen Erfahrungen haben uns immer wieder gezeigt, dass eine gute persönliche Vorbereitung nicht nur weitaus besser ist, sondern die wichtigste Grundlage für einen erfolgreichen Trading-Tag. Beginnen wir also mit unserer Vorbereitung und der ersten unserer Checklisten, die wir MOMA genannt haben. Sie beschreibt die ersten Schritte des Trading-Tages.

Noch ein Hinweis für Dich. Setz Dich in den ersten Wochen mit diesen Checklisten hin und hake die einzelnen Punkte ab, die Du durchgeführt hast. Wie ein Pilot, der vor jedem Start seiner Maschine die Checkliste durchgeht. Das ist Professionalität.

1.) M = ME (Ich)

Der erste Teil einer optimalen Vorbereitung beschäftigt sich erst einmal nur mit Dir selbst. Er dient zur Überprüfung Deines SELBST und Deines persönlichen Befindens. Diese ersten Schritte haben eine eigene kleine Checkliste, die sich **OPEN** nennt.

Zustand	Beschreibung	checked
Optimaler Zustand	Wie fühle ich mich? Aggressiv = erst klären und Aggression abklingen lassen Destruktiv = lustlos? Woran liegt das? Was kann ich tun, dass …? Defensiv = sorgfältige Vorbereitung ist wichtig wegen Sicherheit Offensiv = Vorsicht vor Überheblichkeit ⇨ zu hohes Risiko Konstruktiv = Go Ahead	
Physische Fitness	Wie geht es mir heute körperlich? Müde, krank, hungrig, durstig? Ist für das leibliche Wohl gesorgt? Toilettengang erledigt?	

Zustand	Beschreibung	checked
Emotionale Fitness	Mentale und emotionale Balance. Gibt es etwas, was mich nervt? Bin ich mental »fit for trade«? Abschalten – »in die Vitrine« stellen?	
Nicht-geschäftliche Dinge	Persönliche Ablenkungen – eliminieren Verabredungen im Kalender? Einplanen in der Strategie für heute Mail-Accounts abstellen, Handy ausschalten	

Optimaler Zustand

Im Kapitel über die Trading-Psychologie sind wir bereits ausführlich auf die verschiedenen emotionalen Zustände eingegangen. Angst, Gier, Zorn, Freude, Sicherheit etc. Ich will hier noch einmal betonen, dass gerade beim Start in den Tag ein **guter Zustand** sehr wichtig ist. Daher befasst sich auch die erste Frage mit diesem Zustand und lautet,

»Wie fühle ich mich?«

Lautet die Antwort »gut«, so ist das erst einmal prima. Kannst Du es näher definieren, so bist Du im perfekten Zustand für einen erfolgreichen Trading-Tag. Denke daran, jedes Deiner Gefühle basiert auf Deinen Gedanken.

Optimaler Zustand	Wie fühle ich mich? Aggressiv = erst klären und Aggression abklingen lassen Destruktiv = lustlos? Woran liegt das? Was kann ich tun, dass ...? Defensiv = sorgfältige Vorbereitung ist wichtig wegen Sicherheit Offensiv = Vorsicht vor Überheblichkeit ⇨ zu hohes Risiko Konstruktiv = Go Ahead	

Aggressives, destruktives, defensives oder ein zu offensives Verhalten lassen sich auf bestimmte Denkmuster zurückführen. Überprüfe noch einmal mit der **STOP-STRATEGIE** diese Denkmuster. Analysiere, woher sie kommen oder wie sie entstanden sind. Entscheide selbst, ob es sinnvoll ist, in diesem Zustand mit dem Trading zu beginnen. Die Empfehlung hier ist, erst einmal innezuhalten und etwas zu tun, was Dir hilft, Deine destruktiven Gedanken zu unterbrechen. Möglicherweise macht es hier Sinn, zunächst mit einer Atemtechnik zu starten, um runterzukommen, und bevor Du Deine erste Order aufgibst. Erst wenn Dein Kopf klar ist, das bedeutet, Du hast keinerlei belastenden Gedanken mehr, kannst Du zum nächsten Schritt übergehen.

Physische Fitness

Mens sana in corpore sano. In einem gesunden Körper steckt ein gesunder Geist, heißt ein altes Sprichwort. Umgekehrt gilt es genauso. Der nächste Schritt auf der Liste ist also naheliegend, wir kümmern uns um physische Belange.

Ich beginne jeden Tag mit einem kleinen Workout und anschließender Meditation. Eine halbe Stunde, nur für mich, meinen Körper und meinen Geist. Mein Freund John läuft jeden Morgen ein paar Kilometer, um fit zu sein für den Tag. In der Bank hatten wir Kollegen, die sind täglich mit dem Fahrrad gefahren und waren topfit. Das sind alles präventive Maßnahmen, die wirklich hilfreich sind, wenn Du weißt, Du sitzt den ganzen Tag vor den Bildschirmen. An meinen Bürotagen trage ich auch eine bestimmte Uhr, die mich daran erinnert, immer mal wieder aufzustehen, wenn ich zu lange gesessen habe.

Physische Fitness	Wie geht es mir heute körperlich? Müde, krank, hungrig, durstig? Ist für das leibliche Wohl gesorgt? Toilettengang erledigt?	

Es gibt einiges, was Dich in Deiner Konzentration behindern kann. Nichts stört z.B. einen klaren Gedanken mehr als eine volle Blase. Auch diese Faktoren sollten beachtet werden. Das Thema Müdigkeit beginnt allerdings schon am Vorabend. Trading funktioniert nicht nebenbei, Du musst wach sein, aufmerksam und fähig sein, Dich im Zweifel einen ganz Tag lang voll zu konzentrieren.

Ob Du »am Platz« essen und trinken möchtest, musst Du selbst entscheiden. Manche brauchen es, den ganzen Tag vorm Bildschirm zu sitzen. Gesundheitstechnisch ist es höchst bedenklich und belastet Deinen Körper zusätzlich. Am Ende kann er nur eins: Leisten oder verdauen. Wenn es hektisch am Markt war, konnte es schon mal sein, dass wir uns etwas bestellt haben, um es am Tisch zu essen. Es sollte nicht die Regel sein.

Zu einer guten Vorbereitung gehört natürlich auch ein gutes Frühstück mit möglichst wenig Zucker, denn dieser führt dazu, dass die Leistungsfähigkeit schneller nachlässt.

! Trading-Floor-Tipp 19: Die Wirkung von Zucker

Hier eine kleine Übung für Dich zum Thema Zucker und Leistungsfähigkeit. Besorge Dir ein kleines Tütchen Zucker, wie man es in jedem Café bekommt, oder ein Zuckerdose. Du brauchst noch einen Sparringspartner. Stellt Euch gegenüber. Jetzt streckst Du einen Arm nach vorne aus. Am besten den stärkeren von beiden. Bitte Deinen Partner darum, dass er Dein Handgelenk nimmt und versucht, den Arm nach unten zu drücken. Du musst dagegenhalten, so fest, wie Du kannst.

Im zweiten Durchgang nimmst Du den Zucker in die andere Hand und bittest Deinen Sparringspartner, erneut den Arm nach unten zu drücken. Lass Dich überraschen, was passiert.

Ich habe diese kleine kinesiologische Übung selbst mitmachen dürfen, als ich bei meiner Ärztin zu einer Untersuchung war. Der Hintergrund war mein unbändiges Verlangen nach Zucker und die Einstellung, ich bräuchte ja den Zucker, um leistungsfähig zu sein. Ich habe gelernt, dass genau das Gegenteil der Fall ist.

Denke also daran, wenn Du Deinen Trading-Tag vorbereitest und Du Dir ein paar süße Snacks als Nervennahrung hinlegst. Der Schuss könnte nach hinten losgehen. Auch sehr wichtig: viel trinken! Der Körper benötigt Flüssigkeit, um alle Organe (auch das Hirn) mit genügend Nährstoffen etc. zu versorgen.

Emotionale Fitness

Im nächsten Punkt sollst Du darauf achten, Dich emotional noch stärker in die Balance zu bringen. Wir nennen diesen Punkt auch »Erdung« und er führt Dich noch mehr dazu, Dich auf das zu fokussieren, was Du erreichen möchtest.

Emotionale Fitness	Mentale und emotionale Balance. Gibt es etwas, was mich nervt? Bin ich mental »fit for trade«? Abschalten – »in die Vitrine« stellen?	

Manchmal tun wir uns sehr schwer, bestimmte Gedanken einfach abzuschalten. Die »Maschinerie« zwischen den beiden Ohren läuft einfach weiter. Vielleicht beschäftigt ein Ereignis in Deiner Familie Dich gerade so sehr, dass Du Dich nur schlecht auf das konzentrieren kannst, was gerade ansteht.

Wenn also alle vorherigen Strategien nicht funktioniert haben, versuche es einmal damit: Nimm das Thema und ein Blatt Papier. Schreibe in wenigen Stichpunkten alles auf, was Dich gerade beschäftigt. Nimm das Blatt Papier und lege es in eine Schublade oder in eine Vitrine. Dort kannst Du es sehen und jederzeit rausholen, wenn Du es wieder brauchst, jetzt ist es aber erst einmal weg! Fortgeschrittene in dieser Übung stellen ihr Thema gedanklich in eine »virtuelle Vitrine«.

Du erzielst damit folgenden Effekt: Du lässt das Thema, für einen gewissen Zeitraum und bis zu einem von Dir bestimmten Zeitpunkt, los. Du kannst es jederzeit sehen bzw. weißt, wo es sich befindet, und/oder auch wieder aus der Vitrine oder Schublade rausholen, wann immer Du möchtest. Für die Zeit Deines Trading-Tages bleibt es jedoch hinter »verschlossenen Türen«.

Diese Technik habe ich aus meiner Arbeit mit jungen Profi-Sportlern mitgenommen, denn dort funktioniert sie hervorragend. Vor einem Wettkampf oder vor dem Training stellt der Sportler alle Themen in diese Vitrine, die nichts mit seinem Sport zu tun haben. Nach dem Training kommen sie sowieso wieder von alleine raus, aber für die Zeit des Trainings oder Wettkampfes ist er »frei« und kann sich auf seine Ziele und seine Aufgaben fokussieren.

Nicht-geschäftliche Dinge

Der letzte Punkt auf der ersten Liste beschäftigt sich mit all den Dingen, die nichts mit dem Trading zu tun haben. Hier ein Beispiel. Vor ein paar Monaten durfte ich ein Webinar mit asiatischen Kunden zu diesem Thema durchführen.

Gemäß meinen eigenen Vorgaben habe ich mich natürlich sehr gut vorbereitet, denn es war auf Englisch und für einen wirklich wichtigen Kunden mit vielen Tradern. Alles lief perfekt, bis zu dem Zeitpunkt, da eine Dame an meiner Büro-Tür klingelte, um die »Heizung abzulesen«. Diesen Termin hatte ich völlig vergessen und natürlich auch die Klingel an meiner Tür …

Nicht-geschäftliche Dinge	Persönliche Ablenkungen – eliminieren Verabredungen im Kalender? Einplanen in der Strategie für heute Mail-Accounts abstellen, Handy ausschalten	

Handwerker und sonstige Besucher stört es nicht, dass Du gerade in einem großen Trade steckst. Auch all die Anrufer und die »Ich-habe-eine-dringende-Mail«-Versender haben keine Ahnung oder auch kein Verständnis für Deine Situation.

Du musst schon selbst dafür sorgen, dass möglichst alle Ablenkungen eliminiert sind. Deshalb überprüfe gleich zu Beginn (oder noch besser am Vorabend), welche »anderen« Termine heute noch anstehen.

Checkliste zum Abhaken

Zustand	**Beschreibung**	**checked**
Optimaler Zustand	Wie fühle ich mich? Aggressiv = erst klären und Aggression abklingen lassen Destruktiv = lustlos? Woran liegt das? Was kann ich tun, dass …? Defensiv = sorgfältige Vorbereitung ist wichtig wegen Sicherheit Offensiv = Vorsicht vor Überheblichkeit ⇨ zu hohes Risiko Konstruktiv = Go Ahead	
Physische Fitness	Wie geht es mir heute körperlich? Müde, krank, hungrig, durstig? Ist für das leibliche Wohl gesorgt? Toilettengang erledigt?	
Emotionale Fitness	Mentale und emotionale Balance. Gibt es etwas, was mich nervt? Bin ich mental »fit for trade«? Abschalten – »in die Vitrine« stellen?	
Nicht-geschäftliche Dinge	Persönliche Ablenkungen – eliminieren Verabredungen im Kalender? Einplanen in der Strategie für heute Mail-Accounts abstellen, Handy ausschalten	

Trading-Floor-Tipp 20: Überprüfe am Ende des Tages Dein Trading-Verhalten

Am Tagesende solltest Du mithilfe der OPEN-Checkliste noch einmal eine kurze Analyse Deines Trading-Tages durchführen. Insbesondere dann, wenn es ein schlechter Tag war. Vergleiche Deine Aktivitäten mit den Punkten aus dieser Liste, um mögliche Ursachen für ein fehlerhaftes Trading-Verhalten herauszufinden und um diese in Zukunft ausschließen zu können.

Tue es am Abend, denn dann sind die Erlebnisse noch frisch. Wichtig, mach Dir Notizen. Ich habe gute Erfahrungen mit einem kleinen »schwarzen« Buch gemacht. John verwendet seit vielen Jahren ein Ringbuch.

Als wir vor sechs Jahren in die neue Wohnung umgezogen sind, fand ich im Keller eine Kiste, auf deren Deckel »Unterlagen Bank« geschrieben stand. Ich öffnete sie und entdeckte fast 30 alte Handelsbücher von mir aus meiner Zeit als Banker. Ich hatte, aus welchen Gründen auch immer, die letzten Bücher aufgehoben. Gemeinsam mit meiner Frau stöberte ich in diesen Büchern und während ich den »alten Zeiten« ein wenig nachhing, bekam meine Frau immer größere Augen ob der Dinge, die sie zu lesen bekam. Irgendwann fragte sie mich dann auch, was die ganzen Begriffe zu bedeuten hätten, und ich erklärte ihr mein persönliches Trading-Tagebuch.

Ein wenig überrascht war sie dann doch, als sie ein paar Einträge über sich gefunden hat. Wie gesagt, wir waren darauf trainiert, alles aufzuschreiben. Sogar unsere Empfindungen.

Jetzt ist es noch einmal an der Zeit, über Dein bisheriges Trading-Verhalten nachzudenken. Wie hast Du es bisher gemacht? Wie hast Du Dich vorbereitet? Nimm Dir ein wenig Zeit dafür, bevor Du weiterliest. Es schafft Erkenntnisse, und wie wir wissen, sind Erkenntnisse der erste Weg zur Besserung.

ÜBUNG #4: Morning-Routine

Denke an einen Deiner letzten Trading-Tage und vergleiche diesen mit der oben beschriebenen Routine. Welche Unterschiede kannst Du feststellen?

Wo kannst Du Dich verbessern?

Welche Maßnahmen wirst Du zukünftig ganz konkret ergreifen, um Deine Trading-Vorbereitungen zu optimieren?

Ziehung 10 der Farben *Trading-Colors-Game*

Trade	Einsatz	Gezogene Farbe	Veränderung	GuV	Aktuelles Kapital
1		Schwarz	+1 * KE		
2		Gelb	–5 * KE		
3		Beige	+2 * KE		
4		Grün	–2 * KE		
5		Beige	+2 * KE		
6		Rot	+3 * KE		
7		Grün	–2 * KE		
8		Gelb	–5 * KE		
9		Schwarz	+1 * KE		
10		Beige	+2 * KE		
11					
12					
13					
14					
15					
16					
17					
18					
19					
20					

2.) O = Operations (Das Arbeitsumfeld)

Wir gehen weiter in der Vorbereitung und konzentrieren uns jetzt auf methodische und technische Aspekte unseres Trading-Alltags.

Power

Im zweiten Teil der Vorbereitung geht es um den ökologisch-technischen Teil der Vorbereitung. Die technischen und methodischen Voraussetzungen für einen erfolgreichen Trading-Tag. Die nächste Checkliste heißt deshalb **POWER**.

	Beschreibung	**checked**
Power	Maschinen laufen? Ist alles aufgeladen? Batterien o. k.?	
Optimales Umfeld	»Clean Desk« schützt vor Ablenkungen. Genügend Ruhe?	
Workstation	Info-Systeme (Reuters/Bloomberg) und Chartsysteme laufen?	
Emergency Backup	Für den Fall, dass Systeme abstürzen oder die Technik ausfällt. Wichtige Telefonnummern der/des Brokers liegen parat?	
Reize	Was könnte mich noch beim Handeln ablenken? Musik, Telefon, Handwerker im Haus, Sonstiges?	

Hier geht es tatsächlich um die Power, die Energie und ob die Maschinen alle optimal aufgeladen sind und rund laufen. Nichts nervt mehr als ein Computer, dem dauernd die »Puste« ausgeht oder der sich permanent »aufhängt«.

Power	Maschinen laufen? Ist alles aufgeladen? Batterien o.k.?	

Folgendes ist mir an einem meiner Trading-Tage passiert. Ich hatte schon einen halben Vormittag an meinen Positionen gesessen und aktiv Währungspaare gehandelt. Alles lief so weit zu meiner Zufriedenheit. Nun wollte ich eine kleine Pause machen und habe deshalb eine Marktorder formuliert. Für den Fall, dass der Kurs des Währungspaares EUR/USD über einer bestimmten Marke handelt, wollte ich EUR/USD verkaufen und platzierte deshalb eine Verkaufsorder. Gemäß meiner Strategie und meinem Trading-Plan versah ich diese »if done«-Order mit einem kurzen STOP nur wenige Pips über dieser Marke. Mein Ziel war es, möglichst am Ende der Aufwärtsbewegung short zu gehen, um die Korrektur mitzunehmen. Für den Fall, dass meine Strategie nicht aufgeht, sah mein Trading-Plan diesen Stop/Loss vor.

Ich arbeitete schon den ganzen Morgen mit meinem Laptop, da nur hier die Trading-Software installiert ist, und hatte gar nicht darauf geachtet, wie der Akkustand aussieht. Du kannst Dir denken, was jetzt kommt. In dem Moment, da ich die Order »live« stellen wollte, wurde mein Bildschirm schwarz und »nichts ging mehr«. Ich hatte am Morgen vergessen, nach dem Akku zu schauen. Es ging also ohne Order in die Pause, ich schloss allerdings mein Laptop zum Laden wieder an.

Nach der Pause und nachdem alles wieder hochgefahren war, musste ich feststellen, dass meine Idee sehr gut war, denn EUR/USD hatte mein prognostiziertes Kursniveau erreicht und war jetzt wieder unten am Ausgangspunkt. Das war natürlich ärgerlich. Ich hatte zwar kein Geld verloren, aber eine verpasste Chance zu beklagen. Ach ja, klagen und jammern nutzt nichts, ich konnte aus dieser Sache nur lernen und so doch noch einen Nutzen für mich ziehen. Ergo, das Thema Akku kam mit auf die Checkliste. Und natürlich noch eine Ausweichmöglichkeit, aber dazu komme ich noch.

Optimales Umfeld

In vielen Büchern und Artikeln zum Thema Selbst- und Zeitmanagement findest Du immer wieder einen wichtigen Punkt und deshalb ist er auch auf unserer Liste. Der Punkt »Clean Desk«.

Wenn ich so zurückdenke an den einen oder anderen Händlertisch in den Banken, für die ich gearbeitet habe, sah die Realität meist anders aus. Berge von Papier, alte Zeitungen, Kopien von Charts und Mitteilungen aus der Bank. Dazu kamen irgendwelche »Gadgets« oder Spielzeug und teilweise auch Essen und Getränke. Ganz besonders »nett« wurde es, wenn jemand krank war und am Tisch saß. Dann war auch der Medikamentenschrank von zu Hause dabei.

Optimales Umfeld	»Clean Desk« schützt vor Ablenkungen. Genügend Ruhe?	

Das Einzige, was sich auf Deinem Trading-Desk befinden sollte, ist Dein Händlerbuch, ein Stift und ein Glas mit Deinem Getränk. Für den Ernstfall vielleicht noch ein »Tool« in Reichweite, das Dir in stressigen Situationen hilft, ruhig und gelassen zu bleiben. Zum Beispiel ein paar Bälle zum Jonglieren. Die helfen tatsächlich, denn Du konzentrierst Dich für einen kurzen Moment nur auf diese drei Bälle, und sie helfen Dir im Ernstfall, Dich wieder zu fokussieren.

Auf gar keinen Fall sollten sich Dinge auf Deinem Tisch befinden, die Du noch zu erledigen hast. Du wirst jedes Mal, wenn Du den Blick darauf richtest, daran erinnert, dass Du noch etwas zu erledigen hast. Ergo, es lenkt Dich ab!

Bei einem »Coaching on the Job«, das heißt vor Ort und am eigenen Tisch des Traders, lief nebenbei ein Radio mit entsprechender Musik und allen möglichen Meldungen des Tages. Er sagte mir, dass er dies brauche, um den »Stress« abzubauen. Ich persönlich halte das für äußerst bedenklich und gemeinsam mit ihm habe ich an Alternativen zum Stressabbau gearbeitet. Er hat erkannt, dass genau diese Ablenkung es war, die ihn emotional geprägt hat in Momenten, wo er viel rationaler hätte sein müssen.

Ich selbst höre an diesen Tagen sehr gerne klassische Musik von Mozart. Irgendwo habe ich mal gelesen, dass klassische Musik im Allgemeinen und Mozart im Speziellen eine Verbesserung des allgemeinen Zustands bewirkt.

Es gibt sogar einen japanischen Forscher namens Masaru Emoto, der über die Botschaft des Wassers berichtet. Im Rahmen seiner Forschungen hat er Wasser während des Gefriervorgangs mit Musik beschallt. Einmal mit Heavy Metal und einmal mit klassischer Musik. Beim Heavy Metal waren es »kranke«

Eiskristalle, bei klassischer Musik »gesunde« und wunderschöne Eiskristalle (mehr dazu auf YouTube unter Masaru Emoto).

Daraus habe ich für mich abgeleitet, dass klassische Musik gut für mich ist und sich mein Trading-Verhalten damit ebenfalls verbessert.

! Trading-Floor-Tipp 21: Clean Desk!

Halte alle unnötigen Ablenkungen von Deinem Trading-Desk fern. Achte darauf, was Dir gut tut und Dich ruhig und gelassen werden lässt.

Workstation

Jetzt zu Deinem Arbeitsgerät, dem Computer und den Trading- und Chart-Systemen, mit denen Du arbeitest, Deiner »Workstation«.

Workstation	Info-Systeme (Reuters/Bloomberg) und Chartsysteme laufen?	

Achte darauf, dass alle Systeme wirklich laufen und Du auch aktuelle Daten hast. Eine Analyse der Charts für die Vorbereitung auf den Handelstag wird schwierig, wenn Du nur Kurse vom Vorabend hast.

! Trading-Floor-Tipp 22: Charts aufräumen

Bevor Du Dir morgens Deine Charts anschaust, entferne zunächst alle alten Linien und zusätzlichen Parameter, die Du nicht mehr benötigst. Wenn das Chartbild aussieht wie das U-Bahn-Netz von London, könnte es schwierig werden, irgendetwas zu erkennen.

Sehr viel Sinn macht es, die Reihenfolge festzulegen, wie Du einen Chart analysierst. Dein Trading-Plan sieht z.B. vor, dass Du zunächst einen Stundenchart Deiner Aktie oder ein Währungspaar anschaust und die entsprechenden Trendlinien dazu anlegst. Dann schaust Du, ob es bestimmte Chart-Muster gibt, die Du erkennen kannst (z.B. eine klassische W-Formation oder typische Candlestick-Formationen). Zum Schluss schaust Du Dir die Umsätze bei Deiner Aktie zur Tageseröffnung an und versuchst, Rückschlüsse für den weiteren Verlauf zu ziehen.

Aufgrund dieser Informationen legst Du Deinen Trading-Plan fest und setzt ihn anschließend um. Dazu später noch ein wenig mehr …

Emergency Backup

Wie ich weiter vorne schon einmal aufgeführt habe, hatte ich zu Beginn keine Versicherung für den Fall, dass mir der Computer abstürzt. Mittlerweile habe ich zwei. John hat sogar drei, denn er hat effektiv mehr Trading-Tage als ich.

Emergency Backup	Für den Fall, dass Systeme abstürzen oder die Technik ausfällt. Liegen wichtige Telefonnummern der/des Brokers parat?	

Wie sieht Dein Backup-System aus für den Fall, dass dein Computer ausfällt? Kannst Du am Tablet oder am Smartphone handeln? Hast Du im Zweifelsfall eine Telefonnummer Deines Brokers und einen Namen, wo Du auch telefonisch Trading-Orders erteilen kannst?

! Trading-Floor-Tipp 23: Daten sichern

Einer meiner Coachees hat sich ein Laptop nur für sein Trading eingerichtet. Zusätzlich hat er sein Tablet und einen großen Computer. Beides nutzt er aber wirklich nur in Notfällen.

Und ich weiß, das klingt jetzt sehr banal. Sichere regelmäßig Deine Daten! Viele Trading-Plattformen sind webbasiert, da kann normalerweise nichts passieren. Auch ein professionell geführtes Trading-Tagebuch kannst Du Dir online einrichten und es in einer »Cloud« abspeichern. Ich benutze mein Evernote-Programm für Notizen und Trading-Ideen, auch das ist webbasiert und wird auf meinen sämtlichen Computern synchronisiert. Und trotzdem sichere ich alles noch mindestens einmal monatlich auf einer externen Festplatte. Sicher ist sicher.

Sonstige Reize

Und der letzte Punkt unserer methodisch-technischen Vorbereitung dreht sich ebenfalls um das Umfeld der Technik. Gibt es noch etwas, was wir bisher nicht auf der Liste hatten, das Dich ablenken könnte?

Reize	Was könnte mich noch beim Handeln ablenken? Telefon, laute Nachbarn, Handwerker im Haus, Sonstiges?	

An dem bereits oben erwähnten Tag meines Webinars hatte ich nicht nur die Dame zum Ablesen im Büro, sondern gefühlt auch eine Gruppe Mexikaner auf meinem Balkon. Mein Büro ist ganz in der Nähe des Ortszentrums und an diesem Tag hatte eine Gruppe Mexikaner das Bedürfnis, ihre »Heimatlieder« zum Besten zu geben. Nett anzuhören in einer Tapas-Bar, suboptimal in der Vorbereitung auf oder während eines Trading-Tages.

Manche Dinge sind leider nicht einfach »abzustellen«. Hier hilft es, tatsächlich aber auch mal einen Kopfhörer zu nehmen und sich mit Mozart oder etwas »Chilligem« zu beruhigen.

So können wir Teil 2 der Vorbereitung abschließen und uns auf den fachlich-ökonomischen Teil der Vorbereitung konzentrieren. Hier noch einmal kurz die Checkliste POWER in der Übersicht. Übrigens, sämtliche Checklisten werden auch noch einmal konzentriert im Anhang zum Ausdrucken zu finden sein.

Checkliste zum Abhaken

	Beschreibung	**checked**
Power	Maschinen laufen? Ist alles aufgeladen? Batterien o. k.?	
Optimales Umfeld	»Clean Desk« schützt vor Ablenkungen. Genügend Ruhe?	
Workstation	Info-Systeme (Reuters/Bloomberg) und Chartsysteme laufen?	
Emergency Backup	Für den Fall, dass Systeme abstürzen oder die Technik ausfällt. Wichtige Telefonnummern der/des Brokers liegen parat?	
Reize	Was könnte mich noch beim Handeln ablenken? Musik, Telefon, Handwerker im Haus, Sonstiges?	

Ziehung 11 der Farben *Trading-Colors-Game*

Trade	Einsatz	Gezogene Farbe	Veränderung	GuV	Aktuelles Kapital
1		Schwarz	+1 * KE		
2		Gelb	–5 * KE		
3		Beige	+2 * KE		
4		Grün	–2 * KE		
5		Beige	+2 * KE		
6		Rot	+3 * KE		
7		Grün	–2 * KE		
8		Gelb	–5 * KE		
9		Schwarz	+1 * KE		
10		Beige	+2 * KE		
11		Schwarz	+1 * KE		
12					
13					
14					
15					
16					
17					
18					
19					
20					

3.) M = Markets (Märkte)

Wir beschäftigen uns jetzt also mit dem fachlich-ökonomischen Teil der Vorbereitung, der erfahrungsgemäß ein wenig mehr Zeit in Anspruch nimmt.

Deshalb gilt hier das Motto: Der frühe Vogel fängt den Wurm! Das bedeutet: Wenn Du erst gegen Mittag beginnst, die Märkte zu analysieren, ist es definitiv zu spät, um Trading-Gelegenheiten zu entdecken. Die Checkliste heißt diesmal **NEMO**.

	Beschreibung	**checked**
Night	Welche Neuigkeiten gab es über Nacht von welchen Märkten? Welchen Einfluss könnten diese auf meine Strategie haben? Und muss ich meine Strategie möglicherweise anpassen?	
Economical Data	Wirtschaftsdaten, welche Makro-/Mikrozahlen stehen an? Welche Unternehmensdaten und -zahlen stehen heute an? Welche Auswirkungen könnten diese auf meine Positionen haben?	
Models	Welche Modelle/Instrumente/Papiere/Asset-Klassen handle ich? Was sagen die eigenen Charts? Gibt es Trends? Chartlevels? Wie ist die Volatilität/ATR? Muss ich das Setup der Charts evtl. ändern? Wo sind mögliche Entry Levels und Exit Levels?	
Orderbuch	Gab es offene Positionen und wie sehen diese heute aus?	

In diesem Teil der Vorbereitung entscheidet sich, wie sicher Du Dich über den gesamten Trading-Tag fühlen wirst. Wir starten unsere Analyse zunächst mal mit den Ereignissen des Vortages.

Hast Du etwas in Deinem Trading-Buch notiert, was für den heutigen Tag von Bedeutung sein könnte? Gerüchte, die Du nachprüfen wolltest? Informationen, die Du noch recherchieren wolltest? Oder einen Chart, den Du noch einmal analysieren wolltest?

! Trading-Floor-Tipp 24: Beobachtungen überprüfen

John schaut sich z.B. gerne noch einmal die Candlestick-Tagescharts seiner bevorzugten Aktien an und legt die gehandelten Volumina dazu. Eine lieb gewonnene Übung, die aus seiner Arbeit mit institutionellen Investoren resultiert. Die wollten immer wissen, was im Markt »so geht«, ob größere Orders unterwegs sind und wie insgesamt die Liquidität ist.

Er hat dabei entdeckt, dass gerade zu Beginn des Trading-Tages häufig bestimmte Muster erscheinen. Wenn z.B. große Volumina bei einem grünen Candlestick eine nur mäßige Aufwärtsbewegung zeigen, könnte das ein Hinweis auf einen noch größeren Verkäufer im Markt sein. Bestätigt sich die Beobachtung bei den nächsten drei bis vier Candlesticks, so hat er eine gute Indikation und wird eher mal auf eine Short-Position setzen.

Night

Danach geht es an die Ereignisse der letzten Nacht. Wie haben die Märkte in den USA geschlossen? Wie hat Asien eröffnet und gehandelt? Welche News gab es?

Night	Welche Neuigkeiten gab es über Nacht von welchen Märkten? Welchen Einfluss könnten diese auf meine Strategie haben? Und muss ich meine Strategie möglicherweise anpassen?	

Welche Auswirkungen können die Entwicklungen der vergangenen Nacht auf Deine Trading-Strategie haben? Immer wieder passiert es, dass veröffentlichte »Zahlen« besser oder schlechter als erwartet kommen und der Markt dann doch komplett anders reagiert als erwartet. US-Arbeitsmarktdaten kommen schlechter als erwartet, der US-Dollar geht runter, und Wall Street steigt. In der

Erläuterung erfährst Du, dass diese Zahlen, obwohl sie schlecht sind, besser als erwartet rauskommen.

Jetzt bringst Du das mit Deiner Strategie zusammen. Was bedeutet das für Dich? Diese Informationen haben mit Sicherheit einen Einfluss auf Deine Strategie, sodass Du entscheiden musst, ob und wie Du Deine Strategie an die veränderten Bedingungen anpassen wirst.

Beispiel: Ich habe eine Aktie im Bestand, deren Wert sehr stark abhängig vom Wert eines amerikanischen Unternehmens (gleiche Branche, Zulieferer) ist. Die veröffentlichten Zahlen des amerikanischen Unternehmens waren negativ. Ich sollte jetzt darüber nachdenken, meine Long-Position in dieser Aktie vorzeitig zu schließen oder abzusichern.

Economical Data

Eine der größten Herausforderungen für Trader ist und war immer die Vielzahl an Zahlen und Wirtschaftsdaten, die an einem Handelstag veröffentlicht werden. Die Schwierigkeit besteht darin, die richtigen Zahlen, Daten und Fakten zu finden, um sie dann entsprechend der eigenen Werte und Trading-Strategien auch zuzuordnen.

Im weltweiten Netz findest Du eine Reihe von öffentlich zugänglichen Seiten für solche Wirtschaftsdaten. Es gehört zum festen Programm Deiner täglichen Routine, diese Daten zu eruieren und die eigenen Schlüsse daraus zu ziehen. Unser Tipp, und damit Du auch immer gut informiert bist, hier gibt es eine sehr gute deutsche Website:

http://www.boerse-frankfurt.de/de/termine/konjunktur+und+wirtschaftstermine.

Economical Data	Wirtschaftsdaten, welche Makro-/Mikrozahlen stehen an? Welche Unternehmensdaten und -zahlen stehen heute an? Welche Auswirkungen könnten diese auf meine Positionen haben?	

John erzählte folgende Geschichte aus seiner Zeit im Handel bei einer namhaften Großbank. Gemeinsam mit einem Kollegen betreute er große Kunden auf der Aktienseite. Zu diesen Kunden gehörten auch ausländische Kunden, sodass die beiden auch einen Blick auf bestimmte Währungen, wie z.B. das Britische Pfund (GBP) haben mussten.

Gegen Mittag vollzog das britische Pfund plötzlich eine heftige Bewegung und Johns Kollege fragte mit leicht panischem Blick: »Was zur Hölle passiert da?« John antwortete ihm: »Bank of England Meeting today???« Ein wenig verlegen ob dieses Mangels an Wissen antwortete der Kollege: »Ach ja, genau, stimmt ja, jetzt wo Du es sagst …« So etwas sollte Dir auf gar keinen Fall passieren!

Trading-Floor-Tipp 25: Economical Data

Hier mal ein einfacher Tipp und eine einfache Übung. Sollten Dir gewisse Zahlen, Daten und Fakten fremd sein, genügt ein Blick ins Internet. Das Börsenlexikon oder die Seite Investopedia liefern schier unerschöpfliche Informationen, was diese Daten bedeuten. Du entscheidest dann, was sie in Bezug auf Deine Trading-Strategie bedeuten und wie Du agieren wirst. Wie, das steht im nächsten Abschnitt.

Models

Jetzt befasst Du Dich ganz explizit mit Deinen Trading-Strategien und -Modellen und vergleichst diese mit den anstehenden Zahlen, Daten und Fakten des Tages. Wo musst, kannst oder sollst Du Anpassungen vornehmen?

Models	Welche Modelle/Instrumente/Papiere/Asset-Klassen handle ich? Was sagen die eigenen Charts? Gibt es Trends? Chartlevels? Wie ist die Volatilität? Muss ich das Setup der Charts evtl. ändern? Wo sind mögliche Entry Levels und Exit Levels?	

Als Erstes schaust Du natürlich auf die Asset-Klassen, die Du handelst. Dann vergleichst Du diese mit den Zahlen, die heute erscheinen. Stell Dir folgende Fragen:

- Wo könnte es zu Beeinträchtigungen kommen?
- Wie werden die Zahlen, die mich betreffen, erwartet?

- Was passiert mit meiner Position, wenn die Zahlen wie erwartet auch eintreffen?
- Was passiert mit meiner Position, wenn die Zahlen nicht wie erwartet eintreffen?
- Wie kann, will, muss ich meine Position absichern?

Dann nimmst Du Dir Deine Charts vor, wie weiter vorne schon einmal beschrieben. Stell Dir die richtigen Fragen:

- Welche Hinweise geben mir meine Charts?
- Wie haben die wichtigsten Parameter meiner Chart-Modelle auf die letzten Gegebenheiten reagiert?
- Gibt es einen Trend oder einen Ausbruch aus einem Trend?
- Gibt es bestimmte Levels, die ganz besonders zu beachten oder auffällig sind?
- Wie sehen Momentum und Volatilität aus?
- Wo gibt es Opportunitäten, die zu meiner Trading-Strategie passen?

Aus dieser Analyse entwickelt sich ein Großteil Deines Trading-Plans für diesen Tag. Deshalb nimmst Du Dir dafür auch ruhig ein wenig mehr Zeit. Als Ergebnis werden eine oder mehrere Aktivitäten in Frage kommen, die Du jetzt umsetzen musst.

Orderbuch

Beim Durchstöbern meiner alten Trading-Tagebücher ist meiner Frau aufgefallen, dass manchmal so Dinge drin standen wie: +20 @ 55, if done SL 45, TP 85. Auf Nachfrage habe ich ihr natürlich erklärt, dass dies ein Teil eines bestimmten Trading-Plans war für diesen Tag. Ich hatte mir notiert, mit wie viel Kapital ich auf welchem Niveau einsteigen werde, und gleichzeitig festgelegt, wo ich wieder rausgehe aus dieser Position.

Bevor Du also drauf los handelst, notiere Dir Deinen Plan in Dein Orderbuch. Das ist wichtig, denn dann siehst Du auch, welche Orders Du am Vortag hattest und ob möglicherweise noch Orders über Nacht offen geblieben sind.

Orderbuch	Gab es offene Positionen und wie sehen diese heute aus?	

Auch hier gehst Du Schritt für Schritt vor, mithilfe der folgenden Fragen:

- Welche Orders hattest Du über Nacht?
- Wurden diese Orders (teilweise) ausgeführt oder sind sie noch drin?
- Sollen diese noch drin bleiben und/oder willst Du sie adjustieren?

Auch eine wichtige Erfahrung, die wir selbst gemacht haben: offene und/oder vergessene Orders kosten in der Regel Geld.

Checkliste zum Abhaken

	Beschreibung	**checked**
Night	Welche Neuigkeiten gab es über Nacht von welchen Märkten? Welchen Einfluss könnten diese auf meine Strategie haben? Und muss ich meine Strategie möglicherweise anpassen?	
Economical Data	Wirtschaftsdaten, welche Makro-/Mikrozahlen stehen an? Welche Unternehmensdaten und -zahlen stehen heute an? Welche Auswirkungen könnten diese auf meine Positionen haben?	
Models	Welche Modelle/Instrumente/Papiere/Asset-Klassen handle ich? Was sagen die eigenen Charts? Gibt es Trends? Chartlevels? Wie ist die Volatilität/ATR? Muss ich das Setup der Charts evtl. ändern? Wo sind mögliche Entry Levels und Exit Levels?	
Orderbuch	Gab es offene Positionen und wie sehen diese heute aus?	

Ziehung 12 der Farben *Trading-Colors-Game*

Trade	Einsatz	Gezogene Farbe	Veränderung	GuV	Aktuelles Kapital
1		Schwarz	+1 * KE		
2		Gelb	–5 * KE		
3		Beige	+2 * KE		
4		Grün	–2 * KE		
5		Beige	+2 * KE		
6		Rot	+3 * KE		
7		Grün	–2 * KE		
8		Gelb	–5 * KE		
9		Schwarz	+1 * KE		
10		Beige	+2 * KE		
11		Schwarz	+1 * KE		
12		Beige	+2 * KE		
13					
14					
15					
16					
17					
18					
19					
20					

4.) A = Account (Dein Trading-Konto)

Jetzt geht es an den fachlich-finanziellen Teil der Vorbereitung, der einerseits recht einfach ist, andererseits SEHR wichtig ist. Es geht um Dein Geld – wie Du es managst und wie Du mit dem Risiko umgehst, das Dein Money-Management beinhaltet.

Risiko-Management, Risikokontrolle und überhaupt alles, was mit Risiko zu tun hat, gewinnt im professionellen Trading in den letzten zehn Jahren immer mehr an Bedeutung. Banken und Institutionelle müssen sich mit diesen Themen intensiv auseinandersetzen und den Anforderungen der Regulatoren Rechnung tragen. Das hat zur Folge, dass sich Handelsabteilungen in Banken stark dezimieren, da die Anforderungen an Risiko-Management und Risiko-Steuerung im Handel in keinem Vergleich zu den Handelsergebnissen mehr stehen.

Das Trading an sich wird bleiben, denn die Regulierung eines Wertes durch Angebot und Nachfrage ist die Grundlage unseres Wirtschaftssystems. Natürlich gab und wird es Extreme an den Märkten geben, die immer wieder und immer mehr nach Regulierung schreien. Und trotzdem sind wir überzeugt davon, dass sich der Handel einen eigenen Weg suchen wird – wie das Wasser.

Schon seit einiger Zeit sehen wir andere und neue Spieler am Markt. Banken spezialisieren sich, Institutionelle holen sich Trading-Spezialisten, die in den Banken nicht mehr benötigt werden, deren Know-how aber dennoch gefragt ist. Immer mehr private Trader wollen und werden ihre finanzielle »Freiheit« selbst in die Hand nehmen. Und gerade die müssen lernen, dass es ohne ihr eigenes Risiko- und Money-Management langfristig keinen Erfolg gibt.

Zum Thema **Money-Management** gibt es sehr viele Ausführungen. Wir können viel lernen über Gesamtrisiko, Prozentzahlen, Transaktionskosten, Risikokapital und Risikobeiträge. Doch ...

»Haushaltsgeld«

Neulich saß ich mit meiner Frau beim Abendessen und wir unterhielten uns über genau dieses Thema. Da sie nicht aus der Branche ist, konnte sie auch mit dem Begriff Money-Management relativ wenig anfangen. Nach mehr oder weniger holprigen Erklärungen meinerseits schien es, als hätte sie verstanden, worum es ging. Tatsächlich erklärte sie mir anschließend, dass das doch ganz einfach sei und jede vernünftige Hausfrau nach genau diesem Prinzip agiert.

»Du kannst nur so viel ausgeben, wie Du Geld zur Verfügung hast! Und da das Geld in der Regel für einen ganzen Monat ausreichen muss, solltest Du Dir einen genauen Plan machen, wie viel Geld Du wann für was benötigst. Und sollte es am Monatsende einmal knapp werden, musst Du weniger ausgeben.« Punkt. Das war‘s. Als wäre es das Selbstverständlichste von der Welt. So einfach kann Money-Management sein.

An diesem Punkt muss ich auch an einen früheren Kollegen aus dem Devisenhandel denken, der einen schönen Leitspruch hatte: »*Never lose more on a bad trade than you win on a good one!*« Wahrscheinlich war er auch eine sehr gute und gewissenhafte Hausfrau bzw. Hausmann.

Ich dagegen gehörte lange Zeit zu der Fraktion, die das »If-you-are-in-trouble-double«-Spiel« betrieb und wunderte mich dann, wenn ich jedes Mal (Murphy‘s Law) am High oder am Low ausgestoppt wurde (Ich weiß schon ... – Opferhaltung).

Money-Management

Für Dein Trading bedeutet **Money-Management**, mit dem vorhandenen Kapital sorgsam und vorausschauend umzugehen (wie die Hausfrau). Es bedeutet auch, dass Du die Größe Deiner Trading-Position bestimmen musst, noch bevor Du Deinen ersten Trade eingibst. Und es bedeutet vor allem, von Beginn an festzulegen, wie hoch Dein maximaler Verlust sein darf, den Du mit dieser Position riskieren willst, und welchen Gewinn Du mit dieser Position anstreben willst. Alles klar, oder?

Lass uns also erst einmal über das Thema **Kapitaleinsatz und Risiko** sprechen. Und am besten nehmen wir ein einfaches Beispiel. Stell Dir vor, Du eröffnest ein neues Trading-Depot bei einer Bank oder einem Broker Deiner Wahl. Du zahlst 10.000 Euro ein, das ist Dein Trading-Kapital oder manchmal auch »Spielgeld« genannt.

Nachdem Du selbstverständlich schon die ersten drei Punkte Deiner **MOMA**-Checkliste durchgearbeitet hast, solltest Du Dir in Bezug auf Dein Money-Management jetzt zwei Kernfragen beantworten:

1. Wie hoch soll die Größe meiner ersten Position sein?

2. Wie viel von meinem Kapital bin ich bereit in dieser Position zu riskieren?

Wir kommen genau hier beim Framing-Effekt aus dem Behavioral Finance an. Überlege Dir also gleich jetzt, wie viel wärst Du bereit zu verlieren, wenn Dein erster Trade »in die Hose« geht. Erinnere Dich an die Eingangsübung und stelle es in Relation zu Deiner Persönlichkeit. Wie würdest Du spontan entscheiden?

Und wie entscheidest Du Dich nach reiflicher und sinnvoller Überlegung? Um Dir das Nachdenken zu erleichtern, haben wir schon ein wenig vorgedacht. Aus vielen möglichen Varianten haben wir uns für zwei entschieden, die wir erst einmal erläutern wollen.

Variante 1: die Harakiri-Methode

Diese Variante erinnert mich ein klein wenig an eine Aussage von Warren Buffet, die ich mal in einem Interview gehört habe. »Wenn Du anfängst, in Deinem Depot zu diversifizieren, wirst Du nicht reich. Du wirst wohlhabend, vielleicht, und es wird eine Zeit dauern, aber reich wirst Du nicht.« Warren Buffet meinte damit nicht, dass man ohne Sinn und Verstand alles auf eine Aktie setzen soll. Er ist wohl eher einer der Investoren, die am meisten Research betreiben und sich ihr Investment sehr genau anschauen, bevor sie auch nur einen Dollar investieren. Aber dann richtig und mit einem ordentlichen Betrag. Denn er will nur eines: Geld verdienen mit seinen Investments. Außerdem ist er sehr erfahren und kennt sich bestens aus an den Märkten. Er betreibt eben kein Harakiri. Wenn Du also nicht Warren Buffet heißt, lies Dir Variante 1 durch und entscheide Dich für Variante 2. Zurück zu den beiden wichtigen Fragen von oben und die entsprechenden Antworten für jede Variante:

Antwort auf Frage 1: Du setzt 10.000 Euro auf eine Aktie Deiner Wahl und hoffst. Diese Trading-Strategie nennen wir »**buy & hope**«**-Strategie**

Antwort auf Frage 2 hat sich damit schon erledigt, Du handelst und schaust Dir dann das Ganze einfach mal in Ruhe an … (vielleicht …)

Variante 2: Du betreibst ein intelligentes Money-Management

Intelligent in diesem Zusammenhang bedeutet »gesund« und nachhaltig. Da wir Deine persönliche Risikoneigung nicht kennen, haben wir hier mal einen Vorschlag, wie Du tatsächlich einsteigen könntest. Es dient Dir als Richtwert und uns als Kalkulationsgrundlage für das folgende Rechenbeispiel. Hier also unser Beispiel. Mal angenommen:

- Du riskierst im ersten Trade nur **20 Prozent Deines Kapitals.** Deine Positionsgröße beträgt also 2.000 Euro für Deinen ersten Trade in einem Trading-Produkt (z.B. Aktie) Deiner Wahl.

- Du legst für Dich fest, dass Du einen maximalen Verlust von 2 Prozent (in Bezug auf Dein Kapital, nicht die Positionsgröße!) in Kauf nehmen willst. Das bedeutet einen maximalen Verlust von 200 Euro (= das entspricht einem prozentualen Verlust von 10 Prozent auf die Positionsgröße).

- Nun legst Du Deinen Einstiegspreis (Entry Level) für die Aktie fest. Aufgrund dieses Preises ergibt sich sofort auch Dein Stop/Loss. Nun legst Du auch gleich fest, bei welchem Level Du den erwarteten Gewinn mitnehmen (Exit Level) willst.

In der folgenden Tabelle siehst Du ein paar Beispiele, wie Deine Positionsgröße aussehen könnte und was das für die weiteren Parameter bedeutet.

Beispiel 1:

Positionsgröße 2.000 Euro. Den maximalen Verlust hast Du mit 200 Euro festgelegt. Das ist ganz einfach gesprochen Dein Money-Management. Der aktuelle Kurs der Aktie liegt bei 50 Euro, das bedeutet zu diesem Kurs erwirbst Du 40 Stück Deiner Aktie (2.000/50 = 40, Gebühren lassen wir außen vor).

Wenn Du maximal 200 Euro Verlust riskieren möchtest, musst Du Deinen Stop-Loss-Kurs (SL, maximaler Verlust) bei 45 Euro platzieren (40 x 5 = 200).

Pos.-größe	SL	Akt. Kurs	Stückzahl	Einstieg	SL Kurs	TP Kurs
2.000	(10%) 200	50	+40	50	45	65
1.500	(20%) 300	50	+30	50	40	80
5.000	(5%) 250	50	+100	50	47,50	57,50

Da sich das Geschäft auch rentieren soll und Du ein »gesundes« Chance-Risiko-Verhältnis anstrebst, platzierst Du Deinen Take-Profit-Kurs (TP, angestrebter Gewinn) in einem Verhältnis von 1:3 zu Deinem Stop-Loss-Kurs, also bei 65 Euro (40 x 15 = 600).

Beispiel 2:

Positionsgröße ist verkleinert auf 1.500 Euro. Der maximale Verlust ist nun mit 300 Euro festgelegt. Der aktuelle Kurs der Aktie liegt bei 50 Euro, das bedeutet zu diesem Kurs erwirbst Du 30 Stück Deiner Aktie (1.500/50 = 30, Gebühren lassen wir wieder außen vor).

Wenn Du maximal 300 Euro Verlust riskieren möchtest, musst Du Deinen Stop-Loss-Kurs (SL, maximaler Verlust) bei 40 Euro platzieren (30 x 10 = 300).

Da sich das Geschäft auch rentieren soll und Du ein »gesundes« Chance-Risiko-Verhältnis anstrebst, platzierst Du Deinen Take-Profit-Kurs (TP, angestrebter Gewinn) in einem Verhältnis von 1:3 zu Deinem Stop-Loss-Kurs, also bei 80 Euro (30 x 30 = 900).

Beispiel 3:

Die Positionsgröße ist vergrößert auf 5.000 Euro. Der maximale Verlust ist nun mit 250 Euro festgelegt. Der aktuelle Kurs der Aktie liegt bei 50 Euro, das bedeutet, zu diesem Kurs erwirbst Du 100 Stück Deiner Aktie (5.000/50 = 100, Gebühren lassen wir wieder außen vor).

Wenn Du maximal 250 Euro Verlust riskieren möchtest musst Du Deinen Stop-Loss-Kurs (SL, maximaler Verlust) bei 47,50 Euro platzieren (100 x 2,50 = 250).

Da sich das Geschäft auch rentieren soll und Du ein »gesundes« Chance-Risiko-Verhältnis anstrebst, platzierst Du Deinen Take-Profit-Kurs (TP, angestrebter Gewinn) in einem Verhältnis von 1:3 zu Deinem Stop-Loss-Kurs, also bei 57,50 Euro (100 x 7,50 = 750).

Probiere hier selbst noch zwei oder drei Szenarien aus. Finde heraus, mit welchen Parametern Du Dich »am wohlsten« fühlst. Außerdem hängt das gewählte Szenario auch von Deinem »View« für das Produkt ab. Wenn Du einen Anstieg der Aktie von 50 auf 60 erwartest, macht es keinen Sinn, Deinen TP bei 85 zu platzieren. Hier kommt also eher der TP bei 65 in Frage oder Du bleibst bei 60 und erhöhst die Stückzahl. Der entscheidende Parameter ist immer der Betrag, den Du maximal riskieren möchtest, sprich der maximale Verlust. Danach richtet sich Dein maximaler Gewinn.

Wir haben bei diesen Beispielen immer ein Verhältnis zwischen Gewinn und Verlust angesetzt, welches einem **»Ratio« von 3:1** (auch **Risk-Reward- oder Chance-Risiko-Verhältnis** genannt) entspricht. Wichtig ist nur, womit **Du** Dich sicher und wohl fühlst. Probiere doch mal aus, wie es Dir geht, wenn Du nur 500 Euro oder nur 200 Euro einsetzt. Wir wissen, die Unruhe und Nervosität beim Trading wächst proportional mit der Positionsgröße. Erst ab einem gewissen (sehr hohen) Betrag stoppt dieser Anstieg, dann ist es uns wurscht (siehe auch Dispositionseffekt).

Du kannst natürlich auch mit einem Ratio von 2:1 oder 1,5:1 arbeiten. Das macht aber nur Sinn, wenn Du eine gute »Trefferquote« bei Deinen Trades hast. Dazu kommen wir aber gleich noch einmal etwas ausführlicher.

Annahmen

Vielleicht fragst Du Dich gerade, woher wir all diese Zahlen haben. Ganz einfach, es ist eine Mischung aus Annahmen und Erfahrungswerten. Diese Technik hat sich sehr bewährt, werden doch viele Rechenmodelle und Pricing-Modelle in unserer Branche mithilfe von Simulationen »gefüttert«, wie sich ein Markt entwickeln könnte. Und diese Simulationen sind alles Annahmen. Daraus errechnen sich wiederum Wahrscheinlichkeiten, die in ein Pricing-Modell (z.B. für Optionen) einfließen.

Unsere Erfahrungen, sowohl mit eigenem Geld als auch mit dem Geld unserer Kunden haben uns zu sogenannten »Faustregeln« geführt, die wir hier als Richtwert vorgeben wollen.

Positionsgröße und maximaler Verlust richten sich gerade bei »Einsteigern« eher mal nach diesen »Faustregeln«. Und unsere Faustregel besagt, dass die Höhe der Positionsbeträge anfangs nicht mehr als 10 bis 20 Prozent des Gesamtkapitals sein sollte.

Dein potenzieller Verlust pro Trade sollte maximal 2 Prozent des zur Verfügung stehenden Kapitals nicht übersteigen.

Beispiel Harakiri-Methode (diszipliniert)

Verdeutlicht werden diese Erfahrungswerte hier noch einmal an einem sehr eindrucksvollen Beispiel. Dabei nehmen wir mal an, dass der schlimmste Fall eintritt, den wir kennen. Und der schlimmste Fall ist, dass wir einen negativen Lauf und zehn aufeinanderfolgende Verlusttrades haben.

Weiterhin nehmen wir an, dass wir nach der Harakiri-Methode handeln. Du hast also ein Kapital von insgesamt 10.000 Euro und handelst immer mit dem vollen Betrag (»Harakiri-Methode« s.o.). Du riskierst jeweils 10 Prozent Verlust, beim ersten Trade also 1.000 Euro.

Du hast einen »rabenschwarzen« Tag erwischt und handelst zehnmal hintereinander, immer mit jeweils 10 Prozent des zur Verfügung stehenden Kapitals. Nimm einen Taschenrechner und tippe 10.000 ein. Nun subtrahierst Du zehnmal nacheinander 10 Prozent. Als kleine Übung füllst Du diese Tabelle aus.

Pos.-größe	SL	Akt. Kurs	Stückzahl	Einstieg	SL Kurs	Restkapital
10.000	(10%) 1.000	50	+200	50	45	9.000
9.000	(10%) 900	45	+200	45	40,5	8.100
8.100	(10%) 810	40,5	+200	40,5	36,45	7.290
7.290	...					

Nach einer gewissen Zeit kommen ziemlich krumme Beträge raus, runde einfach kaufmännisch auf oder ab. Nach zehn Verlusttrades hintereinander solltest Du auf einen Restwert von etwas unter 3.500 Euro kommen. Außerdem ist diese Übung gut, um ein Gefühl dafür zu bekommen, wie sich Dein SL-Kurs aufgrund der Positionsgröße und Deines SL-Betrags ermitteln lässt.

Rund 65 Prozent Verlust des Kapitals nach nur zehn Trades! Unwahrscheinlich? Nein! Unrealistisch? Auf gar keinen Fall! In dem Beispiel sind wir davon ausgegangen, dass Du immer die gleiche Aktie handelst (oder wie beim Roulette immer auf die gleichen Zahlen setzt, in der Hoffnung, dass sie hoffentlich irgendwann kommen ...).

Spinnen wir ein wenig weiter. Nach weiteren (angenommenen) zehn Verlusttrades hintereinander (das ist der allerschlimmste Fall) sind nur noch knapp 1.200 Euro übrig.

Und diese Kalkulation basiert nur auf der **Annahme**, dass Du sehr **diszipliniert** an dieser Strategie festgehalten hast und immer nur 10 Prozent riskierst. Realistisch gesehen wärst Du schon bald so frustriert gewesen, dass Du entweder ganz aufgegeben hättest (Opferhaltung) oder »all in« gegangen wärst (übermotiviert) nach dem Motto: »Dir zeig ich es jetzt, Du sch ... Markt.«

Hier mal eine Grafik zu diesem Phänomen. Sie zeigt Dir, wie schnell Dein Gesamt-Kapital aufgrund dieser Harakiri-Methode »verbrannt« ist.

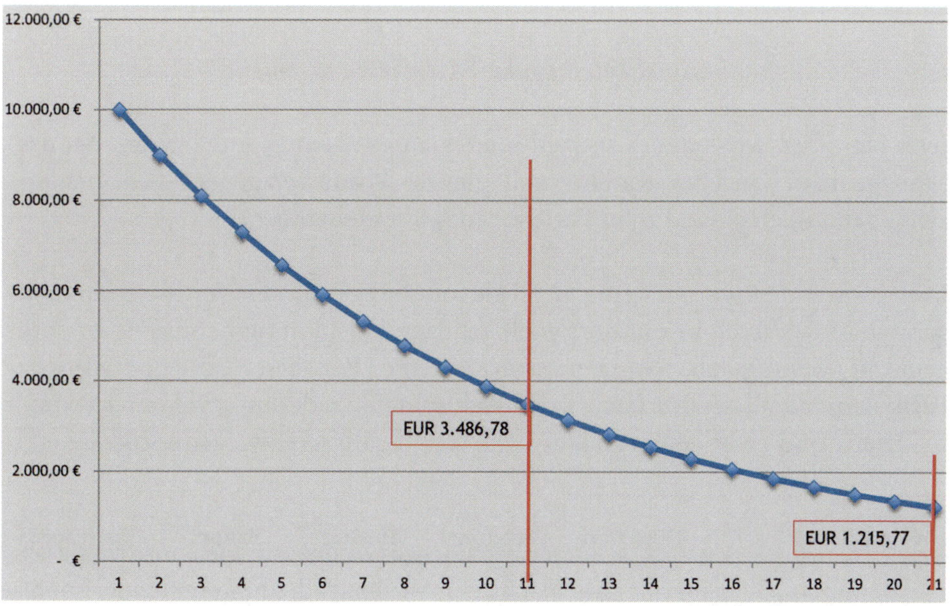

Genau in diesem Moment erinnerst Du Dich aber zukünftig an die STOP-STRATEGIE. Sage STOP, schließe Deine Positionen und analysiere Dein Verhalten, Deine Ziele, Deinen Plan, Deine Strategie. Schau, was schiefgelaufen ist und was die Gründe dafür sind. Jetzt triffst Du eine neue Entscheidung und handelst entsprechend.

Möglicherweise musst Du sogar Dein Trading mal für ein paar Tage unterbrechen (bis der Kopf wieder ganz klar ist). Dann startest Du erst mal wieder mit ein paar Paper Trades, um zu sehen, wie es geht.

Zu diesem Thema habe ich mich vor geraumer Zeit mit einem professionellen Poker-Spieler und -Trainer unterhalten. Nach einer halben Stunde waren wir teilweise erstaunt darüber, wie viele Parallelen es zwischen Trading und dem Pokern gibt.

In beiden Fällen werden Undiszipliniertheiten hart bestraft. Beim Pokern von den Mitspielern, beim Trading vom Markt. In beiden Fällen sowohl gnaden- als auch emotionslos. Später noch ein wenig mehr zum Pokern, wenn wir über Wahrscheinlichkeiten sprechen.

Beispiel Intelligentes Money-Management

Jetzt betreiben wir mal ein sowohl interessantes als auch intelligentes Money-Management. Gleiches Kapital und gleiche Voraussetzungen. Bedeutet erst zehn, dann noch einmal zehn Verlusttrades hintereinander.

Diesmal wenden wir aber eine Strategie an, die bei solchen Verlustserien dafür sorgt, dass wir auch in Zukunft noch genügend Geld übrig haben. Sie ist dafür gemacht, wenn solche Negativserien auftreten. Bei dieser Strategie wird das Risikokapital sukzessive nach jedem schlechten Trade um jeweils 10 Prozent reduziert. Und zwar genau so lange, bis die Negativserie wieder vorbei ist.

Pos.-größe	SL	Akt. Kurs	Stückzahl	Einstieg	SL Kurs	Restkapital
10.000	(10%) 1.000	50	+200	50	45	9.000
8.100	(10%) 810	45	+180	45	40,5	8.271
7.290	(10%) 729	40,5	+180	40,5	36,45	7.680
5.314	(10%) 531	36,45	+146	36,45	32,82	7.202
4.304	(10%) 430	32,82	+131	32,82	29,54	6.814
3.487	(10%) 348	29,54	+118	29,54	26,59	6.501
...						

Im Chart stellt sich die Veränderung unseres Gesamtkapitals (nicht Trading-Kapitals, denn diese Kurve würde logischerweise steiler nach unten zeigen) wie folgt dar:

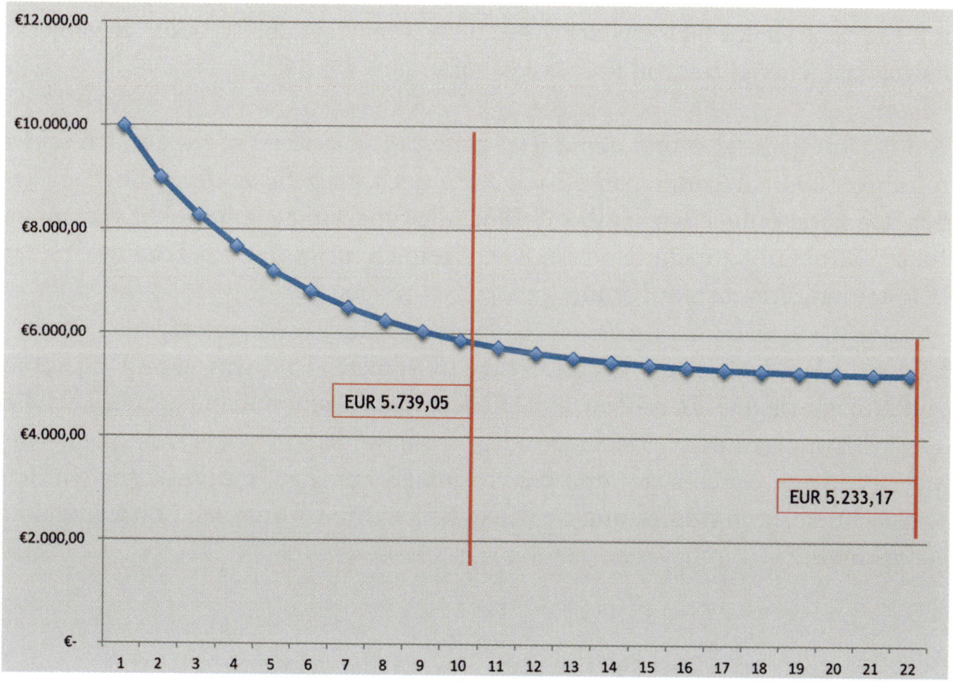

Wie Du siehst, bleibt Dir mit dieser Strategie, selbst bei andauernden Verlusten, Dein Kapital länger erhalten.

Übrigens: Das Ganze funktioniert auch anders herum. Wenn Du einen guten Lauf hast, erhöhe Dein Trading-Kapital sukzessive. Nicht gleich in großen Sprüngen, aber Stück für Stück.

! Trading-Floor-Tipp 26: Setze nur Teile Deines Gewinns ein

Beispielsweise setzt Du die Hälfte Deines letzten Gewinns und erhöhst um diesen Betrag Dein Trading-Nominal. So bleibst Du diszipliniert auch in dieser Richtung. Wir wissen, was passiert, wenn Du zu schnell zu groß wirst. Es gerät viel schneller außer Kontrolle, und Du verlierst das Gefühl, die Situation zu beherrschen.

Vor ein paar Monaten traf ich einen Seminar-Teilnehmer wieder und wollte wissen, wie es ihm ergangen ist nach unserem Seminar. Was er mitgenommen und umgesetzt habe und wie es damit lief. Hier seine Antwort: »Nach dem Seminar bin ich nach Hause gefahren, habe mich die ganze Nacht an den Rechner gesetzt und mein Trading-Portfolio nach Euren Kriterien analysiert. Am nächsten Tag habe ich zwei Drittel der offenen Positionen geschlossen, da ich gemerkt hatte, dass ich viel zu groß unterwegs bin.«

Auf Nachfrage, wie es ihm damit jetzt gehe, antwortete er: »Sehr gut. Ich schlafe ruhiger, bin entspannter und habe auch noch Platz für andere Dinge im Leben. Ich habe endlich wieder das Gefühl, alles im Griff zu haben. Mir war bis zu Eurem Seminar gar nicht bewusst, wie sehr mich meine Art des Tradings immer belastet hat. Von meiner Familie ganz zu schweigen.«

Und natürlich kommt die nächste Frage hinterher: »Und was wirst Du jetzt in Zukunft machen?« Er griff in seine Tasche und zeigte mir mit einem Lächeln sein »schwarzes Buch«. Darin standen Trading-Ideen, Orders, Analysen, sehr viel über seine Gefühlswelt und deren Einfluss auf sein Trading-Verhalten. Ich war sichtlich beeindruckt und zugleich sehr zufrieden mit der Bestätigung, es funktioniert!

Zusammenfassung Money-Management

Money-Management ist also die Art und Weise, wie Du Dein Trading-Kapital managst. Es bedeutet:

- Erst einmal monetäre, strategische und methodische Parameter festzulegen, die Dich Dein ganzes Trading-Leben begleiten sollen.
- Diese Parameter ergeben sich aus professioneller Analyse und Evaluierung Deiner Trading-Gewohnheiten, -Strategien und -Pläne.

Nur so erlangst Du gute und umfassende Informationen, die über die reine Profit/Loss-Bestimmung hinausgehen und eine wichtige Grundlage für erfolgreiches Trading bilden.

Das Trading-Tagebuch

Jetzt hast Du ja schon eine ganze Menge gelernt über Dich, Dein persönliches Verhalten, und woher es kommt. Im nächsten Abschnitt wollen wir Dir zeigen, wie Du mit Hilfe eines professionell geführten Tagebuches zukünftig noch besser traden kannst.

So ein Tagebuch dient in der Hauptsache dazu, den Kopf frei zu bekommen. Ganz früher dachte ich noch, das sei irgend so ein »Mädchenkram«. Als ich selbst das erste Mal mit einem professionell geführten Tagebuch konfrontiert wurde, war ich ganz erstaunt, welche Informationen für mich da drin steckten. Später hatte ich ganze Schränke davon voll.

Heute gibt es viele Möglichkeiten, so ein Trading-Tagebuch zu führen, so ist das kleine »schwarze Buch« für persönliche Notizen immer noch das beste und einfachste. Wenn es jedoch in die Analyse eines Trading-Verhaltens geht und wir herausfinden wollen, wie Trefferquote und das Chance-Risiko-Verhältnis zueinander stehen, kommen wir um elektronische Helfer nicht herum.

Aber wann ist so ein Trading-Tagebuch überhaupt sinnvoll?

Wir erklären es immer so: »Wenn wir als Trading-Coaches um Hilfe gebeten werden, dann doch nur, wenn es mit dem Trading nicht so gut funktioniert. Und auch nur, wenn derjenige erkannt hat, dass es in der Hauptsache an ihm selbst liegt und nicht an den Umständen.«

Jetzt sind wir natürlich (oder leider) keine Hellseher und können auch keine Gedanken lesen. Was wir aber können, ist ein Trading-Portfolio zu analysieren. Was wir dazu benötigen, sind die Einzelheiten. Wann und wo gekauft wurde und wann und wo die Position wieder geschlossen wurde. Das bedeutet, alles, was wir brauchen, sind die Einzelheiten der letzten 30 bis 50 Trades. Mit diesen Informationen schauen wir uns das Trading-Verhalten an und können gute Rückschlüsse ziehen, warum es nicht funktioniert hat.

Es funktioniert nicht mit einem Depotauszug. Hier siehst Du nur eine Zahl. Und die Produkte, die Du gehandelt hast. Genauso ist es mit der Handelsplattform. Hier siehst Du nur eine P&L-Zahl.

	Nominal*	% Perf.
P&L	5.660,10	+11,32%

Allerdings sagt Dir diese Zahl nichts darüber, in welchen Produkten Du verdient hast oder wo Du verloren hast, welche Strategie wie erfolgreich war, welche Taktik aufgegangen ist und welche nicht. Diese Zahl sagt Dir nichts darüber, was Du bei Deinem nächsten Trade beachten solltest oder was Du aus deinen letzten Trades gelernt hast.

Self-Tracking

Um es noch einmal ganz klar zu sagen, Profis überprüfen sich selbst und zwar permanent. Sie überwachen ihr persönliches Verhalten, um herauszufinden, wo sie sich verbessern können.

Übrigens ein sehr starker Trend, der ursprünglich aus dem Bereich des Sports kommt und auch da immer noch am häufigsten genutzt wird. Mittlerweile hat sich aber die Welle des »Self-Trackings« über andere Bereiche ausgedehnt.

Ich denke hier an eine Vielzahl von »Apps«, die wir dazu nutzen, z.B. um abzunehmen, gesünder zu leben, schneller zu werden oder auch im Business effizienter und effektiver zu arbeiten. Früher hat man es »Tagebuch« genannt, heute nennt man es ganz professionell »Self-Tracking-Applications«.

Sinn und Zweck dieser Applikationen ist die Aufzeichnung von tatsächlichen Gegebenheiten, um damit Erkenntnisse zu gewinnen. Diese Erkenntnisse werden wiederum dazu genutzt, Arbeitspläne, Trainingspläne oder Ernährungspläne so zu optimieren, dass Ziele erreicht werden. Wir haben diese Idee aufs Trading übertragen und sind zu dem Schluss gekommen, dass so eine Funktionalität, gerade wenn es um viel Geld geht, überlebenswichtig ist.

Trading-Floor-Tipp 27: Ein Tagebuch macht Schlechtes sichtbar und Gutes reproduzierbar.

Das Wissen über Dein persönliches Trading-Verhalten, Deine typischen Verhaltensweisen, Fallen, in die Du immer mal wieder tappst, Lieblingsstrategien, erfolgreichste Strategien und Produkte, verleiht Dir Macht! Erst wenn Du Dich selbst ganz genau kennst, wirst Du auch in der Lage sein, Dinge zu verbessern, Strategien zu optimieren, Pläne anzupassen.

Im Laufe unserer Coachings haben wir einige Profis getroffen, die sich selbst Excel-Tabellen gebastelt haben, um zumindest mal die wichtigsten Informationen auf einen Blick zu haben. Wir haben von ihnen gelernt, denn sie haben uns bestätigt, wie sinnvoll, lehrreich und vor allem lebenserhaltend (finanziell gesehen) so ein Tagebuch ist. Also sind wir noch einmal die wichtigsten Trading-Fallen durchgegangen und haben, abgestimmt genau auf diese Fallen, ein online-basiertes Trading-Tagebuch gebaut, das ich Dir hier auch vorstellen werde.

Zur Einstimmung und Erinnerung noch einmal die größten Trading-Fallen:

- schlechtes oder nicht vorhandenes Risiko- und Money-Management
- unrealistische Erwartungen
- fehlende Disziplin
- kein Trading-Plan
- mangelndes Anpassungsverhalten bei plötzlichen Marktveränderungen.

Das Thema Money-Management haben wir auf den letzten Seiten schon ausführlich angesprochen, werden aber immer wieder darauf zurückgreifen. Die nächsten Punkte werden wir gemeinsam mit dem Trading-Tagebuch Stück für Stück erarbeiten.

Key Performance Indicators (KPIs)

Eine der ersten Fragen, die ich Dir in einem Coaching stelle, lautet: »Wie ist Deine Trefferquote?« Das bedeutet, wie viele Geschäfte sind erfolgreich und wie viele Geschäfte sind nicht erfolgreich. Die Antworten setze ich in Relation zueinander und erhalte eine Quote, z.B.: 50/50.

Die nächste Frage wird sein: »Wie viel verdienst Du im Schnitt mit Deinen erfolgreichen Geschäften und wie viel verlierst Du im Schnitt mit Deinen weniger erfolgreichen Geschäften?« Auch diese Antworten setze ich in Relation zueinander und erhalte eine Quote von z.B. 1,5.

Und die dritte Frage geht in die Richtung: »Wie viel verdienst Du im Schnitt für jeden riskierten Euro?« Das heißt, ich setze die Trefferquote in Relation zur Quote der durchschnittlichen Gewinner und Verlierer. Auch hier erhalte ich eine Zahl, z.B. 0,75.

Das sind die drei Kennzahlen der sogenannten Schlüsselindikatoren (KPIs), die Dein Trading-Verhalten repräsentieren. Wir sprechen von

- Hit Ratio
- Payout Ratio
- Profit Factor

Die Zahlen hinter diesen Begriffen bilden die Basis für ein potenzielles Trading-Ziel, Trading-Pläne und eine gesunde Trading-Strategie.

TADonline

Natürlich kannst Du diese Zahlen selbst ermitteln und eine Excel-Datei erstellen, damit die Analyse Deines Trading-Verhaltens automatisiert erfolgen kann. Wir haben dafür ein eigenes ein online-basiertes Trading-Tagebuch entwickelt, welches Du unter www.tadapp.de im Netz findest. Diese Applikation liefert nicht nur wichtige Erkenntnisse, sondern dient vielmehr als wichtigster Steuermechanismus für Dein zukünftiges Trading. Es unterstützt Dich bei

- Deinem Risiko- und Money-Management
- der Kontrolle Deiner Erwartungshaltung für den »nächsten« Trade
- der Einhaltung Deiner Disziplin innerhalb Deiner Trading-Strategie

- der Optimierung und Einhaltung Deiner Trading-Pläne
- der Kontrolle psychisch bzw. emotional bedingter Handlungen.

Auf den nächsten Seiten wollen wir Dir anhand einiger praktischer Beispiele zeigen, was den Unterschied ausmacht zwischen »Ich sehe eine Gelegenheit am Markt und versuch mal, ob was geht …« und »Ich sehe eine Gelegenheit, setze sie in Relation zu meinem Trading-Plan und weiß ganz genau, was ich als Nächstes tun werde«.

Im Idealfall hast Du mit einem Blick Deine KPIs parat, kennst Dein Trading-Ziel, wählst eine zu diesem Ziel passende Trading-Strategie aus, legst die notwendigen Parameter fest und agierst gemäß Deinen eigenen Vorgaben.

Das Online-Trading-Tagebuch TADonline (übrigens Trade-Analysis-Diary) bietet Dir genau diesen Überblick in seinem »Cockpit«. Mithilfe der »Instrumente« siehst Du sofort, wie Dein aktuelles Hit Ratio und Dein Payout Ratio ist und wie Dein Profit Factor aussieht.

Du weißt, welche Deiner Trading-Strategien am erfolgreichsten ist, welche Produkte Du »magst« und welche nicht. Und in welchen Zeiträumen Du Dich am wohlsten fühlst. Alle Informationen auf einen Blick, welche die Qualität Deines Tradings optimieren werden.

Was Du nicht sehen wirst, ist, ob der Markt im nächsten Moment steigt oder fällt. Ob Dein nächster Trade aufgehen wird oder nicht. Ob Deine Strategie die richtige ist oder nicht. Was Du aber sicher wissen wirst, ist, warum Du jetzt diese Position eingehen wirst, was Dein Ziel ist und wie viel Du riskieren wirst und warum.

Beispiel ohne Trading-Tagebuch Informationen

Du sitzt vor Deinem PC und planst Deinen nächsten Trade. In einem Deiner Charts entdeckst Du eine Gelegenheit. Die einzige Information, die Du erst einmal zusätzlich hast, ist eine Zahl, nämlich Deine aktuelle P&L (schwarzes Feld). Sie reflektiert das Ergebnis Deiner bisherigen Trading-Aktivitäten.

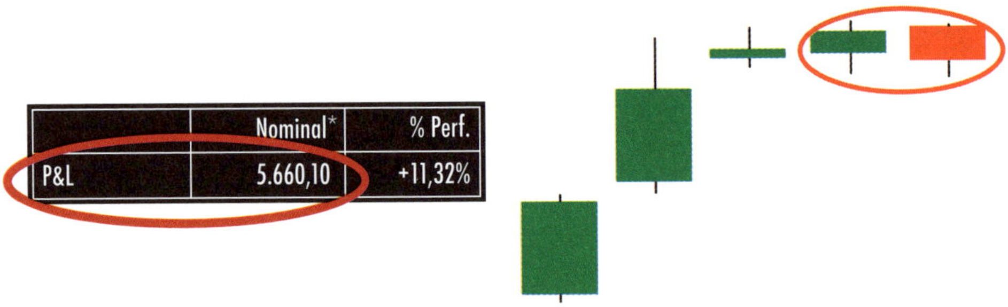

Der Chart bietet Dir nun ein gutes Level, eine »Short-Position« einzugehen. Was Du vielleicht noch gefühlsmäßig erahnst, ist, dass Deine Trefferquote in etwa bei 50 Prozent liegt. Wie gehst Du jetzt normalerweise vor?

Überlege einmal selbst: Wie sehen die ersten vier Schritte bei Dir aus? Was tust Du und welche Absicht verfolgst Du damit?

1.	
2.	
3.	
4.	

Auf der nächsten Seite erklären wir Dir kurz, wie unsere Vorgehensweise wäre, wenn wir mit Dir arbeiten würden …

In unseren Coachings stellen wir den Tradern in diesem Moment vier für uns elementare Fragen, die uns zeigen sollen, ob der Trader auch wirklich weiß, was er jetzt gerade tut.

Was willst Du mit diesem Trade erreichen?	
Wie viel Trading-Kapital wirst Du einsetzen?	
Wo platzierst Du Dein SL und Dein TP und worauf basieren diese Levels?	
Welche Haltedauer planst Du für Deine Position?	

Anfangs bekommen wir dazu eher mal sehr vage Antworten, wie:

1. »Ich will damit Geld verdienen«
2. »Keine Ahnung, mach ich nach Gefühl«
3. »Ich schau erst einmal, wie es läuft«
4. »So lange, wie es braucht, bis ich einen schönen Gewinn habe ...«

Grundsätzlich alles richtige Antworten. Deine Absichten sind uns jetzt sehr klar. Was Du allerdings tatsächlich erzielen willst, ist mehr als unklar. Und genau hier liegt der Hund begraben. Solange Du nicht genau weißt, was Du willst, und was Du dafür tust, ist es schwierig, sich ein gesundes Trading-Verhalten anzueignen.

Die Trefferquote

Kommen wir noch einmal zurück auf die »vermutete Trefferquote (Hit Ratio) bei 50 Prozent. Nun, 50/50 ist eine Trefferquote, die in der Realität der Finanzmärkte »gar nicht so schlecht« ist. Tatsächlich ist es sogar eine sehr zufriedenstellende Trefferquote. Die meisten Hedgefonds-Manager liegen etwa auf diesem Niveau. Der Unterschied zu den Laien liegt darin, dass diese Profis mit dieser Quote auch aktiv arbeiten. Ganz einfach gedacht, achten sie immer darauf, dass ihre Gewinner-Trades mehr abwerfen als die Verlierer-Trades kosten. Bei einer Quote von 50 Prozent bleibt am Ende logischerweise ein Profit übrig.

Das bedeutet für Dich und Dein Trading, wenn Du in Deinem Trading-Plan ein Chance-Risiko-Verhältnis von mindestens 2:1 anstrebst, gewinnst Du bei den guten Trades immer doppelt so viel, wie Du bei den schlechten Trades verlierst. Erhöhst Du Dein Chance-Risiko-Verhältnis auf 3:1 und hast eine Trefferquote von 50 Prozent, verdienst Du unter dem Strich gleich dreimal so viel, wie Du verlierst.

Umgekehrt bedeutet das, je schlechter Deine Trefferquote ist, desto höher musst Du Dein Chance-Risiko-Verhältnis ansetzen. Bei einer Trefferquote von z.B. nur 30 Prozent ist dieses Verhältnis sogar überlebenswichtig, ansonsten verlierst Du unterm Strich permanent Geld.

Hast Du eine Trefferquote von 70 Prozent, kannst Du auch Dein Chance-Risiko-Verhältnis auf 1,5:1 reduzieren und verdienst trotzdem Geld.

Hier eine kleine tabellarische Übersicht dazu:

Trefferquote nach 10 Trades	Chance-Risiko-Verhältnis 1,5:1	Chance-Risiko-Verhältnis 2:1	Chance-Risiko-Verhältnis 3:1
50%	+2,5	+5	+10
30%	**–2,5**	**–1**	+2
70%	+7,5	+11	+18

Die Tabelle steht unter der Annahme, dass Du pro Trade immer eine Einheit verdienst bzw. eine Einheit verlierst. Beispiel: Trefferquote 30 Prozent, Chance-Risiko-Verhältnis 2:1. Du verdienst sechs Einheiten (3x2) und verlierst 7 Einheiten (7x1). Die Differenz ist **minus eine** Einheit.

Spätestens jetzt sollte Dir klar sein, dass Du zwei Dinge für Dich herausfinden bzw. definieren musst:

1. wie hoch Deine Trefferquote ist und

2. wie Dein aktuelles Chance-Risiko-Verhältnis ist und

3. wie Du Dein zukünftiges Chance-Risiko-Verhältnis festlegen willst.

Punkt 1 und 2 erfährst Du mit einem Blick ins Trading-Tagebuch. Du analysierst dazu Deine letzten 20 bis 30 Trades, die Du gemacht hast. Bei TADapp siehst Du es direkt im Cockpit, ansonsten wirst Du um eine eigenkreierte Tabelle (Excel oder handschriftlich) nicht herumkommen. Du gibst also alle Geschäfte ins TADonline ein und erhältst sofort Deine Auswertung.

Wir nehmen jetzt und hier noch einmal unser Beispiel von eben zur Hand. Diesmal haben wir eine Analyse Deiner letzten 26 Trades gemacht.

Stats based on latest 30 trades.

P&L	¤ 18.160,10	+121,07%	
Key inputs for your trading management.			
	¤ (local currency)	% Perf.	Trades
Avg. Wins	¤ 1.701,35	13,59%	15
Avg. Losses	¤ -669,10	-4,62%	11
Break-Even	¤ 0	0%	0
¤ is your local currency			

Analyse

Und die hat ergeben, dass Du 15 Gewinner-Trades gemacht hast und 11 Verlierer-Trades. Bei den 15 Gewinnern hast Du im Schnitt 900 Euro verdient. Bei den Verlierern hast Du einen Schnitt von 670 Euro. Der erste schnelle Blick zeigt, dass Du etwa zwei Drittel Deiner Gewinne bei den Verlierern wieder abgibst. Du hast also ein Chance-Risiko-Verhältnis von etwa 1,5:1. Bei einer Trefferquote von knapp über 50 Prozent (15:11) bist Du alles in allem »ganz o. k.« unterwegs.

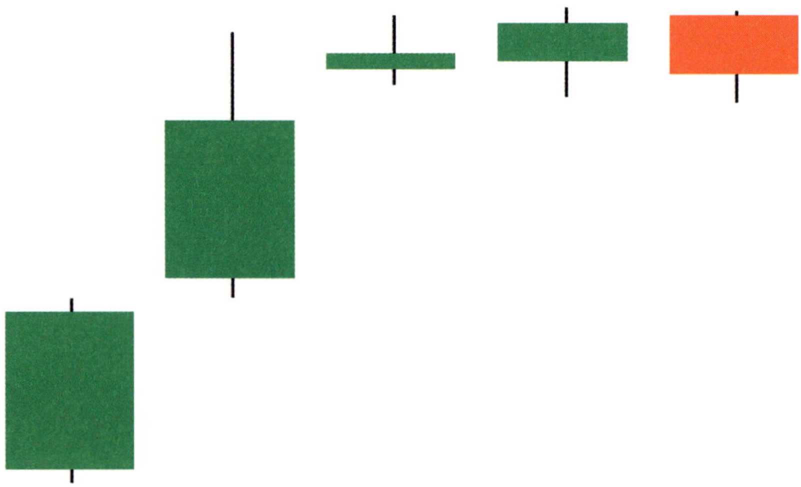

Nun hast Du aber wieder Deinen Chart im Blick und planst den nächsten Trade. Nach welchen Kriterien wirst Du jetzt vorgehen? Hier unsere Vorschläge:

Never lose more on a bad trade than you make on a good one … Du riskierst maximal 900 Euro (durchschnittlicher Gewinn) auf den nächsten Trade.

Versuche, Dein Chance-Risiko-Verhältnis (derzeit etwa 1,5:1) auf ein Niveau von mindestens 2:1 zu verbessern.

Ergo, Du reduzierst Deinen SL von 900 Euro auf einen Betrag von 450 Euro (die Hälfte Deiner durchschnittlichen Gewinne) und platzierst jetzt entsprechend Deine Orders.

Schau Dir Deinen Chart noch einmal an. Wo siehst Du den Kurs? Wo wirst Du einsteigen? Wo wird Dein Ausstiegs-Niveau sein, wenn Du einerseits 450 Euro riskierst und andererseits (bei einem Verhältnis von 2:1) mindestens 900 Euro gewinnen willst? Geben der Chart und Dein Trading-Ziel diese Werte her? Wie hoch wird Dein Einsatz sein, um diese Beträge zu erzielen?

Trading-Floor-Tipp 28: Kalkuliere Deinen Einsatz und schreibe alles auf!

Nimm Dir nun Dein »schwarzes Buch« nochmal zur Hand und rechne alles aus.

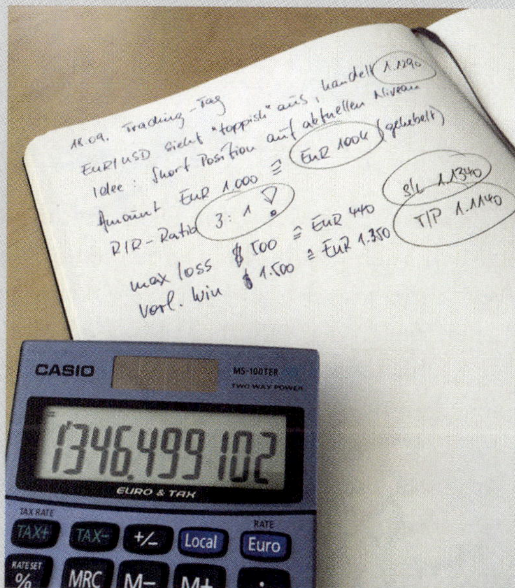

Das schwarze Buch

Was Du aufschreibst, das bleibt Dir. Schreibe Dein Trading-Ziel auf, wo Du einsteigst und wieder rausgehst (SL + TP) und vor allem, mit welchem Betrag Du einsteigst.

Rechts siehst Du ein Beispiel aus meiner eigenen Trading-Praxis. Das liegt dann auch die ganze Zeit auf meinem Platz …

Von der Idee (Short-Position auf aktuellem Level), dem Einsatz (100k), meinem Chance-Risiko-Verhältnis (3:1) bis hin zu SL und TP. So gebe ich die Order in mein Trading-System ein.

Nach dem Trade notiere ich mir dann noch ein paar »Eindrücke«, die ich gewinnen konnte.

Unsere Intention ist es, dass Du verstehst, wie ein »gesundes« Trading funktioniert. Das Ziel sollte nicht sein, »einen geilen Trade« zu machen, sondern Dein neues Ziel soll es sein, Deine durchschnittlichen Gewinne zu vergrößern und die durchschnittlichen Verluste zu verringern. In dem Moment, da sich Dein Chance-Risiko-Verhältnis verbessert, verbessert sich die Qualität Deines Tradings.

Diesen Trading-Ansatz haben wir bei einem unserer institutionellen Kunden vorgestellt. Die Idee wurde aufgegriffen und mit einem Junior-Trader als Pilot-

Projekt umgesetzt. Das Projekt läuft immer noch. Nach sechs Monaten war er so erfolgreich und gleichzeitig so entspannt mit seinem »gesunden« Trading-Verhalten, dass er Aufmerksamkeit und Neugierde bei den etablierten Senior-Tradern erzeugt.

Gesundes Trading

Gesund bedeutet in diesem Fall, gesund für Dein Trading-Depot, gesund für Dein Konto und natürlich auch gesund für Deine mentale Fitness. Dieses Ziel, ein Chance-Risiko-Verhältnis von 3:1 zu haben, steht den ursprünglichen und rein monetär getriebenen Zielen des »alten« Tradings nicht entgegen. Nach unserer Einschätzung »entschärft« es aber ein wenig den Druck, nur noch hochprofitable Trades machen zu müssen.

Lieber weniger, dafür mit höherer Qualität. Das sind die Erkenntnisse und Feedbacks, die wir von unseren Kunden bekommen haben. Was uns natürlich bei der ganzen Arbeit immer geholfen hat, ist unser **TADapp-Trading-Tagebuch**. Gerade hier, wenn es um die »Gesundheit« des Tradings geht, liefert es gute Vorschläge und Hinweise, wie Du Dein Chance-Risiko-Verhältnis optimieren kannst. Eine einfache Anzeige (SafetyBars) zeigt Dir wie:

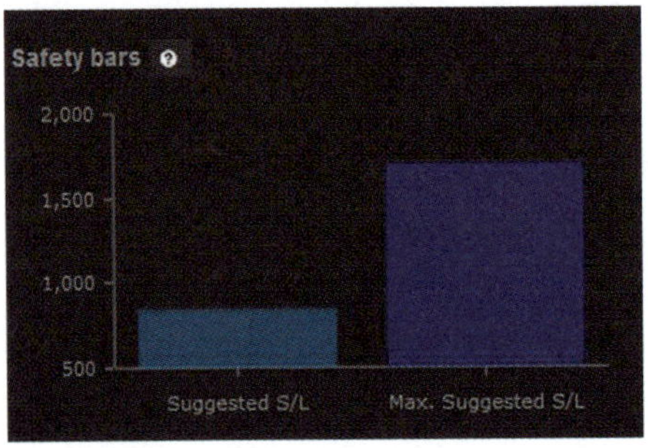

Safety Bars

Auf Basis der durchschnittlichen Gewinne und der durchschnittlichen Verluste ermittelt es im Bereich **Risiko-Management** zwei SL-Beträge. Links der Balken für den vorgeschlagenen SL-Betrag (gesunde Version), rechts der Balken mit dem Vorschlag für den maximalen SL-Betrag (aggressive Version).

Natürlich kannst Du Dich auch dazwischen stellen oder ein eigenes SL-Level wählen. Das System ist so programmiert, dass es immer anzeigt, was es wirklich für **gesund** hält, und es verfährt nach der alten Händlerweisheit:

> ***»Verliere nie mehr mit einem schlechten Trade, als Du mit einem guten verdienst!«** (Wiederholung ist die Mutter des Erfolgs …)*

Das Cockpit

Möchtest Du TADonline ausprobieren, besuche die Website und teste einfach mal kostenlos. Sobald Du Dich bei www.tadapp.de angemeldet und Deine ersten Trades eingegeben hast, wirst Du in der Lage sein, noch besser zu analysieren und noch mehr Informationen zu Deinem Trading-Verhalten zu bekommen.

Übrigens: TAD steht für Trade Analysis Diary. Die Screenshots, die Du hier siehst, können von den Bildern in der richtigen Online-Applikation marginal abweichen, da wir die Anwendung ständig überarbeiten und optimieren. Du wirst Dich auf jeden Fall zurechtfinden und alles leicht erkennen.

Hier hast Du schon mal einen guten Überblick über TAD, deshalb heißt die Seite auch Cockpit.

Cockpit

Das »**Cockpit**« der TADonline-Applikation bietet Dir die Möglichkeit, all diese Parameter mit einem schnellen Blick zu erfassen und relevante Informationen zu sammeln, um auf dieser Grundlage fundierte Trading-Entscheidungen zu treffen. Dabei kannst Du in der »Ansicht« Deines Cockpits wählen, ob Du Dein ganzes Portfolio sehen möchtest oder nur die Positionen einzelner Asset-Klassen.

Wir wollen im weiteren Verlauf dieses Kapitels sowohl den Gesamtblick für Dein Depot schärfen als auch auf die einzelnen Bereiche des Cockpits eingehen und deren Bedeutung für Dein professionelles und erfolgreiches Trading hervorheben. Jeder einzelne Abschnitt der Schlüsselindikatoren (KPIs) für Dein Trading soll noch einmal ausführlich besprochen werden. Wichtig ist uns, dass Du jederzeit in der Lage bist, Dein Trading-Verhalten zu analysieren. Ob jetzt mit TADonline oder einem eigenen System, dass spielt keine Rolle. Hauptsache, Du weißt, was Du tust, verstehst, was Du tust, kannst zukünftig vermeiden, was nicht gut war, und vor allem reproduzieren, was gut war.

Wir haben mittlerweile festgestellt, dass Trader jeder »Größe« (privat oder institutionell) mit TADonline viel gesünder handeln als vorher und auch erfolgreicher handeln als vorher.

Ich selbst habe noch einen Nebeneffekt erfahren, als ich vor einigen Jahren mein Trading mit Unterstützung des TADonline verbessert habe. Es macht schlicht und ergreifend mehr Spaß. Mittlerweile weiß ich auch warum. Ich mache viel weniger Fehler, über die ich mich früher immer noch Stunden später geärgert habe ...

Neben den nackten Zahlen sticht die sehr einfache und anschauliche Darstellung der KPIs heraus. Chance-Risiko-Verhältnis (**Payout Ratio**), Trefferquote (**Hit Ratio**) und Gewinnfaktor (**Profit Factor**) sind unsere wichtigsten Kennzahlen.

Das **Payout Ratio** (auch Auszahlungsquote) beschreibt das Verhältnis zwischen durchschnittlichen Gewinnern und durchschnittlichen Verlierern. Das **Hit Ratio** zeigt das Verhältnis zwischen der Anzahl an Gewinnern und Verlierern. Der **Profit Factor** beschreibt das Verhältnis zwischen Payout Ratio und Hit Ratio.

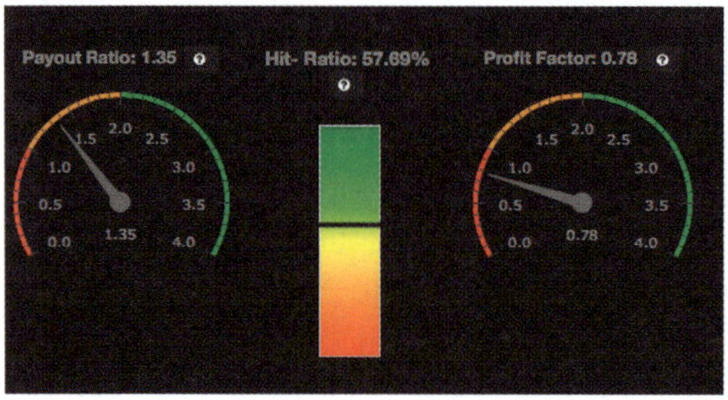

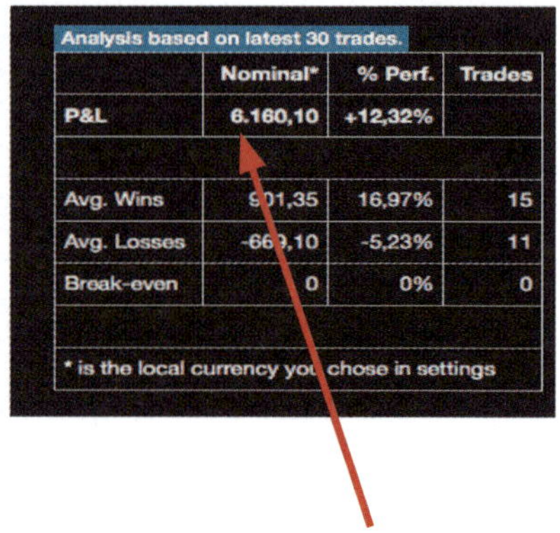

Analysis based on latest 30 trades.

	Nominal*	% Perf.	Trades
P&L	6.160,10	+12,32%	
Avg. Wins	901,35	16,97%	15
Avg. Losses	-66[illegible],10	-5,23%	11
Break-even	0	0%	0

* is the local currency you chose in settings

Bei der Erklärung des Tools beginnen wir mit der eigentlichen **P&L-Zahl** und den damit zusammenhängenden durchschnittlichen Gewinnen und Verlusten. Diese insgesamt drei Beträge (hier: **6.160, +901, –470**) müssen zueinander in Relation gesetzt werden, denn sie geben einen wichtigen Hinweis darauf, wie »gesund« das eigene Trading ist.

In diesem Beispiel zeigt sich eine durchaus ansehnliche positive P&L von über 6.160 Euro. Auf den ersten Blick sieht das gut aus und lässt auf ein »glückliches Händchen« schließen. Das stimmt auch, ist aber auf den zweiten Blick nicht unbedingt sehr positiv. Ein »glückliches Händchen« impliziert eben auch einige Glückstreffer, hat aber nicht viel mit professionellem und vor allem gesundem Trading zu tun.

Analyse:

Schaust Du Dir jetzt an, dass der durchschnittliche Gewinn bei etwa 900 Euro liegt und der durchschnittliche Verlust bei etwa 670 Euro, ist das Verhältnis dieser beiden Zahlen »o. k.«. Im Vergleich zwischen der

- Gesamt-P&L (6.160),
- der Anzahl der Trades insgesamt (26) und
- dem Verhältnis der durchschnittlichen Gewinner zu den durchschnittlichen Verlierern (etwa 1,35)

müssten allerdings ein oder mehrere Fragezeichen erscheinen. Wie kommst Du bei insgesamt 26 Trades, davon 15 Gewinnern und 11 Verlierern auf eine P&L

von über 6.000 Euro? Rein rechnerisch hast Du eine Differenz von ca. 230 Euro zwischen Gewinnern und Verlierern, und Du hast nur vier mehr Gewinner-Trades drin. Für uns ein klarer Hinweis darauf, dass da wahrscheinlich ein paar Glückstreffer, sogenannte »Lucky Punches«, dazwischen sind.

Trading-Floor-Tipp 29: »Lucky Punches«

Lass uns kurz über diese »Lucky Punches« nachdenken. Und zwar als Fonds-Manager, der Aktien einer Firma im Bestand hält, die plötzlich und überraschenderweise sehr gute Quartalszahlen abliefern.

Dieser sehr erfolgreiche Fonds-Manager reagiert auf eine höchste interessante Art und Weise auf so eine positive Überraschung, er wird wahrscheinlich große Teile der Aktien in dieser Stärkephase abstoßen. Doch warum?

Er macht seit Jahren seine Hausaufgaben. Regelmäßig hat er das Management dieses Unternehmens getroffen, Marktanalysen durchgeführt und ein eigenes Modell entwickelt, um den Wert des Unternehmens regelmäßig zu ermitteln. Er liest Berichte von Analysten und Brokern zu diesem Unternehmen, das seinerseits jedes Quartal fleißig seine Zahlen veröffentlicht. Es besteht eine gute Kommunikation zwischen Unternehmen, Investoren, Analysten und Brokern.

Wenn also so ein Unternehmen jetzt Zahlen veröffentlicht, die weit jenseits von früheren Prognosen und Erwartungen liegen, springt der Aktienpreis extrem an. Analysten und Broker beeilen sich, ihre Empfehlungen zu adjustieren, um diesen auch eine entsprechende Stärke zu verleihen. Der CEO des Unternehmens tritt in den Finanznachrichten auf und wird mit den Worten begrüßt: »Glückwunsch zu diesem großartigen Quartal!« Wenn so ein »Ausbruch« einmalig bleibt, ist alles o.k. Wenn solche Überraschungen häufiger auftreten, denkt der sehr gute Fonds-Manager nach und wird beginnen, seine Aktienpakete abzustoßen.

Nach seiner Ansicht muss sich ein professioneller Fonds-Manager bei einem Unternehmen, welches von so vielen Analysten, Brokern und Investoren »betreut« wird, und wo das Management regelmäßig kommuniziert und trotzdem den Markt immer wieder überrascht, ein paar Fragen stellen.

- Wie gut ist die Kommunikation des Unternehmens tatsächlich?
- Was könnte unausgesprochen zwischen den Zeilen stehen, damit ein so positives Szenario erscheint?
- War es tatsächlich eine Überraschung für das Management? Das wäre schlimmer, denn dann müsste man davon ausgehen, dass dieses Management den eigenen Markt nicht wirklich kennt, geschweige denn beherrscht.

Die Beantwortung dieser drei Fragen gibt Hinweise auf Risiken, die den Fonds-Manager sehr stark ins Nachdenken bringen. Fühlt er sich mit den Antworten unwohl, wird er die Aktien abstoßen.

Hier noch einmal die wichtigsten Erkenntnisse in Bezug auf unsere Lucky Punches:

- Fürs Trading sind Lucky Punches nett, aber nichts, worauf Du bauen kannst oder solltest.
- Eine P&L, die mithilfe von Lucky Punches aufgeblasen ist, sollte auf gar keinen Fall zu Überheblichkeit führen.
- Nimm die Lucky Punches aus Deiner P&L raus und schaue nun mit dem richtigen Blick, ob Dein Trading gesund ist.

Zurück zur Analyse unseres Beispiels von weiter vorn. Wir freuen uns zwar über die Glückstreffer, das ist klar. Wir nehmen sie auch gerne an. Der professionelle Umgang damit bedeutet, wir werfen jetzt einen Blick in unsere »Trade-List«. Beim TADonline ist das ein Knopfdruck. Wir sehen in dieser Liste unserer Trades relativ schnell, dass wir ohne diese »Glückstreffer« wahrscheinlich eine negative P&L hätten.

Die Konsequenz für uns ist, Lucky Punches aus der Betrachtung rausnehmen und die Trading-Strategie überdenken, vor allem im Hinblick auf das Chance-Risiko-Verhältnis. Ausreißer jedweder Art, ob nach unten oder nach oben sollten keine Grundlage für Deine Trading-P&L sein. Grundlage für ein gesundes Trading sind die Quoten von Hit Ratio, Payout Ratio und Profit Factor.

Payout Ratio

Machen wir weiter mit unserem Gesundheitscheck. Ein gesundes Trading besteht nach unserer Ansicht bei einem **Payout Ratio**, das besser ist als 2. Erst dann handelst Du (laut Deiner Anzeige im TADonline) im »grünen Bereich«.

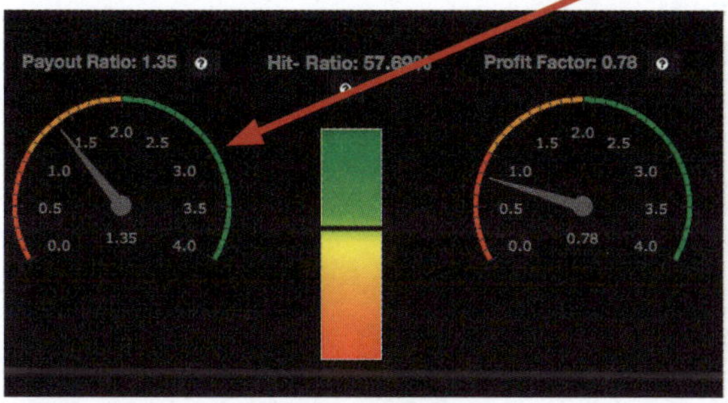

Analysis based on latest 30 trades.

	Nominal*	% Perf.	Trades
P&L	6.160,10	+12,32%	
Avg. Wins	901,35	16,97%	15
Avg. Losses	-669,10	-5,23%	11
Break-even	0	0%	0

* is the local currency you chose in settings

Es steht in einer Wechselwirkung mit der Trefferquote. Hast Du ein gutes Payout Ratio, kannst Du entspannter mit Deiner Trefferquote umgehen. Hast Du eine gute Trefferquote, kannst Du mit dem Payout Ratio besser hantieren. Passt beides, kannst Du Dein Trading-Nominal erhöhen.

Wie verbesserst Du jetzt Dein Payout Ratio? Indem Du Deine Strategien anpasst, Deinen Trading-Plan optimierst. Überprüfe das Trading-Kapital, mit dem Du in eine Position investierst. Schau Dir das Chance-Risiko-Verhältnis an und überprüfe nach diesem Prinzip immer Deine SL- und TP-Levels.

Hier ist ein ganz heißer Tipp passend zu obigem Beispiel: Dein **neues** Trading-Ziel ist ab sofort, die absolute Zahl Deiner durchschnittlichen Gewinne zu maximieren

- z. B. von 900 Euro auf 920 Euro

und gleichzeitig die absolute Zahl Deiner durchschnittlichen Verluste zu minimieren

- z. B. von 670 Euro auf 650 Euro.

Du kannst Dir die Schritte natürlich auch selbst zurechtlegen, gemäß Deinem persönlichen Plan. Wir haben die Erfahrung gemacht: Alleine die Tatsache, dass die Zahl der durchschnittlichen Gewinne und Verluste dem Trader bekannt ist, führt zu einer Veränderung des Blickwinkels. Sehr häufig hören wir den Satz: »Wenn ich das vorher gewusst hätte …«

Beobachte einfach mal selbst eine Zeitlang Dein eigenes Trading-Verhalten, wenn Du Dir ab sofort solche Ziele setzt, und lasse Dich überraschen, was mit Dir und Deinem Trading passiert.

Hier ein mögliches zukünftiges Szenario:

- Du wirst Dir passend zu Deinem Trading-Plan Gelegenheiten und Konstellationen im Markt suchen, die Deinen Vorstellungen entsprechen.
- Du schaust Dir nebenstehenden Chart an und überlegst Dir genau, ob sich mit der geplanten Shortposition und gemäß Deinem Trading-Plan eine Auszahlungsquote von 3:1 erreichen lässt.

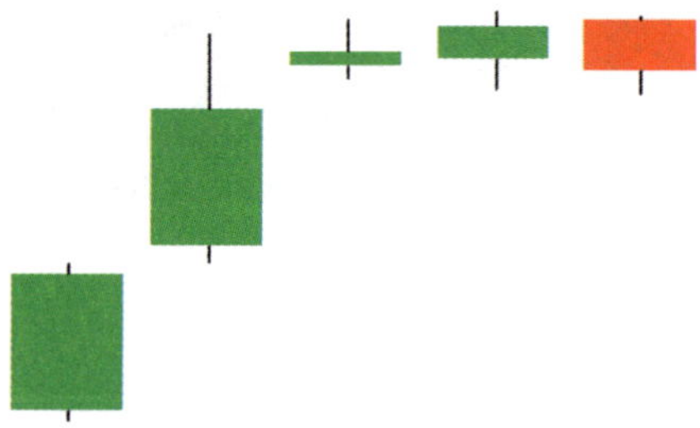

- Du ermittelst anhand Deiner festgelegten SL- und TP-Levels entsprechend die Betragsgröße, mit der Du handeln willst.

Mit dem letzten Punkt befindest Du Dich mitten im Thema Money-Management. Wie viel will ich riskieren? Wie viel will ich gewinnen? Wie viel will ich verlieren? Genau diese Fragen stellen sich eben viele nicht. Das ist auch durchaus menschlich, wie Du im Kapitel Trading-Psychologie gelesen hast. Bedeutet aber nicht, dass es auch richtig oder gut ist.

Eine Klientin von uns hatte vor einem Jahr beschlossen, sie wolle jetzt Aktien kaufen, da es ja auf dem Spar-Konto keine Zinsen mehr gibt. Also fragte sie mich, welche Aktien sie kaufen sollte, um einen guten Ertrag zu erwirtschaften. Natürlich war ich offen für die Idee und fragte sie, was denn ihr Ziel sei. Von dem Geld wolle sie dann ihre Wohnung schneller abbezahlen und einmal im Jahr in den Urlaub fahren.

Meine nächste Frage war, wie viel sie denn riskieren möchte. Sie habe 5.000 Euro gespart, und die wolle sie jetzt einsetzen. Hier wollte ich ein wenig mehr wissen und fragte sie, wie viel sie denn tatsächlich verdienen wolle und wie hoch der Betrag sei, den sie maximal verlieren möchte. Die Antwort war eigentlich klar, mindestens 2.500 Euro verdienen, wenn möglich den Einsatz verdoppeln. Beim Verlust war sie nicht so großzügig. Sie wolle maximal 500 Euro riskieren.

Aufgrund ihrer Angaben sind wir gemeinsam die ganzen oben erwähnten Rechenszenarien durchgegangen. Sie hat eine Aktie ihrer Wahl ausgesucht, Einstiegs- und Ausstiegslevel definiert, das Trading-Kapital festgelegt und war »ready for trading«. Sie wollte nicht »am Markt« kaufen, sondern hatte ein Einstiegsniveau festgelegt, welches knapp unter dem Kurs lag, wo die Aktie zu diesem Zeitpunkt handelte. Nach zwei Tagen passierte nichts und meine Klientin wurde nervös. Sie fragte mich, was sie jetzt tun solle, denn sie wollte ja Geld verdienen mit den Aktien. Ich fragte sie, ob sich etwas an ihrem Trading-Plan geändert habe. Die Antwort war Nein. Warum also etwas tun? Einen Tag später stieg der Kurs besagter Aktie relativ schnell an, und wieder erhielt ich einen Anruf. Der Kurs würde ihr davonlaufen, was sie jetzt tun solle. Wieder antwortete ich mit der Frage nach dem Plan, und ob sie ihn möglicherweise ändern möchte. Nach kurzem Nachdenken bestätigte sie mir, dass ihr Plan richtig sei und dass sie jetzt nichts verändern wolle. Drei Tage später rief sie mich ganz freudig an, sie hätte jetzt ihre Aktien, allerdings würde sie auch schon ein paar Euro »hinten« liegen. Aber das habe sie ja eingeplant …

Die Frage nach dem WIE VIEL ist unseres Erachtens eine ganz wichtige. Denn sie entscheidet über Dein persönliches Wohlbefinden mit Deinen Trading-Positionen. Das Timing, wann Du eine Trading-Position erhöhst oder verkleinerst, zeigt Dir der Profit Factor.

Profit Factor

Der Profit Factor zeigt das Verhältnis aller positiven Trades zu den negativen Trades, die Du im System erfasst hast. Einfach erklärt, addierst Du alle »Gewinner« und alle »Verlierer«, teilst anschließend Gewinner durch die Verlierer und erhältst Deinen Profit Factor. Wir haben im System natürlich eine etwas komplexere Formel hinterlegt, wollen aber den grundsätzlichen Denkansatz aufzeigen. Während das Payout Ratio mit Durchschnittswerten arbeitet, rechnet der

Profit Factor mit absoluten Zahlen. Er zeigt Dir mit nur einer einzigen Zahl, ob Du Dein Risiko-Kapital erhöhen sollst oder eher mal nicht.

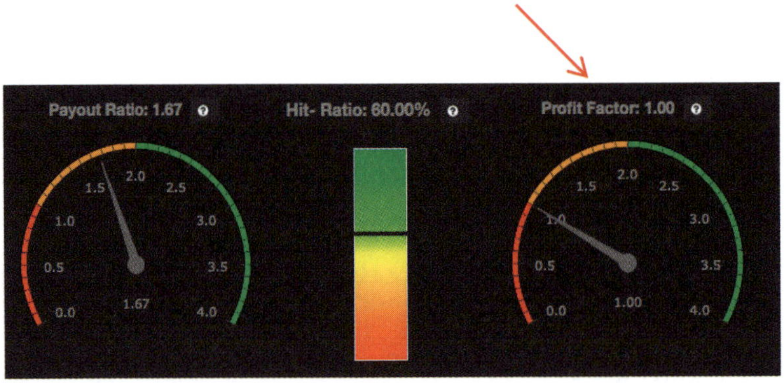

Tipp: Solange diese Zahl unter 2.0 ist, lässt Du am besten die Betragsgröße, mit der Du handelst, wie sie ist. Denn ein niedriger Profit Factor sagt Dir, dass Dein Trading auf »wackeligen« Beinen steht.

Du wärst sogar abhängig von »Lucky Punches«, das heißt, Deine Trading-Strategie bedarf einer Überprüfung.

Ach ja, das TADonline benötigt zur Anzeige von Charts sowohl Gewinner- als auch Verlierer-Trades. Wenn Du nur Gewinner oder nur Verlierer eingibst, kann es nicht wirklich etwas anzeigen. Andererseits – wenn Du nur Gewinner hast, brauchst Du das alles nicht. Wenn Du nur Verlierer hast, sollten wir uns zusammensetzen …

Trading-Floor-Tipp 30: Trading bei niedrigem Hit Ratio

Wie ist das eigentlich, wenn Du in Märkten aktiv bist, wo Du nachweislich mit eher niedrigen Trefferquoten zu kämpfen hast? Aus eigener Erfahrung weiß ich, dass der Devisenmarkt (FX-Markt) zu dieser Kategorie gehört.

Die Gründe dafür sind: relativ starke Kursschwankungen ohne erkennbaren Trend, und das sehr häufig im Sekundentakt. 24/7 – 24 Stunden rund um die Uhr an fünf Tagen die Woche. Der Devisenmarkt ist der einzige unregulierte Markt an den Finanzmärkten mit einer nahezu unüberschaubaren Anzahl an Teilnehmern aus allen Branchen. Sogar andere Asset-Klassen wirken auf den Devisenmarkt ein.

Früher ein reines »Abfallprodukt«, ist der FX-Markt heute eine eigene Asset-Klasse geworden. Gerade auch institutionelle Markt-Teilnehmer nutzen den Devisenhandel, um die Performance in ihren Depots zu optimieren. Keine Extra-Gebühren, große Liquidität (weltweit über 5 Billionen USD Umsatz täglich) sowie enge Geld-Brief-Spreads sorgen für eine gewisse Attraktivität bei den Teilnehmern. Sogar bis hin zu privaten kleinen Day-Tradern.

Da am FX-Markt eben ein relativ niedriges Hit Ratio besteht, ist ein gutes Payout Ratio umso wichtiger. Das bedeutet, viele kleine Verluste stehen wenigen großen Gewinnen gegenüber. Unter dem Strich machst Du einen Gewinn.

Hier ein Beispiel. Bei den letzten zehn Trades waren sieben Verlierer und nur drei Gewinner dabei. Dein Hit Ratio beträgt glatte 30 Prozent. Der durchschnittliche Verlust liegt bei 100 Euro pro Trade, der durchschnittliche Gewinn bei 300 Euro pro Trade (= Payout Ratio 3,0!!). Dein Gewinn nach zehn Geschäften liegt bei 200 Euro (3 x 300 – 7 x 100), trotz einer niedrigen Trefferquote.

Erhöht sich die Zahl in der Profit-Factor-Anzeige, bedeutet das, dass entweder Dein Payout Ratio oder deine Trefferquote besser wurde oder beides. Sehr gut, jetzt hast Du einen »Lauf«, einen »Touch« für den Markt und kannst darüber nachdenken, mit größeren Beträgen zu handeln. Der Profit Factor zeigt Dir also auch an, wie stabil Dein allgemeiner Trading-Zustand ist.

Zusammenfassung KPIs

Erkenntnisse für das Trading

- Überprüfe Deine eigene ***Erwartungshaltung***. Ist sie realistisch? Bei einer schlechten Trefferquote solltest Du keine großzügigen Stops platzieren, dagegen ein besseres Chance-Risiko-Verhältnis implementieren.
- Auf keinen Fall von der eigenen P&L »blenden« lassen. Du managst Deine Performance am besten über das Payout Ratio. Überarbeite damit Deine Trading-Ziele!
- Disziplin und Trading-Plan. Wo setzt Du SL und TP? Wie sieht Dein Gewinn-Verlust-Verhältnis (Risk-Reward = R/R) aus?
- Wie passt Du zukünftig Deine Positionsgröße an die eigenen Erwartungen und vor allem an Payout Ratio, Hit Ratio und Profit Factor an?
- (Un-)Lucky Punches führen zu einer schlechteren Nachvollziehbarkeit des eigenen Trading-Verhaltens. Raus aus der Betrachtung.

Terminologie CHECKLISTE #1

Begriff	**Bedeutung**
Money-Management	Haushalten mit dem Geld unter persönlichen Risiko-Gesichtspunkten. Sorgfältig und vorrausschauend. Analytisch, sachlich und diszipliniert.
Kapital	die zur Verfügung stehende Gesamtsumme, die investiert werden kann
Positionsgröße	der Teil des Kapitals, der in Einzelwerte und/oder Einzelpositionen investiert wird
Ratio	beschreibt ein Verhältnis zwischen zwei Werten
P&L	Profit & Loss = Gewinn & Verlust
Lucky Punches	zufällige Gewinne oder Verluste, die ohne Absicht entstehen. Ohne Absicht = Fehler. 80 Prozent der Lucky Punches führen zu einem Verlust!
KPIs	Schlüssel-Kennzahlen, die wichtige Hinweise für das Trading-Verhalten geben
Payout Ratio	Auszahlungsfaktor. Gibt das Verhältnis zwischen den durchschnittlichen Gewinnen und den durchschnittlichen Verlusten an. Ein hohes Payout Ratio macht unabhängiger von der »Trefferquote«. Das Payout Ratio gibt auch Hinweise auf das angewendete Money-Management.
Hit Ratio	Trefferquote. Zeigt das Verhältnis zwischen Gewinnern und Verlierern im Portfolio. Das Hit Ratio zeigt an, wie erfolgreich die angewendete Trading-Strategie (oder das Trading als solches) ist.
Profit Factor	Beschreibt den Zusammenhang zwischen Payout Ratio und Hit Ratio in einer Zahl. Der Profit Factor ermittelt sich aus der einfachen Multiplikation von Payout Ratio und Hit Ratio. Erscheint hier eine niedrige Zahl und die P&L ist trotzdem gut, ist das gesamte Portfolio stark abhängig von »Lucky Punches«. Hier sollten Analysen hinsichtlich der vorhandenen Trading-Strategien (Hit Ratio) oder dem Money-Management (Payout Ratio) unternommen und Anpassungen vorgenommen werden.

Ziehung 13 der Farben *Trading-Colors-Game*

Trade	Einsatz	Gezogene Farbe	Veränderung	GuV	Aktuelles Kapital
1		Schwarz	+1 * KE		
2		Gelb	–5 * KE		
3		Beige	+2 * KE		
4		Grün	–2 * KE		
5		Beige	+2 * KE		
6		Rot	+3 * KE		
7		Grün	–2 * KE		
8		Gelb	–5 * KE		
9		Schwarz	+1 * KE		
10		Beige	+2 * KE		
11		Schwarz	+1 * KE		
12		Beige	+2 * KE		
13		Gelb	–5 * KE		
14					
15					
16					
17					
18					
19					
20					

Checkliste Nr. 2 – TRADE ON Checklist I: PREPARE

In diesem zweiten Teil geht es um den fachlich-strategischen Teil Deiner Vorbereitung. Wir schauen auf einzelne Trading-Produkte und richtige Trading-Strategien, die Du einsetzt, und deren Wirkung Du mit Hilfe des TADonline perfekt analysieren kannst.

Wir befinden uns zeitlich immer noch in der Vorbereitung auf den ersten Trade. Das ist der Moment, wenige Minuten bevor es losgeht. In der Fliegerei sind dies die letzten Checks kurz vor dem Start des Flugzeuges, im Trading die letzten Vorbereitungen vor dem ersten Trade.

Diese PREPARE-Checkliste ist relativ kurz, dennoch essenziell und hilft Dir mit folgenden Fragen, Deine erfolgreichsten und am wenigsten erfolgreichen Strategien bisher herauszufiltern.

- Was sind meine besten Strategien und mit welchen verdiene ich wie viel?
- Bei welchen weniger erfolgreichen Strategien muss ich die Parameter überprüfen und gegebenenfalls überarbeiten/adjustieren?
- Welche Märkte sind für mich relevant und wie laufen die jetzt gerade an? Was erwarte ich für heute?
- Was sind die wichtigen Levels, auf die ich achten muss?

Welche Produkte sind für mich relevant in Bezug auf diese Märkte? Wichtig wäre hier, dass Du sofort weißt, wohin Du schauen musst, um Dir diese Fragen beantworten zu können. Hier hilft Dir wieder Dein Trading-Tagebuch.

Expectation Management

Ein Blick in Dein Trading-Tagebuch (TADonline) zeigt Dir unter der Rubrik **Charts** eine grafische Übersicht der Produkte, die Du hauptsächlich handelst, und welche Strategien Du dabei anwendest. Darauf kommen wir später noch einmal zurück.

Gleich im Cockpit siehst Du aber auch im unteren Bereich die Rubrik Expectation Management.

Hier kannst Du sehen, womit Du bisher am erfolgreichsten warst und wo Du Geld verloren hast. Was Deine Top-Strategien sind, welche Instrumente Du wie häufig gehandelt hast und wie erfolgreich Deine letzten zehn Trades wirklich waren.

Besonders interessant ist hierbei der Gedanke, dass Du relativ schnell erkennen kannst, ob Du möglicherweise in einer »Formkrise« bist. Ob Dein Trading sich verändert hat oder der Markt nicht mehr zu Deiner Strategie passt. Hast Du nur eine Zahl zur Verfügung (Gesamt-P&L), erkennst Du solche Hinweise nicht. Insbesondere dann, wenn Du ein sehr aktiver Trader bist oder das andere Extrem, ein ganz wenig aktiver.

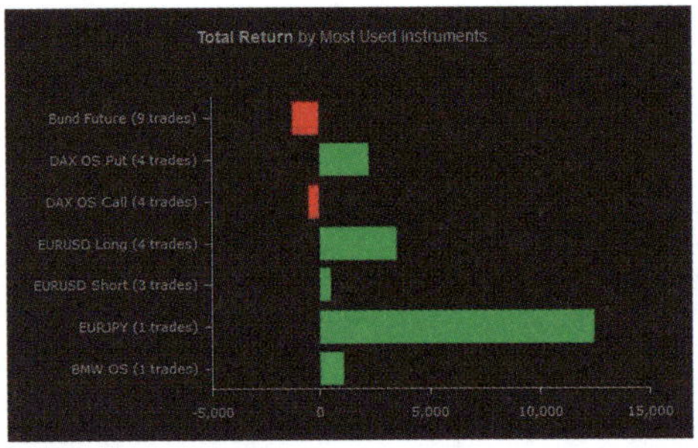

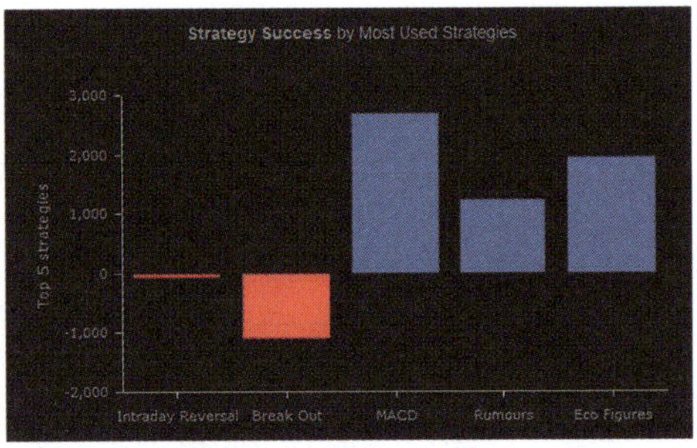

Last 10 trades		
Winners	6	12,44%
Losers	4	-1,80%
Break even	0	0%

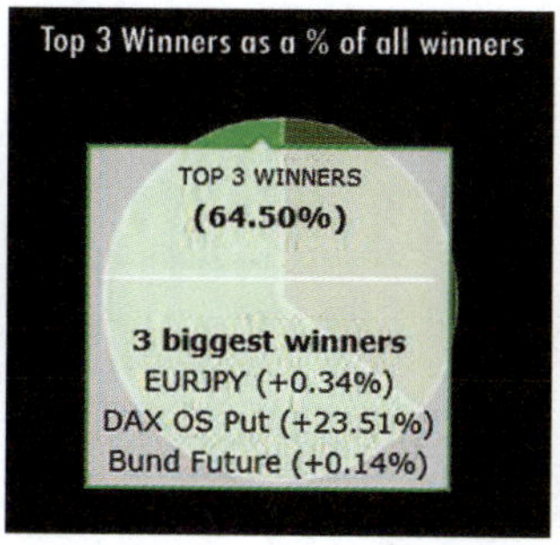

Im oberen Bild, auf der linken Seite, sind z.B. die **Instrumente** aufgelistet, die Du am meisten gehandelt hast, und du siehst, wie erfolgreich Du damit warst. Rechts siehst Du **Deine Strategien,** mit denen Du Deine Instrumente handelst.

Wie Du sehen kannst, steht da auch eine Strategie »Rumors«. Der Händler in diesem Beispiel hier handelt offensichtlich hin und wieder danach, was er aus dem Markt hört. Er gibt diese Trades als eigene Strategie mit dem Namen »Rumors« an und kann im Laufe der Zeit überprüfen, ob diese Strategie, nach »Rumors« zu handeln, wirklich funktioniert oder nicht.

Ganz ehrlich, ich persönlich habe im Nachhinein betrachtet so viel Geld wegen »Gerüchten« oder »ganz heißen Tipps« verloren, dass es mir immer noch »graust«. Mit Tagebuch wäre mir dies viel früher aufgefallen und ich hätte rechtzeitig entgegengesteuert. Hätte, hätte, Fahrradkette …

Trading-Floor-Tipp 31: Jede Strategie erhält einen eigenen Namen. Auch wenn Du später etwas an dieser Strategie adjustierst …

Ein wichtiger Tipp für alle, die ein Trading-Tagebuch führen. In den letzten beiden Wochen hast Du immer nach einem »Brakeout« in bestimmten Moving Averages gehandelt. Und nennst sie z.B. »Brakeout hourly 7/21«. Nun stellst Du fest, dass diese Strategie bei den letzten sechs Trades nicht mehr funktioniert. Du überprüfst die Strategie und stellst fest, dass beim 30-Minuten-Chart bessere Signale kommen, und adjustierst dementsprechend die Parameter. Deine Strategie geht auf und Du kommst zurück in die Erfolgsspur. Die neue Strategie muss einen neuen Namen bekommen, z.B. »Brakeout 30m 7/21«. Ansonsten würden die Ergebnisse der alten Strategie »verwässert« werden.

Jetzt aber zur Checkliste kurz vor Start. Alle bisherigen Informationen aus der ersten MOMA-Checkliste sind parat und fließen in Deine Trading-Entscheidung mit ein. Damit dies auch möglichst strukturiert und logisch nachvollziehbar geschieht und Du mögliche Fehlerquellen vermeidest, haben wir auch hier eine Checkliste, die den Namen **PREPARE** trägt.

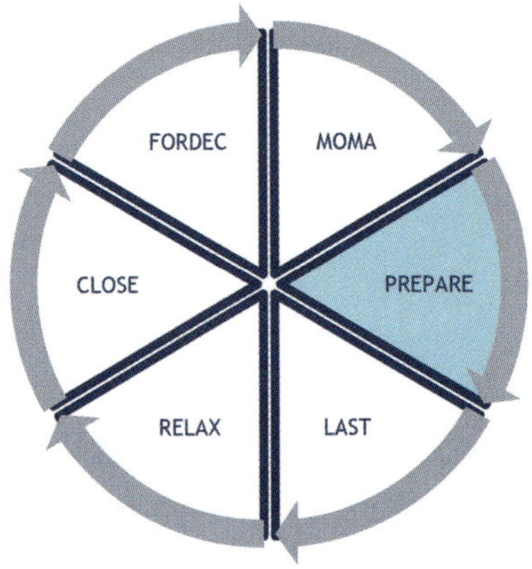

1. **Product** (Instrument)
2. **Relevant Setups** (Charts, Triggerpoints, Events, Nachrichten, Daten)
3. **Economics** (Zahlen, Daten aktuell?)
4. **Price Levels** (Buy/Sell? Entry Level/Exit Level)
5. **Amount** (Betragsgröße)
6. **Roll on** (Zeithorizont und SL)
7. **Expected 1st Move** (wichtig für den Einstieg)

Auch hier gilt: Wenn Dir die Checkliste irgendwann »zu viel« wird oder Dich nervt, dann beginnst Du tatsächlich, sie zu verinnerlichen. Bleib dran und lass auf gar keinen Fall »locker«.

Aus den ökonomischen und technischen Analysen des ersten Teils der Vorbereitung ergeben sich nun diverse Opportunitäten.

Du entscheidest Dich also für ein Instrument (z. B. das Währungspaar EUR/USD) und die Strategie (Long-Position), die Du anwenden möchtest. Du überprüfst also nochmal Deine Charts, bestimmst die Levels, wo Du einsteigen (hier: kaufen) und wieder aussteigen (Dein Trading-Ziel) möchtest. Ebenso Deinen SL- und TP- Kurs. Den Betrag, mit dem Du handeln wirst, die geplante Haltedauer (intraday/strategisch) und was Du als ersten »Move« erwartest.

	Beschreibung	**checked**
Product	Welches Underlying wird gehandelt? Welche Instrumente werden dafür genutzt?	
Relevant Setups	Charts zum Underlying nochmal überprüfen. Wichtige Triggerpoints bestimmen und mit Tagesdaten abstimmen. Folge ich dem Trend oder handele ich antizyklisch?	
Economics	Noch einmal ein kurzer Blick auf die aktuellen Daten. Gibt es etwas Wesentliches in den letzten/nächsten zehn Minuten?	
Price Levels	Wo und wie steige ich ein? Kaufe ich in der Kasse? Stop In? Limit? Wo steige ich wieder aus? Wo sind TP und SL? Trailing Stop?	
Amount	Mit welchem Anteil meines gesamten Risikokapitals für heute gehe ich in diese Position? Wie ist die Aufteilung? Salamitaktik oder volles Risiko?	
Roll on	Wie ist der Zeithorizont meines Trades? Fünf Minuten? Intraday? Overnight?	
Expected 1st move	Wie sollte die erste Bewegung bezogen auf mein Underlying aussehen? Was erwarte ich? Was werde ich tun, wenn diese Bewegung nicht eintritt?	

Im Wesentlichen repräsentiert diese Checkliste die größten Anteile Deines Trading-Plans. Du hast alle Deine »Hausaufgaben« erledigt und alle verfügbaren Informationen gesammelt. Du hast alle notwendigen Setups geprüft. Du hast eine Entscheidung getroffen und handelst jetzt genau danach.

Product

Hier geht es wirklich um die einzelnen Instrumente. Zum Beispiel einzelne Aktien oder Zertifikate, Währungen oder Optionsscheine.

Product	Welches Underlying wird gehandelt? Welche Instrumente werden dafür genutzt?	

Je konkreter Du die Produkte (Instrumente) in Deinem Trading-Tagebuch erfasst, desto besser wird bzw. bleibt der Überblick.

Trading-Floor-Tipp 32: »Du bist nur so gut, wie Dein letzter Trade!«

Der Blick auf die Einzelwerte (Währungen, Aktien, Futures etc.) macht dann noch mehr Sinn, wenn die Betrachtung sich **nur** auf die letzten zehn Trades bezieht. Warum? »Du bist nur so gut, wie Dein letzter Trade!« Möglicherweise könnte die Betrachtung der gesamten Trading-Liste wichtige Erkenntnisse aus den letzten zehn Trades verhindern oder verwischen. Bei der Betrachtung der letzten zehn Trades können Marktveränderungen schneller erkannt und das eigene Trading-Verhalten oder Deine Strategie angepasst werden.

Relevant Setups

Dieser Part bezieht sich auch noch einmal auf den Punkt, wenn Du Deine Setups in den einzelnen Strategien veränderst (siehe Trading-Floor-Tipp 30).

Relevant Setups	Charts zum Underlying nochmal überprüfen. Wichtige Triggerpoints bestimmen und mit Tagesdaten abstimmen. Folge ich dem Trend oder handele ich antizyklisch?	

Deine letzten zehn Trades zeigen, dass Du mit dieser Strategie nicht mehr besonders erfolgreich bist, Dein Hit Ratio hat sich von knapp 60 Prozent auf nunmehr nur noch 30 Prozent verschlechtert. Die Analyse dieser Strategie hat ergeben, dass die Parameter aus dem »gewichteten gleitenden Durchschnitt«, den Du dafür verwendest, zu viele Fehlsignale geben. Also änderst (adjustierst) Du diesen Parameter und veränderst damit das Setup für diese Strategie.

Ergo bekommt diese adjustierte Strategie einen neuen Namen. Bleibt der ursprüngliche Name bestehen, wird das ganze Ergebnis vermischt und ist daher auch nicht mehr aussagekräftig. **Nur so kannst Du später auch vergleichen, ob Deine neue Strategie (mit den von Dir veranlassten Anpassungen) auch wirklich erfolgreich ist.**

Live-Checks

Wenn Du schon eine Zeitlang handelst, hast Du wahrscheinlich schon sehr viele Strategien ausprobiert. Um den Überblick zu behalten, welche Strategien Du bereits mit welchen Produkten gehandelt hast, gibt Dir der Live-Check des TAD online einen guten Hinweis.

Einfach Instrument eingeben und die Strategie, die Du Dir überlegt hast, und die Ampel ganz rechts zeigt Dir, wie erfolgreich diese Strategie bisher war.

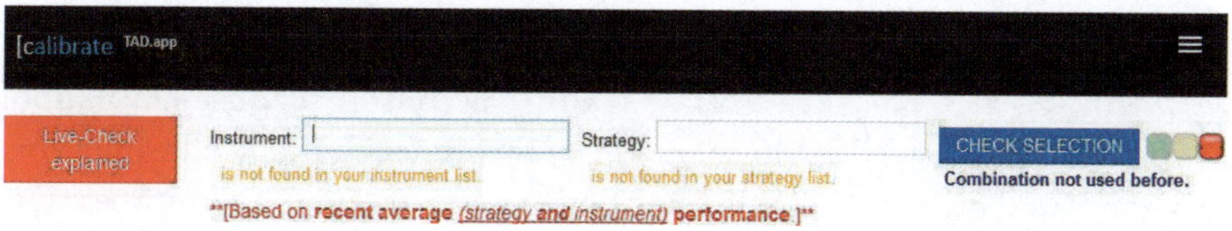

Live Check

Auch könntest Du diesen Live-Check z.B. benutzen, um eine neue Strategie zu testen (z.B. mit einem anderen Instrument). Dazu aber später noch etwas mehr im Kapitel Aufbau einer Strategie.

Economics, Price, Amount

Die nächsten Punkte haben wir bereits ausführlich besprochen, sie dienen in diesem Fall wirklich nur einem letzten Check, dass sich hier auch nichts bis zu diesem Zeitpunkt verändert hat.

Economics	Noch einmal ein kurzer Blick auf die aktuellen Daten. Gibt es etwas Wesentliches in den letzten/nächsten zehn Minuten?	
Price Levels	Wo und wie steige ich ein? Kaufe ich in der Kasse? Stop In? Limit? Wo steige ich wieder aus? Wo sind TP und SL? Trailing Stop?	
Amount	Mit welchem Anteil meines Risikokapitals gehe ich in diese Position? Wie ist die Aufteilung? Salamitaktik oder volles Risiko?	

Roll on

Der Zeithorizont Deines geplanten Trades. Wir empfehlen, dass Du neben einem preislichen SL auch über einen zeitlichen SL nachdenken solltest.

Roll on	Wie ist der Zeithorizont meines Trades? Fünf Minuten? Intraday? Overnight?	

Beispiel: Wenn Du z.B. ein aktives Day-Trading betreibst, schaust Du hauptsächlich auf 15-Minuten-, 30-Minuten- oder 1-Stundencharts. Sollte die von Dir erwartete Kursbewegung ausbleiben, macht es auch keinen Sinn, dass Du Dir jetzt einen Tageschart anschaust.

Du bekommst hier sicherlich keinen guten Hinweis, **wann** die (gewünschte) Bewegung endlich einsetzen wird. Deshalb ist es hier besser, auch über einen zeitlichen Stop nachzudenken (z.B.: »wenn die Bewegung innerhalb von 30 Minuten nicht eingetroffen ist, schließe ich meine Position wieder«), um nicht in diese Erwartungsfalle hineinzutappen.

> **! Trading-Floor-Tipp 33: Je länger eine Position gehalten wird, desto höher die Wahrscheinlichkeit, dass sie mit einem Verlust geschlossen wird.**

Erinnerst Du Dich noch an den Dispositionseffekt? »*Cut your losses – let the profits run!*« Es ist schwerer, Verluste zu realisieren, als Gewinne laufen zu lassen! Um das Gefühl einer emotionalen Achterbahn zu vermeiden, halte Dich deshalb an Deine eiserne Regel: **Deinen eigenen Trading-Plan.**

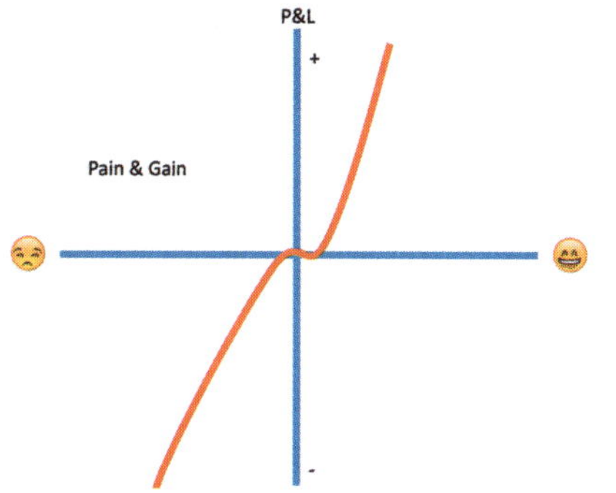

Hilfreich:

Im Cockpit hast Du die Möglichkeit nachzuschauen, in welchen Halteperioden Du bisher wie erfolgreich warst. Hier bekommst Du einen guten Überblick, wie Du Deine verschiedenen Strategien zeitlich und strategisch zukünftig ausrichten kannst.

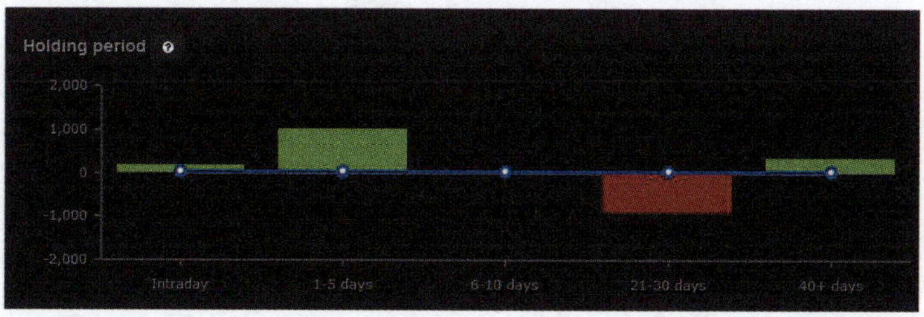

Expected 1st Move

Noch einmal in Relation zum Zeithorizont setzen und einen »zeitlichen« SL dafür festlegen. Trifft die erste Erwartung nicht ein, wird neu geschaut.

Expected 1st Move	Wie sollte die erste Bewegung bezogen auf mein Underlying aussehen? Was erwarte ich? Was werde ich tun, wenn diese Bewegung nicht eintritt?	

Damit ist der Teil Vorbereitung abgeschlossen und Du kannst Dich nun auf die nächsten Schritte, wie Übermittlung der Orders usw., voll konzentrieren.

Trading-Floor-Tipp 34: Beispiel einer Analyse im Cockpit ⇨ Futures

Wann ist eine Analyse Deines Trading-Verhaltens notwendig? Wenn es nicht so gut läuft! Wir möchten Dir hier an dieser Stelle einmal demonstrieren, wie wir ein Portfolio analysieren. Wichtig, je mehr Trades in einem Trading-Tagebuch eingegeben sind, desto besser und aussagekräftiger ist die Analyse. Unser TADonline analysiert schon ab dem ersten Trade, ab 20 Trades wird das Bild sehr klar.

Am folgenden »Futures«- Beispiel zeigen wir Dir, wie Du zukünftig Dein Trading-Verhalten sinnvoll und vor allem zielführend analysierst.

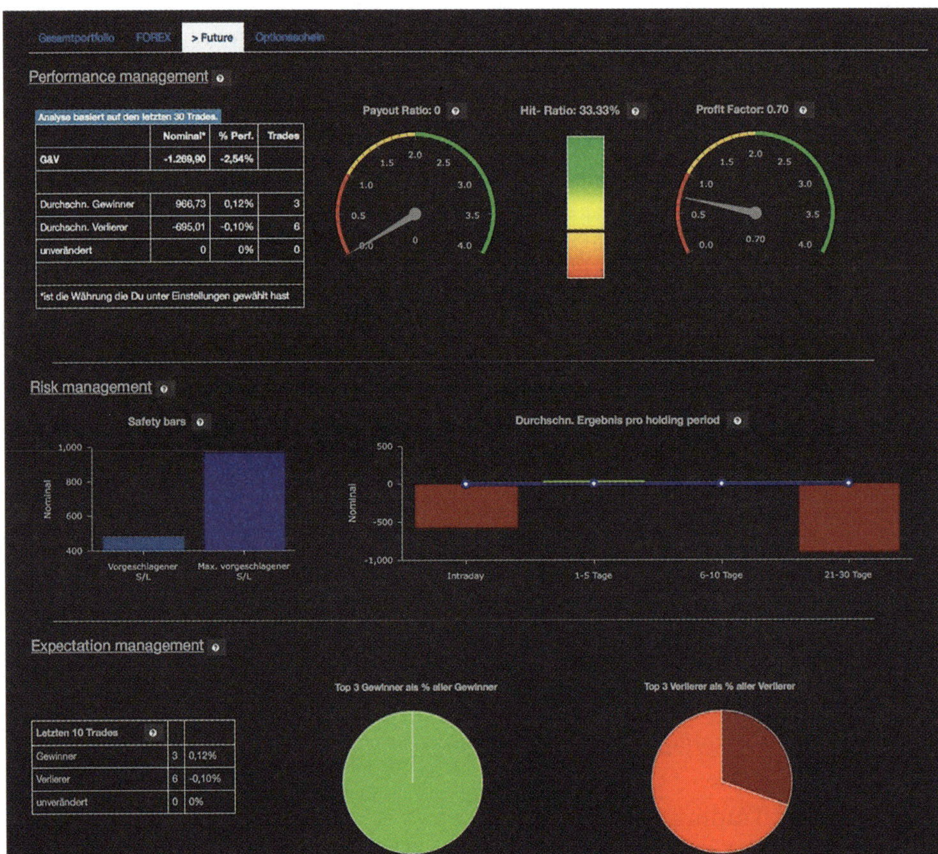

Und so wird fundiert und professionell analysiert:

Wie Du sehen kannst, gehen wir auch hier sehr professionell und strukturiert an die Analyse. Schritt für Schritt und logisch aufgebaut, kommen wir möglichen Fehlerquellen »auf die Spur«.

Frage	Blick auf …	Erkenntnis
1. Wie ist meine Erwartungshaltung in Bezug auf den nächsten Future-Trade?	Payout Ratio (Auszahlungsquote) und Hit Ratio (Trefferquote) Payout Ratio = 0,00 ☹ Trefferquote = 33,33% ☹	Negatives Ergebnis … Überprüfen der kompletten Strategie. Optimierung des Payout Ratio in Richtung 3:1. Minimierung der Trading-Beträge. Neustart mit Paper Trades!
2. Was ist mein Ziel?	durchschnittliche Gewinne maximieren und durchschnittliche Verluste minimieren	Strategie überprüfen. Woher kommt sie? Tipps? Chartanalyse (eigene oder fremde)? Ich versuche es vor dem nächsten Trade mit einem »Live-Check«.
3. Wie hoch ist mein Einsatz?	die letzten zehn Trades	Gehe ich aggressiv oder defensiv ran? Bei der Trefferquote der letzten zehn Trades eher mal …
4. Parameter festlegen	Chartlevels wegen Einstiegsniveau, SL und TP. Haltedauer wegen der zu erwartenden ersten (oder nächsten) Kursbewegung.	Checkliste durchgehen und alles beachten!

Wie Du vielleicht selbst festgestellt hast, verstehen wir unter einer professionellen Vorbereitung und Analyse deutlich mehr, als mal eben einen Chart zu lesen oder in einem Wirtschafts-Magazin zu blättern.

Professionelles Trading »nebenbei« zu betreiben ist sehr schwer und erfordert noch mehr Disziplin und Aufmerksamkeit als ein »Full-Time-Job« als Trader. Am Ende zählt natürlich die Performance. Möglicherweise hast Du schon jetzt einige Dinge bei Dir selbst festgestellt, die Dir Deine Performance bisher immer mal wieder eingetrübt haben.

Zusammenfassung der Vorbereitung

Bis zu diesem Zeitpunkt ist alles Notwendige getan, um wirklich professionell in den ersten Trade einzusteigen. Faktoren wie »Hoffen« oder »Bangen« spielen in diesem Setup keine Rolle mehr. Es geht um Professionalität, und das bedeutet, möglichst viele »Unvorhersehbarkeiten« auszuschließen.

Der zeitliche Umfang dieser Vorbereitung kann bis zu 90 Minuten dauern. Professionelle Händler beginnen daher mit dieser Routine nicht erst, wenn der Markt schon geöffnet hat. Sie sind bereit, wenn der Markt öffnet und »die Post abgeht«. Doch auch für »Spätstarter« gibt es Möglichkeiten, sich schnell zu orientieren:

1. Die MOMA–Liste geht auch als »Quickie«-Vorbereitung zum schnellen Einstieg
2. Die TADonline-Applikation visualisiert die wichtigsten Punkte auf einen Blick

> **! Trading-Floor-Tipp 35: *Gartman's Rules of Trading* #10: Think like a fundamentalist, trade like a technician.**

Ziehung 14 der Farben *Trading-Colors-Game*

Trade	Einsatz	Gezogene Farbe	Veränderung	GuV	Aktuelles Kapital
1		Schwarz	+1 * KE		
2		Gelb	–5 * KE		
3		Beige	+2 * KE		
4		Grün	–2 * KE		
5		Beige	+2 * KE		
6		Rot	+3 * KE		
7		Grün	–2 * KE		
8		Gelb	–5 * KE		
9		Schwarz	+1 * KE		
10		Beige	+2 * KE		
11		Schwarz	+1 * KE		
12		Beige	+2 * KE		
13		Gelb	–5 * KE		
14		Beige	+2 * KE		
15					
16					
17					
18					
19					
20					

Terminologie CHECKLISTE #2

Begriff	**Bedeutung**
Underlying	Das Produkt oder Instrument, welches gehandelt werden soll (oder wird).
Triggerpoints	Chartpunkte, die vom Markt als kritisch oder relevant erachtet werden. Erfahrungsgemäß legen Trader gerne ihre Orders an diese Punkte (oder darum herum). In sich schnell bewegenden Märkten können diese Punkte sowohl zu »Bremsern« (viele TP-Orders) und/oder zu »Beschleunigern« (viele SL-Orders) einer Bewegung werden.
antizyklisch	Die Orders werden entgegen dem Markttrend platziert. Zum Beispiel Kauforders in einen fallenden Markt (oder umgekehrt). Das Gegenteil ist die Trendfolge, auf der auch viele Modelle aufgebaut sind (»*The Trend is your friend*«).
Trailing Stop	»Nachlaufender Stop«. Bei dieser Order wird der SL-Kurs automatisch nachgezogen. Beispiel: Sie haben eine Long Position in EUR/USD mit einem Einstiegskurs bei 1,3390. Ihr TP liegt bei 1,3450, den SL haben Sie bei 1,3370 festgelegt (R/R 3:1). Nun steigt der Kurs auf 1,3425, und Sie haben das Gefühl, »da geht noch mehr« und lösen sich von Ihrem ursprünglichen TP. Der SL-Kurs wird nun automatisch so angepasst, dass er wieder 20 *pips* unter dem neuen Höchststand liegt (1,3425 => 1,3405). Trailing Stops können als absolute Werte oder auch prozentual angegeben werden. Das Gute daran ist, dass Sie keinen Stop mehr vergessen und durch die neuen Höchststände Ihre Gewinne auch wieder (teilweise) absichern können.
Salamitaktik	In Verbindung mit antizyklischem Handeln. Sie steigen nicht mit dem ganzen Betrag ein, sondern »stückeln« Ihre Orders betragsmäßig und zu verschiedenen Kursen. So erwirtschaften Sie einen Schnittkurs, der u. U. deutlich besser sein kann als der ursprünglich angedachte Einstiegskurs. Wird auch bei sehr großen Orders-Volumina im Devisenhandel regelmäßig eingesetzt, um den Markt »ruhig« zu halten.
Intraday	Gleichtägiger Handel. Position wird morgens eröffnet und am gleichen Tag wieder geschlossen.
Overnight	Über Nacht. Position wird heute eröffnet und am nächsten Tag geschlossen.
Setup	Beschreibt die Parameter einer bestimmten Gesamtstrategie. Chartpunkte oder die Parameter eines Moving Averages. Oder der Zeithorizont einer Strategie. Wird ein Parameter innerhalb dieser Strategie optimiert (aus den Erkenntnissen der Checkliste bzw. Evaluation der letzten zehn Trades), muss die »neue« Strategie auch neu benannt werden.
Live Check	Ist auf der Homepage der TAD-Applikation, über die man zu den einzelnen Anwendungen kommt, hier speziell auch zum **Live Check.**

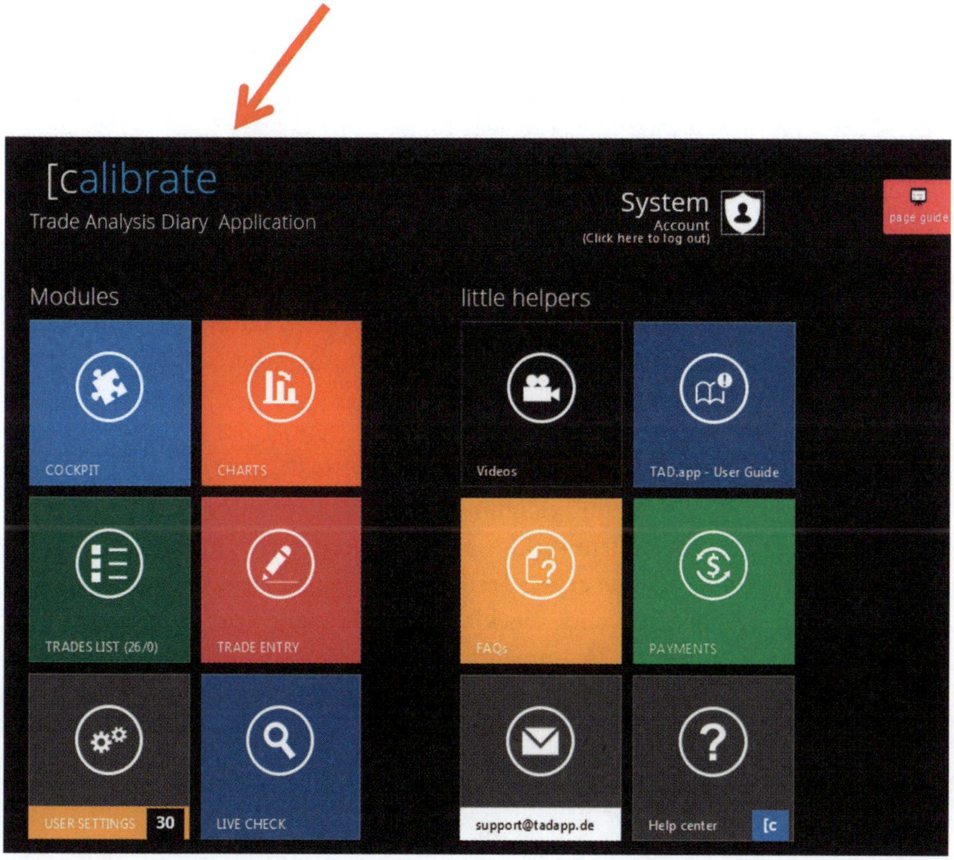

Weisheiten – Diese kleinen emotionalen Äußerungen …

Das ist etwas, worüber ich erst kürzlich gestolpert bin bzw. worauf mich meine liebe Mutter aufmerksam gemacht hat.

Ich kann mich gar nicht mehr genau erinnern, worüber ich mich so ereifert hatte (aber es war wohl nicht so wichtig, denn ich kann mich nicht mehr genau daran erinnern), aber ich sagte zu ihr: »Wenn das passiert, dann werde ich richtig sauer sein!« Sie antwortete sehr ruhig und mit der Autorität eines »Gurus«, der auf einem weit entfernten Berg sitzt: »Ja, da hast Du wahrscheinlich ganz recht, denn Du hast die Entscheidung, sauer zu sein, bereits jetzt getroffen!«

Das ist ein sehr interessanter Punkt für alle Trader. Wie oft hören wir andere Trader schimpfen und hadern und den Untergang verkünden, während sie auf einer Position sitzen? Wie oft haben wir uns schon einmal selbst gehört: »Es kotzt mich an, wenn ich jetzt ausgestoppt werde.« Eine solche Denkweise sollte unbedingt verhindert werden, denn es könnte zu einer schlechten und selbstzerstörerischen Gewohnheit werden. Wir sagen so etwas und merken gar nicht, dass wir damit ein Reiz-Reaktions-Verhalten in unserem Gehirn auslösen und damit unsere emotionale Zukunft programmieren. Klingt dramatisch? Ist es auch! Du programmierst Dich selbst, wie Du Dich zukünftig fühlen wirst, wenn bestimmte Umstände eintreffen. Allein die Vorstellungskraft löst in Dir ein Gefühl aus, denn unser Gehirn kann nicht unterscheiden, ob dieses »Ereignis in meinem Kopf« gerade real stattfindet oder *nur* dem Kopfkino entspringt.

Die gute Nachricht ist, es geht auch anders herum. Und es gibt bewährte Techniken (Ausatmung, kognitive Restrukturierung, Blitz-Meditation), die, nach einiger Übung, negative Reaktionen auf bestimmte Ereignisse (wie ausgestoppt zu werden oder zu früh Gewinne mitzunehmen), stoppen. Vorausgesetzt, Du hast Deine tägliche Routine vor Eintritt in den ersten Trade erledigt, sollte Dein Verstand klar sein und Du hast wahrscheinlich auch ein klares Bild bezüglich des Potenzials (nach oben oder nach unten) Deines Investments. Du handelst nach den von Dir festgelegten Regeln und bleibst auch dabei. Es besteht also auch keinerlei Notwendigkeit für irgendeine Art zusätzlicher emotionaler Lasten, positiv oder negativ. Schläge auch einmal einstecken zu können ist z. B. auch Teil des Boxens, und ich möchte einen der Klitschkos sehen, wie er einen Wutanfall bekommt, sobald ihn sein Gegner getroffen hat. Schlag Dich also nicht selbst, sollte der Markt Dir einen Schlag versetzen.

In Deiner Vorbereitung, noch vor Einstieg in einen Trade, erarbeitest Du Dir die Auswirkungen dieses Trades auf Dein Portfolio oder Trading-Konto aus (Money-Management). Zur gleichen Zeit (also noch vor dem ersten Geschäft) entscheidest Du Dich, dass dieser Trade nur einen minimalen Einfluss auf Dein emotionales Konto haben wird, egal wie er ausgeht. Ein kleiner Klaps auf den Rücken für eine gut gemachte Gewinnmitnahme oder eine mit klarem Kopf ausgeführte Analyse eines Stop Loss. Dann geht‘s zum nächsten Trade.

> ***»Lasst uns nicht vergessen, dass die kleinen Emotionen die großen Kapitäne unseres Lebens sind und wir ihnen gehorchen, ohne es zu merken.«***
> ***Vincent van Gogh***

! Trading-Floor-Tipp 36: *Gartman's Rules of Trading* #13: Be patient with winning trades; be enormously impatient with losers.

Ziehung 15 der Farben *Trading-Colors-Game*

Trade	Einsatz	Gezogene Farbe	Veränderung	GuV	Aktuelles Kapital
1		Schwarz	+1 * KE		
2		Gelb	–5 * KE		
3		Beige	+2 * KE		
4		Grün	–2 * KE		
5		Beige	+2 * KE		
6		Rot	+3 * KE		
7		Grün	–2 * KE		
8		Gelb	–5 * KE		
9		Schwarz	+1 * KE		
10		Beige	+2 * KE		
11		Schwarz	+1 * KE		
12		Beige	+2 * KE		
13		Gelb	–5 * KE		
14		Beige	+2 * KE		
15		Grün	–2 * KE		
16					
17					
18					
19					
20					

Checkliste Nr. 3 – TRADE ON Checklist: LAST

Durchführung des Tradings

Es ist nun so weit, die ersten Orders im Markt zu platzieren. Es ist der Moment des Starts. Der Pilot hat die Freigabe bekommen und checkt ein letztes Mal sein Setup.

Du hast Deine Hausaufgaben gemacht, eine Entscheidung getroffen und bist bereit für den ersten Trade. Noch ein finaler Blick auf die »Instrumente« und Deine Systeme. Noch einmal kurz in Dich »reinhören«. Wie fühlt sich alles an? Du hast an alles gedacht?

Dies sind die Punkte Deines letzten Checks:

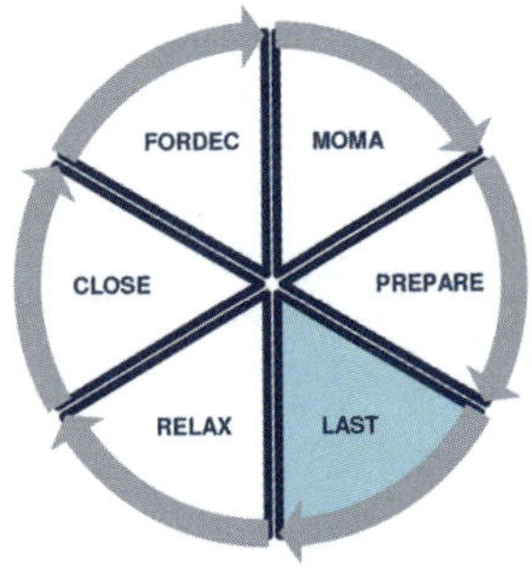

1. **Levels** (Market Spreads)

2. **Actuality** (Aktualität und Relevanz)

3. **Sent Details** (Trade-Details)

4. **Trade** (übermittelt und live)

Hier kommt es natürlich darauf an, ob Du in einem 24/7-Markt wie dem Devisenmarkt agierst oder am Aktienmarkt und mit Eröffnung des Börsenhandels Deinen ersten Trade aufnimmst.

Routine statt Aktionismus

Aus der Trading-Psychologie und früheren Ausführungen wissen wir: Unsicherheit resultiert in der Hauptsache aus Unwissenheit. Um die Unsicherheit zu minimieren, baust Du Deine Routine auf. Sowohl in der Vorbereitung als auch in der Durchführung Deines Tradings.

	Beschreibung	**checked**
Levels	Ist der Markt geöffnet, und wie sehen die Spreads (Geld-Brief-Spannen) aus? Wie ist die Liquidität? Wie das Momentum?	
Actuality	Gibt es noch ein paar aktuelle, für meine Position relevante Nachrichten?	
Sent	Trade-Details sind eingegeben. Limit/Betrag/SL	
Trade	Order ist übermittelt? Order ist live oder abgelehnt? Order ist ausgeführt?	

Levels

Erfahrene Trader erkennen häufig schon am sogenannten »Spread«, das ist die Spanne zwischen Geld- und Briefkurs, wie der Markt gerade ist.

Levels	Ist der Markt geöffnet, und wie sehen die *Spreads* (Geld-Brief-Spannen) aus? Wie ist die Liquidität? Wie das Momentum?	

Ein sehr enger Spread gibt Hinweise auf eine gute Liquiditätslage im Markt. Angebot und Nachfrage sind auf beiden Seiten sehr hoch auf diesen Levels.

Ein etwas breiterer Spread zeigt, dass noch ein wenig Unsicherheit herrscht, in welche Richtung sich der Markt bewegen wird.

In den Währungsmärkten gibt es doch erhebliche Unterschiede zwischen den sogenannten »Major-Currency-Pairs«, also den wichtigsten Währungspaaren (wie z.B. EUR/USD, GBP/USD, USD/CHF) oder Währungspaaren, wo eine größere Unsicherheit besteht (z.B. USD/TRY, EUR/HUF, GBP/BRL) bzw. der Markt nicht ganz so liquide ist. Liquidität bedeutet hier eine hohe Anzahl von

Marktteilnehmern mit großem Interesse sowohl auf der Käufer- als auch auf der Verkäuferseite.

Wir blicken an dieser Stelle auch gerne noch einmal kurz auf das Momentum einer Bewegung in unseren Charts. Das Momentum gibt uns eine Vorstellung vom »Schwung« einer Bewegung. So kann es durchaus Hinweise geben, ob sich ein Zyklus dem Ende nähert oder nicht.

Das ist wichtig für solche Trader, die sich gerne auf Trends berufen und das richtige Timing suchen. Am Aktienmarkt und zu Beginn eines Handelstages erhalten sie ein Gefühl dafür, »was so los ist« am Markt.

Actuality

Folgendes Szenario habe ich selbst erlebt. Ich wollte eine EUR/USD-Kauforder im Markt platzieren, mit einem kurzen Stop. Die Order wurde übermittelt und etwa eine Sekunde nach der Bestätigung der Ausführung erhielt ich die Bestätigung, dass ich ausgestoppt wurde.

Actuality	Gibt es noch ein paar aktuelle, für meine Position relevante Nachrichten?	

Daraus habe ich gelernt. Bevor ich meine Orders im Markt platziere, schaue ich noch einmal kurz auf meinen »News«-Kanal, um zu prüfen, dass sich auch keine letzte Nachricht »eingeschlichen« hat, die meine Entscheidung beeinflussen könnte oder sie ad absurdum führt.

Sent

Alle Details sind erfasst. Betragsgröße, das Limit zu dem Du kaufen/verkaufen möchtest (oder eine »Marktorder«) und natürlich Dein geplanter SL. Warum natürlich?

Sent	Trade Details sind eingegeben. Limit/Betrag/ SL	

Unsere Empfehlung: **Platziere niemals eine Order ohne SL!** Es ist natürlich nicht schön, wenn Du ausgestoppt wirst. Das bedeutet einerseits, dass Deine Strategie nicht aufgegangen ist. Andererseits bedeutet es aber auch, dass Dein Trading-Plan aufgegangen ist. Das Schlimmste aber ist, wenn Du im Nachhinein sagen musst: »Hätte ich doch nur rechtzeitig einen SL genommen.«

Am besten Du setzt auch gleich ein TP-Limit, dann kannst Du Dich wirklich zurücklehnen. Erst jetzt wird die Order übermittelt.

Trading-Floor-Tipp 37: Sich anpassende Orders

Der sogenannte Trailing Stop passt sich den Marktgegebenheiten an. Mein Plan ist immer der folgende:

Ich platziere beispielsweise eine Kauforder mit einem TP-Kurs und einem SL-Kurs im Verhältnis 3:1.

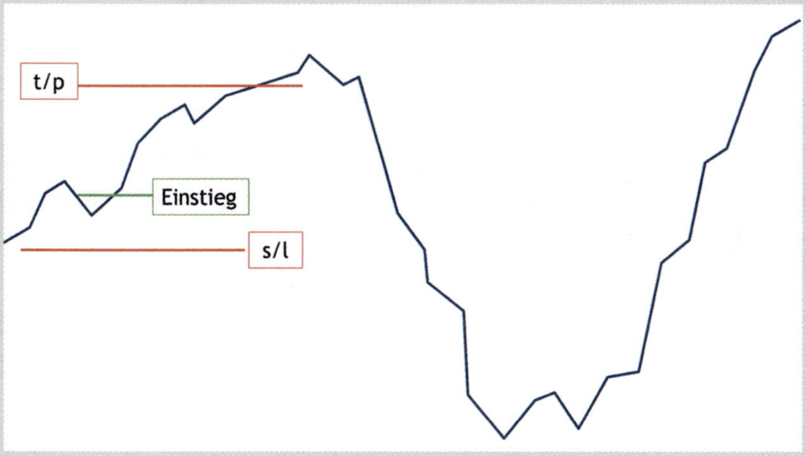

An meinen Trading-Tagen beobachte ich natürlich den Kursverlauf. Wenn ich sehe, dass meine Strategie aufgeht, und ich mich meinem TP-Kurs nähere, nehme ich die beiden Orders kurz vorher raus und platziere zwei neue Orders, aber wieder im Verhältnis 3:1.

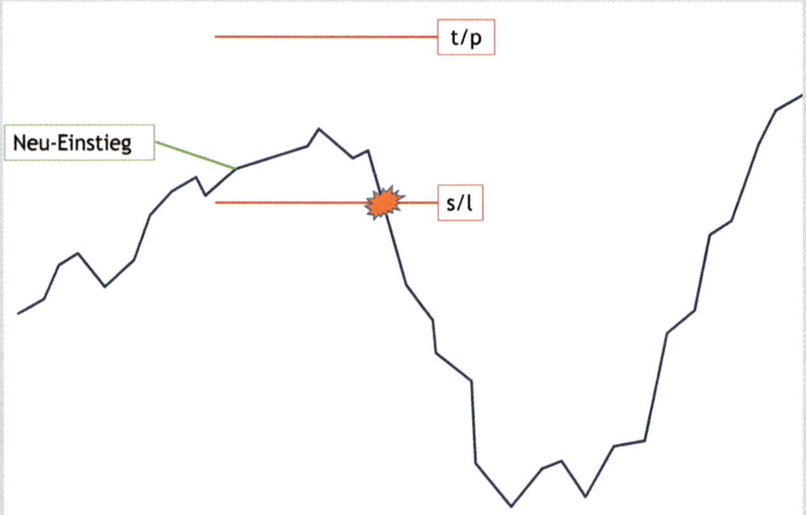

Bricht der Kurs dann nach unten weg, habe ich zumindest einen Teil der Gewinne realisiert.

Wenn diese Strategie aufgeht, komme ich teilweise auf ein Chance-Risiko-Verhältnis von 7:1 oder noch besser. Damit mein Ergebnis im Trading-Tagebuch nicht als Lucky Punch dasteht, versehe ich diesen Trade bei der Eingabe mit einem »Initial Stop« (ursprünglicher Stop). Bei der späteren Analyse erkenne ich dann, dass es tatsächlich kein »Lucky Punch« war, und mein Payout Ratio verbessert sich enorm.

Trade

Dieser Punkt dient *nur* noch der Prüfung, ob Deine Order auch ausgeführt wurde und Dein Trade tatsächlich auch »live« ist.

Trade	**Order ist übermittelt? Order ist live oder abgelehnt? Order ist ausgeführt?**	

Die Checkliste Nummer 3 ist zwar relativ überschaubar, denn die Hauptarbeit wurde ja bereits in der Vorbereitung erledigt. Trotzdem gehört sie gerade wegen der Kleinigkeiten zum festen Bestandteil unserer Routine. Wir wissen, dass es die Kleinigkeiten sind, die häufig den Unterschied ausmachen.

	Beschreibung	checked
Levels	Ist der Markt geöffnet, und wie sehen die Spreads (Geld-Brief-Spannen) aus? Wie ist die Liquidität? Wie das Momentum?	
Actuality	Gibt es noch ein paar aktuelle, für meine Position relevante Nachrichten?	
Sent	Trade Details sind eingegeben? Limit/Betrag/ SL	
Trade	Order ist übermittelt? Order ist live oder abgelehnt? Order ist ausgeführt?	

Trader, die ihr Risiko nicht kennen und deshalb auch nicht einschätzen können, werden entweder überheblich oder extrem unsicher. Beides birgt große Gefahren fürs Trading.

Erst durch eine intensive Vorbereitung, das Wissen um die KPIs und den Nutzen der daraus resultierenden Erkenntnisse werden Unsicherheit und Überheblichkeit verbannt.

Du entwickelst immer mehr Deine Strategie, Deinen Trading-Plan. Das Motto lautet: »**Routine statt Aktionismus!**« Und Routine bedeutet in diesem Fall nicht Langeweile, sondern Professionalität!

Terminologie CHECKLISTE #3

Begriff	Bedeutung
Spreads	Spanne zwischen Geld- und Briefkurs
Liquidität	Menge an Geld, das dem Markt zur Verfügung steht. Hohe Umsätze in einer engen Preisspanne weisen auf hohe Liquidität und ein bestimmtes Interesse des Marktes (oder einiger sehr großer Marktteilnehmer) hin.
Momentum	Deutet auf die »Stärke« einer Bewegung hin, den Schwung oder auch die Beschleunigung einer Bewegung. Dann, wenn die Chartkurve sehr steil wird, herrscht das größte Momentum. Manchmal auch ein guter Hinweis auf eine Trendwende.

Ziehung 16 der Farben *Trading-Colors-Game*

Trade	Einsatz	Gezogene Farbe	Veränderung	GuV	Aktuelles Kapital
1		Schwarz	+1 * KE		
2		Gelb	–5 * KE		
3		Beige	+2 * KE		
4		Grün	–2 * KE		
5		Beige	+2 * KE		
6		Rot	+3 * KE		
7		Grün	–2 * KE		
8		Gelb	–5 * KE		
9		Schwarz	+1 * KE		
10		Beige	+2 * KE		
11		Schwarz	+1 * KE		
12		Beige	+2 * KE		
13		Gelb	–5 * KE		
14		Beige	+2 * KE		
15		Grün	–2 * KE		
16		Schwarz	+1 * KE		
17					
18					
19					
20					

Checkliste Nr. 4 – IN TRADE Checklist: RELAX

»Ein guter Trade ist langweilig!«, sagt eine alte Händlerweisheit. Wahrscheinlich kommen jetzt einige Protest-Gedanken auf und der Eine oder Andere wird heftig widersprechen wollen. Lass uns erklären, was hinter dieser Aussage steckt, und dann kannst Du immer noch mit uns diskutieren.

An diesem Punkt Deines Tradings könntest Du Dich auch zurücklehnen und einfach abwarten. Deine Checklisten hast Du durch, und **eigentlich** gibt es nichts mehr, was es zu bedenken gilt. **Eigentlich ...** Wenn da nicht Dein Kopf wäre, der mit dieser Ruhe nicht wirklich umgehen kann. Herzlich willkommen zu einer Vorstellung Deines persönlichen Kopfkinos: »War das richtig, was ich da gemacht habe? Was ist, wenn‘s schiefgeht? Was ist, wenn ...?«

Wie ich weiter vorn schon einmal gesagt habe: »Wir Menschen haben die einzigartige Fähigkeit, uns nur Kraft unserer Gedanken das Leben so richtig schwerzumachen.« Anstatt wirklich zu entspannen und nur zu verfolgen, wie unser Plan aufgeht (übrigens auch wenn unser SL gezogen wird; denn es war – auch wenn es nicht schön ist – geplant), beginnen wir, je nach »Konditionierung« zu denken. Und wir haben nun mal eine Tendenz, eher mal problemorientiert zu denken.

Unser Tipp: Statt »Kopfkino« verlassen wir uns auf unsere Strategie, unsere Checklisten und unseren Trading-Plan. Und das Motto bleibt: **Routine statt Aktionismus!**

Deshalb haben wir auch für diesen Part eine hilfreiche Checkliste mit der äußerst treffenden Bezeichnung **RELAX**.

1. **Routine** (Läuft alles?)
2. **Expectation** (Markterwartung eingetroffen?)
3. **Lifetime** (Zeithorizont)
4. **Attentive** (achtsam)
5. **Exit** (Closing)

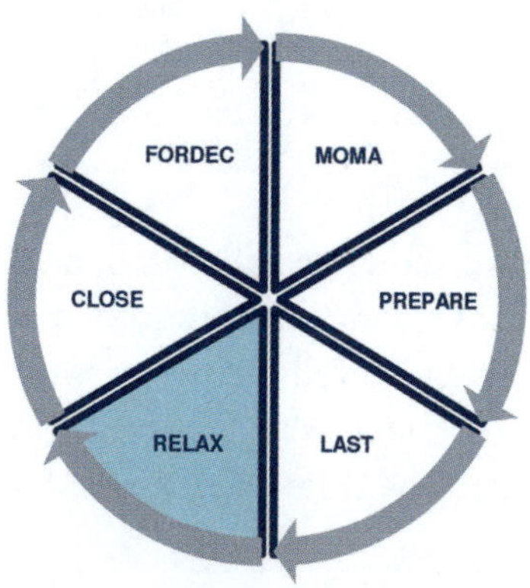

Der Name RELAX entspricht dem gewünschten Zustand und ist Programm.

	Beschreibung	**checked**
Routine	Und wieder die Routine. Sind die Stops noch gültig? Läuft die Stop-Order noch? Hat der Preis noch seine Gültigkeit? Stimmt die Betragsgröße der Order noch (bei Teilausführungen)?	
Expectation	Läuft der Markt noch wie erwartet? Wenn Ja – alles gut. Wenn Nein ⇨ Beeinflusst diese Situation meine Trading-Idee/-Strategie? Wenn Nein ⇨ nichts tun. Wenn Ja ⇨ eine Aktion überlegen, die auf meiner Strategie basiert.	
Lifetime	Zeitliche Ausrichtung, entwickelt sich mein Trade innerhalb der von mir erwarteten Zeitspanne (insbesondere bei kurzfristig ausgerichteten Trades)? Wenn nicht – raus aus der Position? Stops versetzen? Neue Strategie?	
Attentive	Achtsam sein. Wenn also alles o. k. ist, bin ich wirklich entspannt mit der Position?	
EXit	Ist das Ziel oder der Stop erreicht? Ziel erreicht, Stop nachziehen? Gewinn mitnehmen (Vorsicht vor der »Halskrankheit«)? Position geschlossen?	

Kopfkino hin oder her, wir wenden die STOP-STRATEGIE an und, statt zu denken, nehmen wir unsere Checkliste zur Hand und gehen systematisch alle Punkte dieser Liste durch.

Routine

Routine	Sind die Stops noch gültig? Läuft die Stop-Order noch? Hat der Preis noch seine Gültigkeit? Stimmt die Betragsgröße der Order noch (bei Teilausführungen)?	

Sind die eingegebenen Levels noch relevant? Manchmal kommt es bei größeren Orders oder illiquiden Märkten zu Teilausführungen. Das bedeutet, dass nur ein Anteil Deiner ursprünglichen Order ausgeführt wurde. Ist das der Fall, musst Du darauf achten, die bestehenden Orders auf diesen nun geringeren (restlichen) Betrag abzuändern.

Expectation

Wie läuft der Markt? So, wie Du es erwartet hast? Wenn die Antwort hier »Ja« lautet, dann ist alles gut und Du musst gar nichts tun, maximal Deine SL und TP anpassen, wenn Du das möchtest.

Expectation	Läuft der Markt noch wie erwartet? Wenn Ja – alles gut. Wenn Nein ⇨ Beeinflusst diese Situation meine Trading-Idee/-Strategie? Wenn Nein ⇨ nichts tun. Wenn ja ⇨ Eine Aktion überlegen, die auf meiner Strategie basiert.	

Läuft der Markt gar nicht (»tote Hose«) oder entgegen Deinen Erwartungen, nimm Deine Checkliste zur Hand und stelle Dir folgende Fragen:

- Wie beeinflusst die gegenwärtige Situation meinen Trading-Plan bzw. meine -Strategie?
- Lautet die Antwort hier »gar nicht«, musst Du auch nichts tun.
- Lautet die Antwort »sehr«, schaust Du auf Deine Strategie, analysierst alles und triffst eine Entscheidung.

In der Regel hast Du Deine Stops und Take-Profits so gesetzt, dass Dir erst einmal nichts passieren kann. Sollte allerdings eine sehr positive Situation eintreten, denke daran, dass Du die Möglichkeit hast, den »Trailing Stop« einzusetzen.

Die Analyse eines Ereignisses in Extremsituationen erklären wir Dir noch einmal ausführlich weiter hinten anhand unserer Checkliste: FORDEC. Ein aus der Fliegerei stammendes Krisenmanagement-Verfahren, das sich schon sehr häufig bewährt hat und deshalb von uns adaptiert und adoptiert wurde.

! Trading-Floor-Tipp 38: Worauf basieren Deine Entscheidungen?

Siehst Du, worauf wir hinaus wollen? Deine Entscheidungen sollen nicht auf (negativen) Emotionen basieren, sondern auf einer rationalen Analyse!

Lifetime

Du sollst handeln, was Du siehst, nicht, was Du gerne hättest. Erinnerst Du Dich an Johns Sprichwort über seine »Ente«? »*If it looks like a duck …*« Du kannst stundenlang auf einen Chart schauen und ihn hypnotisieren, ohne dass sich etwas verändert. Je eher Du akzeptierst, was Du siehst, und danach handelst, verhältst Du Dich auch wieder professionell.

Dieses Verhalten ist insbesondere dann von Bedeutung, wenn sich eine Kursbewegung nicht in der von Dir erwarteten Zeitspanne entwickelt. Denke noch einmal kurz an den Checklisten-Punkt »Expected 1st Move«. Das ist eine relativ einfache Trading-Strategie, denn Du schaust Dir die Märkte des Vortages an, was in Far-East passiert ist und was für heute erwartet wird. Sobald der Markt öffnet, handelst Du in die erste Bewegung hinein.

Die Erfahrung zeigt, dass wir zur Ungeduld tendieren, wenn es mal nicht so läuft, wie wir es erwartet haben.

Lifetime	Zeitliche Ausrichtung, entwickelt sich mein Trade innerhalb der von mir erwarteten Zeitspanne (insbesondere bei kurzfristig ausgerichteten Trades)? Wenn nicht – raus aus der Position? Stops versetzen? Neue Strategie?	

Und Ungeduld macht unzufrieden und … hier kommen wir wieder in den Bereich der Emotionen, die nachweislich kein guter Berater sind. Worauf sollten Deine Entscheidungen im Trading basieren? Nicht unbedingt auf Deinen Emotionen und schon gar nicht auf den negativen Emotionen. Ergo wendest Du Dich wieder Deinen Checklisten zu und bleibst zunächst einmal rational und analytisch. Das ist die beste Grundlage für Deine Entscheidungen.

Attentive

Dennoch … und jetzt begebe ich mich ganz bewusst ein wenig aufs »Glatteis«. Ich persönlich habe relativ häufig das Erlebnis, dass ich »plötzlich« und während eines Trading-Tages ein sehr mulmiges Gefühl bekomme. Eine gewisse Unruhe, die sich bemerkbar macht. Im ersten Moment nicht erklärbar, aber sie ist da!

Attentive	Achtsam sein. Wenn also alles o.k. ist, bin ich wirklich entspannt mit der Position?	

Folgende Beobachtungen habe ich dazu gemacht: Dieses Gefühl habe ich immer nur wahrgenommen, wenn ich wirklich achtsam und gleichzeitig »relaxed« war. Es braucht also diesen entspannten und trotzdem aufmerksamen Zustand, dann sind die Sinne geschärft. Das Gefühl habe ich dazu genutzt, noch einmal die Checklisten durchzugehen. Ich bin nicht in sinnlosen Aktionismus verfallen, sondern habe auch hier das FORDEC-Prinzip angewendet.

Im Bereich **Mentale Stärke** haben wir ja schon einmal beschrieben, wie großartig unser Verstand ist, wenn linke und rechte Gehirnhälfte optimal im **Alpha**-Zustand zusammenarbeiten. Die optimale Verbindung zwischen Verstand und Unterbewusstsein erreichst Du mit den kleinen Übungen zu mentaler Stärke, wie z.B. im Trading-Floor-Tipp 6.

Sei Dir einfach folgender logischer Tatsache bewusst: Wenn unser Kopf in der Lage ist, uns in Schwierigkeiten zu bringen, ist er auch in der Lage, uns wieder rauszuholen. In einem optimalen Zustand ist er in der Lage, Dinge einfach schneller und früher zu erkennen, als wir uns denken können.

Ich habe deshalb auch gelernt, meinem »Instinkt« zu vertrauen und diese Checklisten lieber noch ein weiteres Mal durchzugehen, ob ich nicht doch etwas übersehen habe. Bleibt es bei dem mulmigen Gefühl, habe ich mich auch schon dazu entschlossen, die Position zu schließen. Manchmal erkennt man den Grund erst später und häufig hat unser Unterbewusstsein einfach nur Recht. Also, wenn wirklich alles o.k. ist, bin ich tatsächlich ganz entspannt? Zuversichtlich?

EXit

Im letzten Punkt geht es um den Ausstieg. Dein Trade ist geschlossen. Wurdest Du ausgestoppt, erlischt automatisch auch die TP-Order (die meisten Orders in dieser Kategorie haben den Status entweder/oder), wenn nicht, musst Du sie manuell rausnehmen. Genauso ist es auf der TP-Seite.

EXit	Ist das Ziel oder der Stop erreicht? Ziel erreicht, Stop nachziehen? Gewinn mitnehmen (Vorsicht vor der »Halskrankheit«)? Position geschlossen?	

Hier noch ein ganz praktisches Szenario: Nehmen wir mal an, Du sitzt vor Deinem Rechner. Du hast beobachtet, wie die Position in Deine gewünschte Richtung läuft, und sowohl Deine Chartdaten als auch Deine »Intuition« sagen Dir, Du solltest in dieser Position drin bleiben. Um der sogenannten »Halskrankheit« vorzubeugen, das bedeutet, den Hals nicht voll genug zu bekommen, ziehst Du sowohl Dein SL als auch Deinen TP im Verhältnis 1:3 nach.

Das sichert Dir einmal den Großteil der bis hierher generierten Gewinne (falls Deine Intuition Unrecht hatte und es doch mehr die Halskrankheit war) und hält Dir die Chance offen, an weiteren Kursanstiegen zu partizipieren.

Die andere Möglichkeit ist, die Position durch Ausübung des TP zu schließen. Dir bleibt dann nur noch der Check, dass alle mit dieser Position zusammenhängenden Orders auch wirklich nicht länger existieren. Jetzt ist es Zeit, Deinen Trade erst einmal in Dein TADonline-Tagebuch zu übertragen und noch einmal zu analysieren.

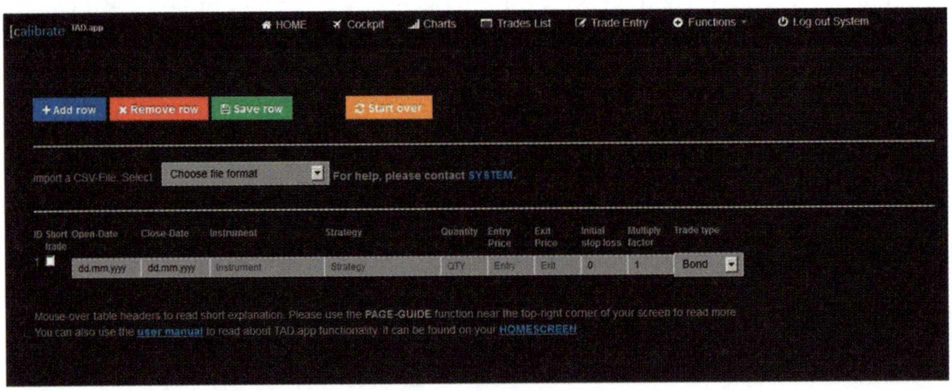

So sieht die Eingabe-Maske aus. Intuitiv mit Drop-down-Menüs. Sobald Du ein Geschäft eingegeben hast, »erinnert« sich das System daran.

	Beschreibung	checked
Routine	Und wieder die Routine. Sind die Stops noch gültig? Läuft die Stop-Order noch? Hat der Preis noch seine Gültigkeit? Stimmt die Betragsgröße der Order noch (bei Teilausführungen)?	
Expectation	Läuft der Markt noch wie erwartet? Wenn Ja – alles gut. Wenn Nein ⇨ Beeinflusst diese Situation meine Trading-Idee/-Strategie? Wenn Nein ⇨ nichts tun. Wenn Ja ⇨ eine Aktion überlegen, die auf meiner Strategie basiert.	
Lifetime	Zeitliche Ausrichtung, entwickelt sich mein Trade innerhalb der von mir erwarteten Zeitspanne (insbesondere bei kurzfristig ausgerichteten Trades)? Wenn nicht – raus aus der Position? Stops versetzen? Neue Strategie?	
Attentive	Achtsam sein. Wenn also alles o. k. ist, bin ich wirklich entspannt mit der Position?	
EXit	Ist das Ziel oder der Stop erreicht? Ziel erreicht, Stop nachziehen? Gewinn mitnehmen (Vorsicht vor der »Halskrankheit«)? Position geschlossen?	

Weisheiten: Nicht alles wissen, aber dennoch Geld verdienen …

Dies ist ein eher unüblicher Schritt, Dich ein wenig näher an ein entspanntes Trading heranzubringen. Es hört sich vielleicht auch ein wenig seltsam an, aber bleib bei mir …

Frag Dich selbst einmal ganz ernsthaft, was genau Du über die Aktie oder das Wertpapier weißt, welches Du zuletzt gehandelt hast. Ich höre von Tradern einiges über die Aktien, die sie in ihrer Position halten. Aber außer ein paar Eck-Punkten, die sie bei einem Nachrichtensender gehört haben oder in der Zeitung gelesen haben, ist ihr Wissen über dieses Papier in der Regel nicht sehr tief. Die meisten akzeptieren das, geben es auch zu und zwingen sich trotzdem dazu, irgendwie »smart« zu klingen. Warum nur?

Ich kann mit ruhigem Gewissen sagen, ich handle und verdiene Geld mit Papieren, bei denen meine fundamentalen Kenntnisse über dieses Unternehmen maximal bei 15 bis 20 Prozent dessen liegen, was Analysten darüber wissen. Da ich ja auch kein Analyst bin, werde ich niemals das Wissen dieser Personen erreichen. Das will ich auch ganz bewusst nicht, denn im Gegensatz zu einem

Analysten oder Händler, der in einer Position »gefangen« ist, werde ich nicht von (vermutetem) Wissen vorbelastet sein.

Manchmal ist es schon fast schmerzhaft, den Jungs zuzuhören, warum diese Aktie doch wieder hoch laufen sollte, warum die Margen so oder so sein sollten und die Wachstumsrate hier sein sollte ... Und je tiefer diese Aktie fällt, desto mehr lesen sie darüber. Immer mit dem einen Ziel, **das eine** Argument zu finden, warum diese Aktie wieder steigen (z. B. auf ihren Break Even Point, damit sie wieder aus der Position raus können) muss. Schau ruhig mal rein in die einschlägigen Blogs, wie z. B. *wallstreet online*. Lies mal drei bis fünf Kommentare zu bestimmten Aktien, und Du wirst genau wissen, was ich meine. Alle miteinander rechtfertigen sich »auf Teufel komm raus«, warum ihnen dieses Papier gehört und warum es wieder »besser« wird.

Aber warum tun die das? Warum nicht abschneiden und aussteigen? Einfach die Tatsache akzeptieren, dass dieses Geschäft falsch war? Wir sind wieder beim »Dispositionseffekt« aus dem Bereich Behavioral Finance. Wir »gewöhnen« uns an Verluste und verfahren nach dem Hoffnung-und-Glauben-Prinzip.

Handle ernsthaft nach Deinen eigenen Vorgaben, Deinem System, Style, was auch immer. Halte Dich an Deine Regeln und suche nicht verzweifelt und schon gar nicht selektiv nach bestimmten Nachrichten, die Deine innigsten Hoffnungen unterstützen. »Wissen ist Freiheit, Ignoranz ist Sklaverei«, sagte Miles Davis.

Wenn Du darüber nachdenkst, verstehst Du auch die Grenzen Deines eigenen Wissens in Bezug auf die Märkte. Auch wenn Du richtigliegst und der Markt falsch ist, kann es eine lange Zeit dauern, bis der Markt wieder dreht. Und das kostet Zeit, Nerven und Geld. Was Du jetzt TUST, entspricht Deinem eigenen System und Deinem Weg zu handeln. Bleib dabei. Handle auf Momentum oder Charts, sehr gut. Zwing Dich nicht dazu, etwas hinzuzufügen oder mit den Doktoren und (selbsternannten) Besserwissern aus dem Fernsehen (die wissen es nämlich auch nicht besser) zu konkurrieren.

Trading-Floor-Tipp 39: *Gartman's Rules of Trading* #6: Markets can remain illogical far longer than we can remain solvent.

Sehr oft regiert das Unlogische, und Märkte sind ineffizient, egal was uns die Akademiker zu erklären versuchen.

Trading-Floor-Tipp 40: *Gartman's Rules of Trading* #11: Simplify, simplify and simplify again.

Komplexität schafft Verwirrung, Einfachheit schafft Eleganz.

Terminologie CHECKLISTE #4

Begriff	**Bedeutung**
Duration	Der Begriff stammt aus der Anlageberatung und beschreibt im Groben die durchschnittliche Kapitalbindungsdauer eines Investments.
Analysten	Personen, die bestimmte Geschäftsfelder und/oder Prozesse analysieren. An den Finanzmärkten werden die Analysen zu bestimmten Währungen, Aktien, Wertpapieren oder auch wirtschaftlichen Entwicklungen zur Entscheidungsfindung von Anlegern, Investoren oder auch Tradern zu Rate gezogen.

Ziehung 17 der Farben *Trading-Colors-Game*

Trade	Einsatz	Gezogene Farbe	Veränderung	GuV	Aktuelles Kapital
1		Schwarz	+1 * KE		
2		Gelb	–5 * KE		
3		Beige	+2 * KE		
4		Grün	–2 * KE		
5		Beige	+2 * KE		
6		Rot	+3 * KE		
7		Grün	–2 * KE		
8		Gelb	–5 * KE		
9		Schwarz	+1 * KE		
10		Beige	+2 * KE		
11		Schwarz	+1 * KE		
12		Beige	+2 * KE		
13		Gelb	–5 * KE		
14		Beige	+2 * KE		
15		Grün	–2 * KE		
16		Schwarz	+1 * KE		
17		Rot	+3 * KE		
18					
19					
20					

Checkliste Nr. 5 – Evaluation & Day End Checklist: CLOSE

Jeder Profi setzt sich am Ende seines Arbeitstages noch einmal hin und denkt über den vergangenen Tag nach. Ein Spitzen-Sportler tut dies nach jeder Trainingseinheit. Gesehen habe ich das zuletzt in dem Film über die Deutsche Fußball-Nationalmannschaft, als sie 2014 Weltmeister wurde. In einer Szene sitzt der Co-Trainer Hansi Flick vor einem kleinen schwarzen Buch und macht Eintragungen. Im Kommentar heißt es, dass jeder Spieler so ein Buch besitzt. Ich selbst hatte so ein Buch in meiner Jugend als Handballer, es hieß DHB-Leistungsbuch oder so ähnlich. Darin enthalten waren natürlich persönliche Daten und vor allem Daten zum Leistungsstand. Der wurde nämlich bei jedem Lehrgang gemessen. Wie hoch man springen kann, wie viele Bahnen man in der Halle und in welcher Zeit schafft und so weiter. Ergo ein richtiges Leistungs-Tagebuch.

Aus dem Bereich des effizienten und effektiven Selbst- und Zeitmanagements kommt die Idee, am Ende des Tages die gemachten Erfahrungen noch einmal Revue passieren zu lassen. Es eröffnet die Chance, noch einmal zu analysieren, was stark und was war schwach war und wo es Verbesserungspotenzial gibt.

Wenn Du Dich umschaust, wirst Du feststellen, dass wir heute sehr häufig etwas analysieren, nur um besser zu werden. Nur heißt es heute anders. Der Begriff »Self-Tracking« fasst das neuerdings alles zusammen, und Du findest es an jeder Ecke bzw. auf jedem Smartphone. Ob es um das eigene Gewicht geht oder eine Trainingsverbesserung für den nächsten Marathon-Lauf. Wir binden uns »Tracker« ans Handgelenk oder um die Brust, um daraus Erkenntnisse zu gewinnen und um am Ende des Tages besser zu werden.

Was für den Sport richtig ist, kann fürs Trading nicht falsch sein. Für einen professionell agierenden Trader ist dieses Verhalten unserer Meinung nach sogar »lebensnotwendig«. Denn erst die Erkenntnisse aus einer professionellen Evaluation des eigenen Trading-Verhaltens geben wichtige Hinweise zur Optimierung des Trading-Plans und/oder der Strategie.

Die folgende Liste heißt **CLOSE**, weil Du sie nach jedem Trade oder auch am Tagesende anwenden kannst.

	Beschreibung	checked
Cash	Deal closed: Trade erfasst? TADonline aktualisiert? Betragsgröße für nächsten Trade festgelegt? Day-End: Sind alle Trades verbucht? Wie sieht das Trading-Konto aus? Welches Ergebnis wurde heute erzielt?	
Live	Deal closed: Welche neuen Erkenntnisse gibt es aus diesem Trade? Gibt es Änderungen bei den Ratios oder der Risikogröße? Day-End: Welche offenen Positionen bleiben über Nacht bestehen? Worauf ist zu achten in Bezug auf die offenen Positionen (NEMO)? Gab es über den Tag schon auffällige Bewegungen, Volumina, Volatilität?	
O/N Orders	Deal closed: Teilausführungen? Sind alle Orders in Bezug auf diesen Trade raus (geschlossen, storniert)? Orders, die im Markt bleiben, führen zu neuen und ungewollten Positionen. Day-End: Orders sind übermittelt und live? Gültigkeit überprüft?	
Systems	Deal closed: TADonline ist final aktualisiert? Day-End: Alle noch offenen Systeme sind runtergefahren und geschlossen?	
Evaluation	Day-End: SWOT-Analyse. Was war gut, was war schlecht? Was sollte für den nächsten Tag beachtet werden? Wie sieht der Trading-Plan für den nächsten Tag aus?	

Diese Checkliste bietet uns gleich zwei Möglichkeiten zur Nutzung. Einerseits den kurzen Check, nachdem Du einen Trade geschlossen hast, und zum anderen eine ganzheitlichere Tagesendbetrachtung Deiner Aktivitäten.

1. Cash (Konto überprüft?)
2. Live (Offene Positionen?)
3. O/N Orders (Gültigkeit)
4. Systems (Systeme?)
5. Evaluation (SWOT)

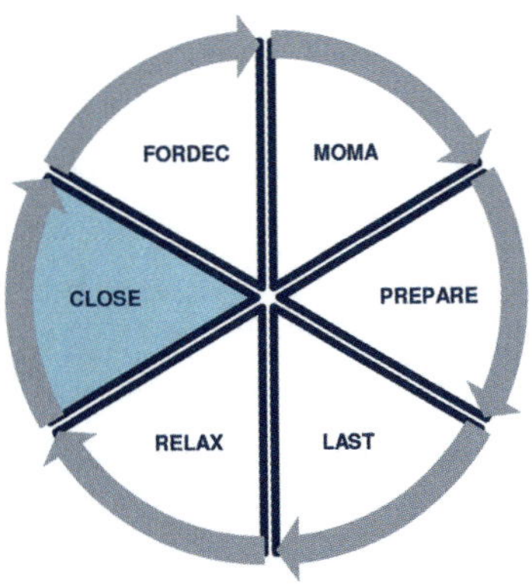

Neben den technisch-methodischen und technisch-fachlichen Punkten unseres Trading-Tages betrachten wir natürlich noch einmal unser eigenes Verhalten und setzen es in Relation zu den Trading-Ergebnissen.

Ein letzter kurzer Blick am Tagesende ins kleine schwarze Buch gibt sehr wichtige und hilfreiche Hinweise über Deinen Trading-Tag. Hast Du an alles gedacht? Gibt's was zu beachten für den nächsten Tag?

Cash

Nachdem Dein Trade geschlossen ist, solltest Du ihn gleich in Deinem Trading-Tagebuch erfassen. Denn nur wenn die Daten vollständig sind, macht auch eine Analyse Sinn.

Cash	Deal closed: Trade erfasst? TADonline aktualisiert? Betragsgröße für nächsten Trade festgelegt? Day-End: Sind alle Trades verbucht? Wie sieht das Trading-Konto aus? Welches Ergebnis wurde heute erzielt?	

Am Tagesende solltest Du auch noch einmal in Dein kleines schwarzes Buch schauen. Wir haben früher noch einmal jedes Detail, welches im Buch stand, mit den Eingaben in unserem System verglichen. Weshalb? Fehler kosten Geld!

Außerdem kannst Du direkt sehen, wie Deine P&L ist, und schon einmal einen möglichen Trading-Betrag für den nächsten Tag festlegen. Notiere Dir Deine Tages-P&L in Deinem Buch.

Im TADonline kannst Du unter der Rubrik **Charts** sehen, wie sich Deine P&L und die einzelnen Strategien sowie Instrumente von Tag zu Tag entwickelt haben.

Live

Wurde ich ausgestoppt und will aber wieder in die Position einsteigen? Wurde meine Order noch nicht ausgeführt und will ich die Position vergrößern? Was passiert mit meinen KPIs, sobald ich den Trade eingegeben habe? Welche Erkenntnisse ergeben sich für den nächsten Trade?

Wir haben auch schon Trades ins System eingegeben, obwohl sie noch nicht geschlossen waren, um zu sehen, wie sich die Ratios verändern. Wir konnten so live miterleben, wie sich die Anzeigen im Cockpit bewegen, wenn sich der Kurs bewegt.

Live	Deal closed: Welche neuen Erkenntnisse gibt es aus diesem Trade? Gibt es Änderungen bei den Ratios oder der Risikogröße? Day-End: Welche offenen Positionen bleiben über Nacht bestehen? Worauf ist zu achten in Bezug auf die offenen Positionen (NEMO)? Gab es über den Tag schon auffällige Bewegungen, Volumina, Volatilität?	

Am Ende des Tages treffe ich die Entscheidung, ob ich meinen Trade über Nacht offen lasse oder ob ich die Position schließe, um am Morgen nach meiner Analyse neu zu entscheiden.

Hier hilft mir auch noch einmal die **NEMO-Checkliste** von heute Morgen in der Überprüfung. Insbesondere im Hinblick auf Auffälligkeiten bei Volumina oder Volatilitäten. Gab es z. B. kaum Bewegung trotz großer Volumina? Hier mal ein kleines Beispiel …

Großen Umsätzen auf der Käuferseite stehen große Umsätze auf der Verkäuferseite entgegen. Was hat das zu bedeuten? Der Markt tendierte nach oben und offensichtlich gab es einen großen Verkäufer, der in die Stärke hinein verkauft hat. Er hat dies nicht auf einmal getan, sondern in Tranchen, wie Du im weiteren Kursverlauf sehen kannst. Erst zum Schluss wurde es richtig deutlich …

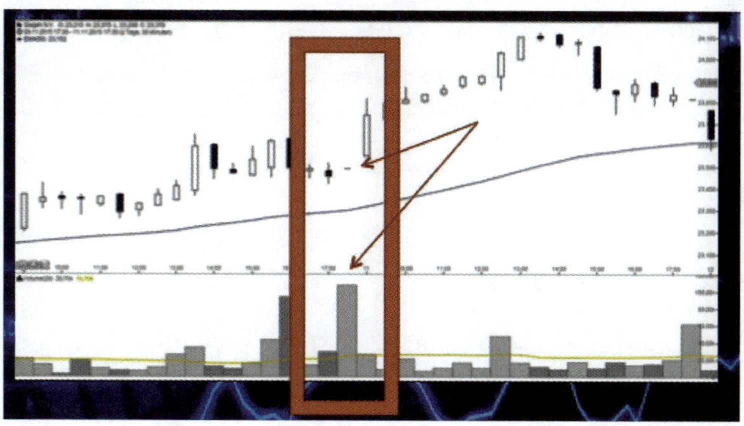

! Trading-Floor-Tipp 41: Institutionen machen den Aktien-Markt

Die wichtigsten Teilnehmer sind Investmentfonds, Hedgefonds und HFTs (High Frequency Trading Companies), die elektronisch und automatisiert handeln (siehe auch Algo-Trading).

Auf den Seiten der Deutschen Bundesbank (www.bundesbank.de) kannst Du folgende Angaben zu diesem Thema nachlesen: »Ende Mai 2014 hielten ausländische Investoren **57,1 %** des Marktwerts aller börsennotierten deutschen Aktien. **29,4 %** entfielen auf institutionelle Investoren aus Deutschland. Dazu gehören beispielsweise Banken, Investmentfonds oder Unternehmen außerhalb der Finanzwirtschaft. Heimische Privatanleger hielten **11,8 %** des Marktwerts deutscher Aktien.«

Um nun einen guten Einblick zu bekommen, wie institutionelle Trader ihren Job machen, müssen wir uns zunächst drei Fragen stellen:

1. Wie gehen die Trader von Institutionen beim Kauf oder Verkauf von Aktien-Beständen vor?
2. Was sind Ihre Vorgaben bzw. Benchmarks?
3. Können wir diese Informationen für unser eigenes Trading-Verhalten nutzen?

Hier die Antworten:

Oberste Prämisse ist »**Best Execution**«. Ihr Ziel ist es, den bestmöglichen Preis zu bekommen, der an diesem Trading-Tag möglich war. Das ist natürlich eine relative Angabe, denn dieser Preis ist abhängig vom Tagesvolumen in dieser Aktie und der Ordergröße des institutionellen Traders.

Die zweite Prämisse ist, »**am Marktvolumen zu partizipieren**«. Das bedeutet, der institutionelle Trader stellt sich mit einer Limit-Order in den Markt, begrenzt aber sein eigenes Tages-Volumen auf maximal 30 Prozent des Gesamt-Volumens in dieser Aktie. Daher kann es kurz vor Tagesende noch einmal zu einem größeren Umsatz-Anstieg kommen.

Und die dritte Prämisse heißt »**Blocks finden**«. Er fragt seinen Broker nach wichtigen Unterstützungspunkten bzw. Widerständen im Chart. Er rechnet damit, dass dort andere institutionelle Marktteilnehmer größere Blocks an Orders platziert haben, die er für sein eigenes Interesse nutzen kann, ohne den Markt zu sehr zu bewegen. Und vor allem ohne zu sehr selbst als Akteur aufzufallen.

Seine Vorgehensweise ist die folgende: Er analysiert das Volumen in der besagten Aktie (bzw. er lässt analysieren) und beauftragt seinen Broker damit, ihm einen oder mehrere Blocks zu finden. Ihn interessiert, was der zuerst gehandelte Kurs des Tages war, und er nimmt diesen als Benchmark.

Stunde	€	Volume	Umsatz €
1	52,30	10.000	523.000
2	52,28	12.000	627.360
3	52,25	15.600	815.100
4	52,30	10.000	523.000
5	52,19	15.000	782.850
6	52,10	12.400	646.040
7	52,00	25.000	1.3000.00
	52,17	100.000	5.217.350

Alternativ versucht er besser zu sein als der VWAP (Volume Weighted Average Price).

Das ist der durchschnittliche Preis einer Aktie, über einen bestimmten Zeitraum (entweder ein paar Stunden oder der ganze Tag), gemessen an der Anzahl der gehandelten Aktien zu jedem Preis.

Wenn Du Dir also zukünftig unter dieser Prämisse Deine Charts anschaust und in Deinem Morning-Meeting entdeckst, dass es am vergangenen Tag solche speziellen Konstellationen gab, könnte es ein guter Gedankenansatz für eine Trading-Strategie sein.

O/N Orders

Ein Blick in Dein Order-Buch ist elementar. Willst Du Orders über Nacht laufen lassen? Gab es Teilausführungen? Wie sieht Deine Strategie aus? Vielleicht willst Du ja direkt bei Markteröffnung morgen früh dabei sein? Überprüfe alles noch ein letztes Mal, bevor Du Deine Systeme runterfährst.

O/N Orders	Deal closed: Teilausführungen? Sind alle Orders in Bezug auf diesen Trade raus (geschlossen, storniert)? Orders, die im Markt bleiben, führen zu neuen und ungewollten Positionen. Day-End: Orders sind übermittelt und live? Gültigkeit überprüft?	

O/N-Orders sind eine ganz spezielle Geschichte, denn manchmal werden die Orders exekutiert, gerade dann, wenn die Märkte sehr dünn sind.

Trading-Floor-Tipp 42: O/N Orders

Insbesondere im Bereich der SL-Orders haben wir viele schlechte Erfahrungen gemacht. Es kam vor, dass wir genau am Low oder genau am High mit unserer SL-Order ausgeführt wurden. Das ist natürlich sehr ärgerlich. Insbesondere dann, wenn der Kurs am Morgen genau da ist, wo Du ihn haben wolltest.

Du hast drei Möglichkeiten:

1. Position am Abend schließen und keine O/N-Order, dafür am nächsten Morgen ganz neu.
2. Das SL-Level so setzen, dass es an keinem »typischen« Chartpunkt liegt (wo alle Orders liegen), sondern noch einmal einen Puffer einbauen.
3. Wenn möglich und wo möglich mit einer O/N-Option arbeiten, welche die eigene Position absichert, aber nicht zur Ausübung kommt, wenn der Kurs wieder beim Vorabend-Niveau ist (oder besser).

Merke: SL-Orders werden ganz selten an dem Punkt ausgeführt, der als SL gewählt wurde.

Systems

Jetzt noch einmal Dein Tagebuch final aktualisieren und Dir Dein Tagesergebnis anschauen. Mit einem guten Gefühl, alles Technische und Methodische erledigt zu haben, die Systeme runterfahren.

Systems	Deal closed: TADonline ist final aktualisiert? Day-End: Alle noch offenen Systeme sind runtergefahren und geschlossen?	

Evaluation

Eine ausführliche Analyse am Tagesende hilft Dir auch bei Deinen Entscheidungen am nächsten Handelstag. Denke daran, es gibt immer etwas zu lernen. Und täglich gibt es unzählige Möglichkeiten, Dich zu verbessern.

Evaluation	Day-End: SWOT-Analyse. Was war gut, was war schlecht? Was sollte für den nächsten Tag beachtet werden? Wie sieht der Trading-Plan für den nächsten Tag aus?	

Die Idee reflektiert das weiter vorne schon einmal erwähnte japanische KAIZEN-Prinzip. Es bedeutet eine permanente und kontinuierliche Verbesserung Deines Selbst, Deiner Denkgewohnheiten, Deiner Fähigkeiten und Deines Verhaltens. Erst durch eine Analyse und den Abgleich zwischen Soll und Ist findest Du heraus, wo genau Du Dich verbessern kannst.

In der Tages-End-Betrachtung kannst Du auch eine kleine SWOT-Analyse verwenden:

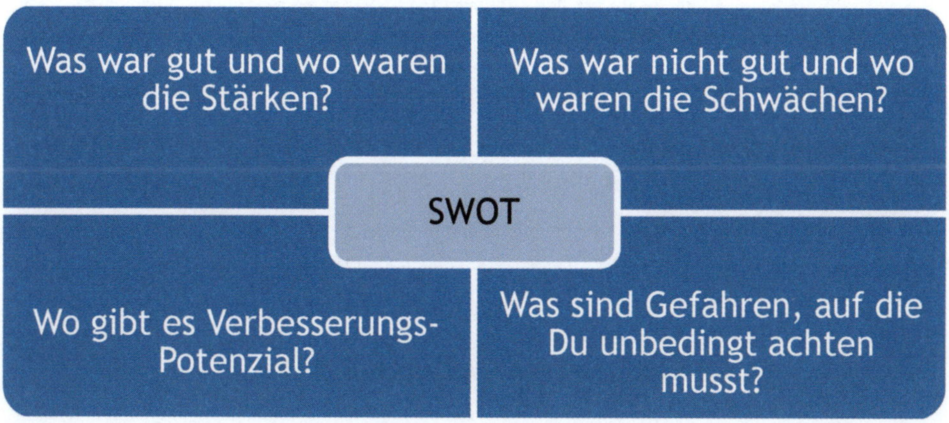

Dein Ziel sollte hier immer sein: »Die guten Erkenntnisse ins Kröpfchen (weil replizierbar), die schlechten Erkenntnisse ins Töpfchen (weil vermeidbar).«

	Beschreibung	**checked**
Cash	Deal closed: Trade erfasst? TADonline aktualisiert? Betragsgröße für nächsten Trade festgelegt? Day-End: Sind alle Trades verbucht? Wie sieht das Trading-Konto aus? Welches Ergebnis wurde heute erzielt?	
Live	Deal closed: Welche neuen Erkenntnisse gibt es aus diesem Trade? Gibt es Änderungen bei den Ratios oder der Risikogröße? Day-End: Welche offenen Positionen bleiben über Nacht bestehen? Worauf ist zu achten in Bezug auf die offenen Positionen (NEMO)? Gab es über den Tag schon auffällige Bewegungen, Volumina, Volatilität?	

	Beschreibung	checked
O/N Orders	Deal closed: Teilausführungen? Sind alle Orders in Bezug auf diesen Trade raus (geschlossen, storniert)? Orders, die im Markt bleiben, führen zu neuen und ungewollten Positionen. Day-End: Orders sind übermittelt und live? Gültigkeit überprüft?	
Systems	Deal closed: TADonline ist final aktualisiert? Day-End: Alle noch offenen Systeme sind runtergefahren und geschlossen?	
Evaluation	Day-End: SWOT-Analyse. Was war gut, was war schlecht? Was sollte für den nächsten Tag beachtet werden? Wie sieht der Trading-Plan für den nächsten Tag aus?	

***Gartman's Rules of Trading* #9: Trading runs in cycles, some good, most bad.**

In den guten Zeiten werden selbst »Irrtümer« zu guten Geschäften, in den schlechten Zeiten führt auch das beste Research zu einem Verlust.

Terminologie CHECKLISTE #5

Begriff	Bedeutung
Evaluation	Bedeutet sach- und fachgerechte Beurteilung und Bewertung.
Voluminas	Beschreibt das im Markt gehandelte Volumen, die Umsätze. Im Devisenbereich schwierig zu verifizieren, da es sich um einen OTC-Markt handelt. Im Aktienbereich berichten die Börsen permanent über die gehandelten Volumina.
Volatilität	Beschreibt die Schwankungsbreite des Marktes. Eine hohe Volatilität besagt, wie weit die Extremwerte (Highs & Lows) auseinanderliegen, wie oft der Kurs dazwischen »fliegt«, und könnte Hinweise darauf geben, wie viel Unsicherheit bezüglich der zukünftigen Kursentwicklung im Markt herrscht.
Teilausführungen	Bei großen Orders (Volumina) kann es in Abhängigkeit der Marktliquidität dazu kommen, dass nur Teile einer Order ausgeführt werden können. Dies passiert zum Beispiel in sehr illiquiden Währungen oder bei Aktien, die nur außerbörslich notiert und gehandelt werden.
SWOT-Analyse	Strenghts, Weaknesses, Opportunities und Threads. Ein Klassiker der Analyse, um zu verstehen: Wo sind die eigenen Stärken, die Schwächen, die Chancen und die Gefahren?
OTC-Markt	Over-The-Counter. Der Devisenmarkt ist weitestgehend unreguliert und wird ausschließlich von Angebot und Nachfrage bestimmt. Er findet an fünf Tagen die Woche, 24 Stunden rund um die Uhr statt.

Ziehung 18 der Farben *Trading-Colors-Game*

Trade	Einsatz	Gezogene Farbe	Veränderung	GuV	Aktuelles Kapital
1		Schwarz	+1 * KE		
2		Gelb	–5 * KE		
3		Beige	+2 * KE		
4		Grün	–2 * KE		
5		Beige	+2 * KE		
6		Rot	+3 * KE		
7		Grün	–2 * KE		
8		Gelb	–5 * KE		
9		Schwarz	+1 * KE		
10		Beige	+2 * KE		
11		Schwarz	+1 * KE		
12		Beige	+2 * KE		
13		Gelb	–5 * KE		
14		Beige	+2 * KE		
15		Grün	–2 * KE		
16		Schwarz	+1 * KE		
17		Rot	+3 * KE		
18		Gelb	–5 * KE		
19					
20					

Notizen

V

TRADING-STRATEGIEN

Märkte sind unvorhersehbar, nicht prognostizierbar. Die Preise an den Märkten entstehen durch Angebot und Nachfrage. Was allerdings Angebot und Nachfrage beeinflusst, ist in der Regel eine Art emotionaler Dynamik der teilnehmenden Akteure. Es geht um deren Haltungen, Erwartungen und das, woran sie glauben.

Grundlagen

Bevor Du über eine Trading-Strategie nachdenkst, solltest Du Dir erst einmal im Klaren darüber sein, ob, was und wie viel Du davon verstehst, wo Du zukünftig Dein Geld verdienen oder vermehren möchtest.

Was weißt Du über Aktien, Aktienmärkte? Wie kennst Du Dich in verschiedenen Asset-Klassen aus? Natürlich musst Du nicht alles bis ins kleinste Detail wissen (manchmal ist zu viel Wissen auch hinderlich), aber ein paar grundlegende Markt-Prinzipien sollten Dir bewusst sein.

Wie willst Du am Markt agieren? Willst Du aktives Trading betreiben? Eventuell sogar Day-Trading? Swing-Trading? Oder bist Du mehr ein Anleger bzw. Investor? Bist Du sicherheitsorientiert oder doch eher ein Macher? Bist Du geduldig oder ungeduldig?

Welche technischen Mittel willst Du nutzen? Eine Online-Handelsplattform? Oder willst Du immer mit Deinem Broker/Banker telefonieren? Welche Informationssysteme willst Du nutzen und woher bekommst Du die?

In welchen Instrumenten willst Du agieren? Aktien? Renten? Immobilien? Währungen? Bonds? Indices? Commodities? Bitcoins? Optionen? Futures? Welche anderen Märkte haben welche Einflüsse auf *Deinen* Markt?

Erst wenn diese Punkte geklärt sind, kannst Du über Money-Management und Risiko-Management nachdenken. Und auch jetzt solltest Du nicht gleich »volle Pulle« loslegen, sondern erst einmal ein paar Testläufe machen.

! Trading-Floor-Tipp 43: Empfehlungen/Tipp-Sheets

Jeden Tag erhalten wir als interessierte Leser von verschiedenen Anbietern Empfehlungen, welche Aktien gerade besonders attraktiv sind. Die Wahrheit ist: Diese Empfehlungen sind häufig nicht ganz ehrlich.

In meiner unwissenden »Sturm & Drang«-Zeit erhielt ich häufiger Post von Brokern, die den Wert irgendwelcher namenlosen Goldminen-Aktien als **den Wert** schlechthin prognostiziert haben (Vielleicht erinnerst Du Dich ja auch an ein paar Szenen aus dem Film »The Wolf of Wall Street«). Noch heute wird das Internet dazu genutzt, solche »Pennystocks« in den Himmel zu heben. Tatsächlich pushen genau die blind kaufenden Anleger den Kurs extrem hoch. Der Empfehlungsgeber schickt dann nochmal eine Rundmail an alle Interessenten, dass man gerade mit dem Management gesprochen habe. Jetzt sei die Bestätigung da, dass die Börsenzulassung nur noch eine Frage der Zeit sei. Wer sich jetzt beeilt, bekommt die Aktien noch relativ günstig. In dieser nächsten Kaufphase stößt der Empfehlungsgeber schon wieder ab.

Wunder über Wunder, der Kurs dieser Aktie bröckelt wieder runter und ist am Ende weniger wert als vor der Hausse. Vom Broker hört man nichts mehr …

Merke: Traue nur der Analyse, die Du selbst gefälscht hast. Oder so ähnlich …

Chartmuster-Strategien

Eine Einordnung oder Qualifizierung geschweige denn Quantifizierung dieser »soften« Themen ist nahezu unmöglich und gleicht dem Blick in die Glaskugel. Von einzelnen Trading-Plattformen in Banken hört man Gerüchte, dass es bereits Algorithmen gibt, die erkennen, welcher Kunde »gefährlich« ist oder bei welchen Kunden normalerweise größere Kursbewegungen ausgelöst werden. Die meisten automatisierten Handelssysteme oder systematisch unterlegte Handelsstrategien konzentrieren sich allerdings auf quantitative Faktoren.

Dennoch sind es gerade die psychologischen Muster des Marktes, die man anhand bestimmter Chartformationen zu erkennen glaubt. Wir wollen hier anhand ein paar einfacher Beispiele versuchen, ein wenig »Licht« in diese Verhaltensmuster zu bringen und versuchen, daraus auch die eine oder andere Trading-Strategie zu entwickeln.

Trends

»*The trend is your friend*« – hat mein ehemaliger Chef einmal sehr tiefsinnig gesagt. Tatsächlich tendieren Trends dann auch dazu, länger zu laufen, als der Markt allgemein glaubt. Man könnte also über eine sogenannte Trendfolge-Strategie nachdenken.

Innerhalb solcher Trends gibt es Konsolidierungsphasen. Nur allzu häufig fehlinterpretiert als »Trendwende« sind es eher einmal Momente, in denen sich ein Trend »ausruht«. Solche Ruhephasen könnte man nutzen, um in den eigentlichen Trend einzusteigen.

Breakouts

Auch ein schöner Begriff, der nichts anderes beschreibt als den Ausbruch aus einem bestehenden Trend. Böse Zungen behaupten allerdings, dass die Mehrzahl der »Breakouts« **falsch** ist und diese nur dazu da sind, die Händler in eine Falle zu führen. Chartformationen, die hier sehr oft zu Rate gezogen werden, sind »Schulter-Kopf-Schulter-Formationen«. Alle einschlägigen Chartbücher geben Dir hier ausführliche Informationen.

Antizyklisch

Bedeutet, gegen einen Trend zu handeln. Eine von Warren Buffets beliebten Strategien. Dem steht entgegen: »*Never catch a falling knife.*« Andererseits heißt es auch sehr oft, dass auch ein Zug nicht plötzlich stoppt, sondern einen gewissen Bremsweg aufweist. Wo finden wir Anzeichen für eine Trendwende? Wenn der Kurs des Underlyings plötzlich eine hohe Volatilität aufweist, ist dies sehr oft ein guter Hinweis. Grundsätzlich ist es jedoch gefährlich, und Du solltest mit engen Stops oder kleineren Beträgen arbeiten.

Als Beispiel eine Strategie, die ich gerne auch als »Roulette« bezeichne und selbst sehr häufig einsetze. Ein Freund erzählte mir davon, dass es Casinobesucher gibt, die erst einmal sämtliche Roulette-Tische abklappern, um zu schauen, ob sich irgendwo eine Serie von vielen gleichen Farben hintereinander aufgebaut hat. Anschließend setzen sie auf die andere Farbe mit immer höheren Einsätzen.

Hier ein Beispiel für Dich. Mal angenommen, Du siehst, dass der Kurs Deines Underlyings sich schon eine geraume Zeit nur in eine Richtung bewegt (nehmen wir mal an nach unten). Du glaubst, dass es zu einer Gegenreaktion kommt und kaufst eine Einheit (der Betrag sollte erst einmal ein kleiner sein). Fällt der Kurs langsam weiter, kaufst Du am nächsten von Dir festgelegten Punkt zwei Einheiten und am übernächsten Punkt vier Einheiten. Jetzt solltest Du etwa zwei Drittel Deiner maximalen Position aufgebaut haben. Der Vorteil hier: Du hast einen niedrigen Schnittkurs und kannst bei einer schnellen Gegenbewegung sehr stark profitieren. Wichtig: Setze Dir einen maximalen SL knapp unterhalb Deiner letzten Kaufmarke!

Läuft der Kurs nach Deinem ersten Kauf gleich in die richtige Richtung, baue Deine Position sukzessive weiter auf, wie es Dein Plan vorsieht.

Es gibt noch viel mehr solcher Ideen und Chart-Muster, die Du Dir anschauen kannst, um Deine persönliche Strategie zu finden. Vielleicht werden wir auch irgendwann einmal unsere erfolgreichsten Trading-Strategien veröffentlichen, das Problem ist nur immer: Sobald wir glauben, jetzt läuft‘s, straft die Strategie uns wieder ab, und es passt doch nicht mehr. So ist das. Umso wichtiger ist eine regelmäßige Analyse mithilfe des Trading-Tagebuchs, um möglichst up to date zu bleiben.

Day-Trading-Strategien

Hier mal eine grundsätzliche Idee, wie Du Dir Deine Day-Trading-Strategie aufbauen kannst. Day-Trading bedeutet, dass Du Aktien oder Indices oder CFDs oder Währungen am gleichen Tag kaufst und wieder verkaufst. Dabei nutzen Day-Trader eher mal größere Beträge, mit denen sie auf kürzere und kleinere Kursbewegungen spekulieren. Wichtig ist hierbei die hohe Verfügbarkeit des »Underlyings«, sprich gute Liquidität, und das Ganze am besten kombiniert mit einer entsprechend hohen Volatilität.

Die Faustregel sagt hier:

- Je höher die Liquidität, desto geringer der Spread zwischen Geld- und Briefkurs.
- Je höher die Volatilität, desto höher die Chance auf Gewinne und Verluste.

Hast Du Dir die richtige Asset-Klasse rausgesucht, geht es jetzt darum, die richtigen Einstiegspunkte zu finden.

Klassische Einstiegspunkte ergeben sich immer dann, wenn der Markt eine bestimmte Konstellation an Bedingungen aufweist, die auf einen solchen Einstiegspunkt hinweisen. Auch hier haben wir ein paar Faustregeln, die gute Hinweise geben:

- Mit dem Trend zu handeln beinhaltet gute Einstiegschancen und gutes Gewinnpotenzial, wenn der Trend hält. Gefahr und Chance liegen bei Trend-Korrekturen. Trendlinien helfen Dir, den Überblick zu behalten.

- In einem Aufwärtstrend eher starke Aktien long gehen, in einem Abwärtstrend eher mal schwächere Aktien short gehen. Steigt ein Haupt-Index, steigen auch seine Aktien stärker, fallen aber etwas schwächer, wenn der Index wieder »bröckelt«. Schwächere Aktien fallen dagegen schneller, wenn es abwärtsgeht.

- Geduld haben und auf den richtigen Moment warten können. Hast Du einen stabilen Intraday-Aufwärtstrend, kaufst Du in Korrekturphasen nahe der Unterstützungslinie. Short gehst Du nahe der Widerstandslinie.

- Gewinne realisieren (statt »Halskrankheit«). Das ist hier auch immer wieder Thema. Wo ist der richtige Zeitpunkt? Ein alter Hase hat mir vor vielen Jahren mal einen richtig guten Tipp gegeben. Gewinne auf eine Long-Position mitnehmen, wenn das letzte High im Aufwärtstrend knapp überschritten wurde. Gewinne auf eine Short-Position mitnehmen, wenn das letzte Low im Abwärtstrend knapp unterschritten wurde. Oder, wie weiter vorn schon einmal erwähnt, mit Trailing Stops arbeiten.

- Finger weg in engen und ruhigen Seitwärtsmärkten. Gibt es ein wenig mehr Volatilität, kannst Du über eine Range-Trading-Strategie nachdenken.

Mithilfe Deiner Checklisten, hier insbesondere der MOMA- und NEMO-Checklisten kannst Du die oben genannten Strategien noch einmal mit Leben füllen.

Jetzt geht es in die praktische Umsetzung, doch welche Hilfsmittel stehen Dir dafür zur Verfügung?

1. Technische Analyse-Charts. Hier sind besonders Candlestick-Charts auf einer Intraday Basis hilfreich. Es gibt einige typische »Muster«, die gute Hinweise auch für ein entsprechendes Timing geben:
   a. sogenannte »Engulfings« oder »Dojis«
   b. natürlich Trendlinien und »Triangles«
   c. der Blick auf das Volumen in Verbindung mit »Dojis« (Ein Klassiker ist hier das typische »Doji-Reversal-Muster«).

   d. Bollinger Bands (2-fache Standardabweichung um den 21-Tage-Durchschnittskurs) und die darauf basierenden recht einfachen Strategien (Einstieg/Ausstieg, SL und TP, Volatilitätsprognosen) sind bei Profis beliebt.

2. Fundamentale Analyse – Echtzeit-Informationen. Die meisten Handelsplattformen bieten so einen News-Service automatisch mit an. Du kannst Dir hier sogar explizit raussuchen, welche News Du sehen und lesen willst.

Im nächsten Schritt definierst Du Dein Trading-Ziel. Auch hier gibt es verschiedene Ansätze, die Du alle ausprobieren kannst bzw. die auch abhängig sind von der Asset-Klasse, in der Du handelst.

- **Scalping.** Wie der Name schon sagt, »skalpierst« Du Deinen Profit in dem Moment, da er entsteht. Du setzt also auf kurze schnelle Bewegungen in Asset-Klassen mit hoher Volatilität (Bsp. FX).

- **Fading.** Du verkaufst nach einem sehr plötzlichen und starken Anstieg Deines Underlyings. Die Strategie basiert auf verschiedenen Annahmen:
  a. Der Markt ist nach dem rasanten Anstieg »überkauft«.
  b. Die ersten Käufer beginnen schon wieder Gewinne mitzunehmen.
  c. Andere Käufer halten sich aus Angst vor Überhitzung zurück.
  Obgleich eine sehr gefährliche Strategie, kann sie auch sehr erfolgreich sein.

- **Range Trading.** Du versuchst hier wirklich mit der Volatilität zu »schwingen«. Du kaufst nahe dem Low und verkaufst wieder nahe dem High. Hier kommt insbesondere die Kombination aus Volumen, Engulfings und Dojis zum Tragen.

- **Momentum.** Diese Strategie wendest Du an, wenn Du einen starken Trend hast, der auch mit entsprechenden Volumina unterstützt wird. Auch bei Veröffentlichungen von News, die nachhaltig sind, kann ein bestimmter Trend ausgelöst oder bestätigt werden.

Auch hier gilt: Sind diese Punkte klar, beginnst Du mit Deinen Checklisten. Day-Trading bedeutet, dass Du mit einer relativ hohen Frequenz handelst, also viele Geschäfte machst. Erwarte hier nicht die großen, prozentual zweistelligen Gewinne.

Ich hatte einen Kollegen bei den Amerikanern, dessen Hauptwährung der Schweizer Franken war. Er handelte den Franken gegen alle anderen Währungen, hauptsächlich gegen den US-Dollar, das Britische Pfund, den Japanischen Yen und natürlich die D-Mark. Er hatte eine Handelsplattform, zwei Broker und einen Taschenrechner. Er beobachtete die Kurse auf der Handelsplattform, hörte den Brokern zu, welche Kurse sie hatten, und kalkulierte auf seinem einfachen Taschenrechner permanent, wie sich die Kurse untereinander verhielten. Sobald er eine Chance auf Arbitrage witterte, schlug er zu.

Er handelte relativ kleine Tranchen (1 bis 3 Mio. USD/CHF), aber in einer Geschwindigkeit und Präzision, die ihm den Beinamen »*Sniper*« einbrachte. Er schnippelte sich buchstäblich jeden Pip aus den Trades und war damit überaus erfolgreich. Er hatte die höchsten Umsätze am Tisch, obwohl er nur kleine Beträge handelte.

Am meisten fasziniert hat mich die Tatsache, wie jemand acht bis zehn Stunden so konzentriert und fokussiert bleiben kann. Für ihn war es eine Art »Flow«, in dem er sich befand. Nicht denken, nur rechnen und agieren.

Day-Trading ist anstrengend, und es braucht ein wenig Erfahrung, bis Du ein »Meister« bist. Allerdings sind die Techniken und Praktiken, kombiniert mit unseren Checklisten eine sehr gute Grundlage, erfolgreich zu traden.

Event-Trading (Beispiel FX)

Viele professionelle FX-Trader handeln auf wichtige Daten, die immer wieder an bestimmten Tagen und zu bestimmten Uhrzeiten veröffentlicht werden. GDP, Arbeitslosenzahlen und/oder »Non-Farm-Payrolls« aus den USA sorgen erfahrungsgemäß immer mal wieder für heftige Kursausschläge. Doch nach etwa 15 Minuten befindet sich der Kurs häufig wieder auf seinem »alten« Niveau.

⇨ Eine Trading-Strategie könnte also auf genau solche Bewegungen (Event-Trading) ausgelegt sein.

Überlege Dir genau, mit welchen Produkten Du am FX-Markt traden möchtest. Banknoten, FX-Optionen (Vanilla/Barrier/Exotics) oder börsengehandelte Produkte wie Futures und standardisierte FX-Optionen.

Welche Währungspaare willst Du handeln? EUR/USD oder USD/HUF oder TRY/RNB? Je »bekannter« das Währungspaar, desto enger der Spread (in normalen Märkten).

Sogenannte Exoten oder auch »Emerging Market Currencies« zeigen häufig attraktive Kursbewegungen, sind allerdings auch sehr illiquide und haben »Monster-Spreads«.

Was den Devisenhandel so interessant macht, sind keinerlei Transaktionskosten (außer der Geld-Brief-Spanne) und eine Vielzahl von Handelsplattformen, die den Handel mit echtem Buchgeld (Devisen) und Hebeln von 100 bis 200 anbieten. Das bedeutet, schon mit einer geringen Einlage kannst Du mit echtem Geld handeln.

Weitere in Kurzform

- »Buy & Hold« ist der Klassiker, aber mehr für Investoren gedacht.
- »Short-Selling« geht nur in den Märkten, wo Du auch tatsächlich »short« gehen kannst (z.B. FX).
- »Leverage-Trading« heißt, dass Du mit einem Vielfachen Deines Kapitals handeln kannst (sehr hohes Risiko!).

Aufbau einer Trading-Strategie

Du kannst es Dir in Sachen Trading natürlich auch leichter machen und einfach anderen Tradern »folgen«. Mit den sozialen Netzwerken und neuen Medien ist dies ein Leichtes. Das Problem ist hier, wenn Du »blind« folgst, gibst Du die Verantwortung für Dein Geld wieder in andere Hände. Dann kannst Du Dir auch gleich einen Finanzberater suchen, der das alles für Dich übernimmt.

Spannend wird es doch erst wirklich, wenn Du Dich mit den wichtigsten Grundlagen selbst versorgst und selbst aktiv wirst, Dir Deine eigene Strategie aufbaust.

Welche Strategie es wird, musst Du am Ende selbst entscheiden. Wichtig, Du sollst Dich damit auch wohl fühlen. Wir geben Dir hier noch ein wenig Handwerkszeug, wie Du Deine eigene Trading-Strategie aufbaust. Aus unserer Erfahrung hat sich folgender Ablauf zum Aufbau einer Trading-Strategie bewährt:

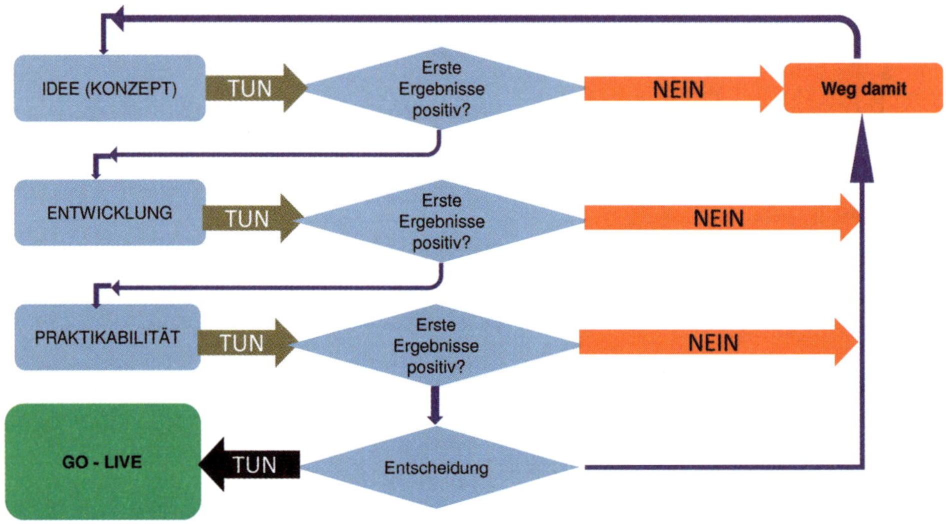

Aufbau einer Trading-Strategie

Es beginnt mit einer Idee

Woher die Idee für einen Trade oder eine Trading-Strategie kommt, spielt im ersten Moment keine Rolle. Du hörst z.B. etwas von einem Bekannten, liest einen interessanten Bericht in der Zeitung oder hörst etwas in den Nachrichten. Das Zusammentreffen verschiedener Informationen führt zu einer Entscheidung auf Deiner Seite. »Ich werde etwas tun!«

Jetzt beginnst Du Deine Routine und überlegst Dir Deine Strategie, was Du erreichen willst. Du entwickelst Deinen Trading-Plan, der alles beinhaltet: Einstieg und Ausstieg, SL und TP und auch einen zeitlichen Horizont für Deine Position.

Paper-Trading-Strategie

WICHTIG: Bevor Du live handelst, testest Du Deine Ideen zunächst einmal mit ein paar »Paper Trades« und schaust, ob und wie Deine Strategie funktioniert:

Schritt 1: Entwicklung einer Trading-Idee/eines Trading-Konzepts

Du beobachtest den Markt und die momentanen Bedingungen. Du forschst beispielsweise nach typischen »Chart-Formationen« (Widerstände und/oder Unterstützungslinien), die Dir wichtige Hinweise geben können. Du »platzierst« einen ersten Trade, um zu schauen, ob Deine Idee in der Realität funktionieren könnte. Danach gehst Du Schritt für Schritt weiter:

Schritt 2: Vertiefung und Komprimierung, erste Tests

Nach der ersten Analyse und den ersten Tests wirst Du wahrscheinlich ein paar Stellschrauben verändern müssen. Levels optimieren, Chart-Parameter optimieren und anpassen etc.

Schritt 3: Evaluation der Praktikabilität der Trading-Idee

Du testest weiter mit einem ersten sehr kleinen Betrag, der Dir nicht weh tut, der Dich aber »spüren« lässt, ob Deine Strategie sich gut anfühlt. Dieses Gefühl ist ein wichtiger Parameter, denn es sorgt dafür, ob Du entspannt bist oder ins »Grübeln« kommst.

Schritt 4: Entscheidung zum Live-Trading

Bei aller Euphorie, **bleibe auch hier diszipliniert.** Wo eröffnest Du Deine Position und mit welchem Betrag? Wo gehst Du wieder raus? Wo ist Dein SL, wo Dein TP? Welchen Zeithorizont hast Du für Dich festgelegt? Auch hier zeigt die Erfahrung, je länger eine Position »zwanghaft« gehalten wird, desto höher ist die Wahrscheinlichkeit, dass beim Paper-Trading »gemogelt« wird.

Halte Dich an Deinen Trading-Plan. Er hilft Dir, Dich an Deine eigenen Regeln zu halten! Zur Erinnerung gibt es ja auch eine »Checkliste«, die Du während einer offenen Position immer mal wieder abarbeiten kannst:

RELAX	Beschreibung	check
Routine	Und wieder die Routine. Sind die SL noch gültig? Läuft die SL-Order noch? Hat der Preis noch seine Gültigkeit? Stimmt die Betragsgröße der Order noch (bei Teilausführungen)?	
Expectation	Läuft der Markt noch wie erwartet? Wenn Ja – alles gut. Wenn Nein ⇨ Beeinflusst diese Situation meine Trading-Idee/-Strategie? Wenn Nein ⇨ nichts tun. Wenn Ja ⇨ eine Aktion überlegen, die auf meiner Strategie basiert.	
Lifetime	Zeitliche Ausrichtung, entwickelt sich mein Trade innerhalb der von mir erwarteten Zeitspanne (insbesondere bei kurzfristig ausgerichteten Trades)? Wenn nicht – raus aus der Position? SL versetzen? Neue Strategie?	
Attentive	Achtsam sein. Wenn also alles o.k. ist, bin ich wirklich entspannt mit der Position?	
EXit	Ist das Ziel oder der SL erreicht? Ziel erreicht, SL nachziehen? Gewinn mitnehmen (Vorsicht vor der »Halskrankheit«)? Position geschlossen?	

Erst jetzt platzierst Du Deine ersten richtigen Orders im Markt, es kann losgehen.

Fazit

Eine Strategie zu entwickeln kann schon ein wenig Zeit kosten. Der entscheidende Punkt ist auch hier, dass keine Strategie für ewig währt. Marktbedingungen ändern sich permanent, von daher solltest Du auch nicht so blauäugig sein und glauben, dass Deine Strategie auch für ewig hält.

Wirf in Deinem Trading-Tagebuch immer mal wieder einen Blick auf die letzten zehn Trades. Dort siehst Du, wie erfolgreich Du tatsächlich bist. Es interessiert Dein Konto weniger, ob Du im letzten Monat sehr erfolgreich warst, es zählt gerade im Handel immer nur das Jetzt. Und natürlich haben wir auch hier einen »schlauen« Spruch: »*You are only as good as your last trade …*«

Trading-Floor-Tipp 44:

Auch wir lesen immer mal wieder etwas über »Systeme« und »Trading-Strategien« und denken, es muss etwas Komplexes oder Kompliziertes sein, das programmiert werden muss. Das ist aber nicht der Fall.

Einen guten Hinweis, wie institutionelle Investoren und Hedgefonds-Manager noch agieren und investieren, bekommen wir, wenn wir ihnen zuhören. Beim US-Fernsehsender CNBC z.B. werden ständig ganz unterschiedliche professionelle Trader interviewt und nach ihren Strategien gefragt. Und siehe da, ihr Motto: »***Keep it simple!***«

Sie zeigen dann ganz einfache Charts von ihren bevorzugten Werten und man sieht höchstens eine oder zwei Trendlinien, die Unterstützung oder Widerstand anzeigen, und ganz selten noch ein bis zwei Moving Averages. Ihre Aussage ist dann so was wie: »Ich mag die Aktie um die 50 Bucks, nahe der Unterstützungslinie und der Trend zeigt klar nach oben.« Wir haben noch nie gehört, dass sie über Fibonacci Levels, RSI, MACD-Indikatoren gesprochen haben oder darüber, welche Kerzen gerade am Chart zu sehen sind.

Denke daran, je mehr Indikatoren Du auf Deinen Chart packst, desto mehr hast Du auch zu interpretieren. Als Intraday-Trader wirst Du niemals in der Lage sein, Dir damit so schnell eine Meinung zu bilden, wie der Markt sich bewegt. Weniger ist mehr.

Ziehung 19 der Farben *Trading-Colors-Game*

Trade	Einsatz	Gezogene Farbe	Veränderung	GuV	Aktuelles Kapital
1		Schwarz	+1 * KE		
2		Gelb	–5 * KE		
3		Beige	+2 * KE		
4		Grün	–2 * KE		
5		Beige	+2 * KE		
6		Rot	+3 * KE		
7		Grün	–2 * KE		
8		Gelb	–5 * KE		
9		Schwarz	+1 * KE		
10		Beige	+2 * KE		
11		Schwarz	+1 * KE		
12		Beige	+2 * KE		
13		Gelb	–5 * KE		
14		Beige	+2 * KE		
15		Grün	–2 * KE		
16		Schwarz	+1 * KE		
17		Rot	+3 * KE		
18		Gelb	–5 * KE		
19		Beige	+2 * KE		
20					

Der Trading-Plan

Hier findest Du noch einmal eine Zusammenfassung aller Punkte, die Du bei Deiner Planung in Betracht ziehen solltest:

Trader-Typ

Trader handeln immer auch ein wenig sich selbst. Ihren Charakter, Ihre speziellen Eigenschaften, Ihre Vorlieben. Trading ist immer auch eine Form der Selbsterfahrung und hilft dabei, sich selbst zu reflektieren. Das Motto hier: »*Erst in schlechten Zeiten lernst Du Deinen wahren Charakter kennen.*«

⇨ *Mach Dir noch einmal bewusst, welches Verhalten für Dich typisch ist und ob es Dir in Deinem Trading-Alltag eher hilft oder Dich hindert.*

Trading-Psychologie

Auch wenn es schwer ist. Trading bedeutet, rationale Entscheidungen statt emotionaler Entscheidungen zu treffen. Wir sprechen hier nicht von intuitiven Entscheidungen, die aus einem klaren und ruhigen Verstand resultieren, sondern emotional (Angst, Übermut, Stress) getriebenen Entscheidungen. Struktur, Analyse und Planung ersetzen das kreative Chaos.

⇨ *Denke an die **STOP-STRATEGIE.** Unterbrich Dein Kopfkino. Gib Deinen beiden Gehirnhälften die Chance, auf der optimalen Frequenz miteinander zu arbeiten. Bleibe cool und relaxed.*

Trading-Analyse

Die Profis sprechen hier von einer Fundamental-Analyse von echten Wirtschaftsdaten oder Unternehmenszahlen. Oder der Chartanalyse mit unendlich vielen Parametern, die Du in Betracht ziehen kannst, um Dein Timing zu verbessern. Trends, Widerstände, Unterstützungen, Ausbruch und Fehlsignale spielen bei dieser Form der Analyse eine wichtige Rolle. Wichtig daher, weil sehr viele sich auf diese Punkte verlassen und es somit oft zu sich selbst erfüllenden Prophezeiungen kommt.

⇨ ***Checklisten** helfen Dir dabei, eine Routine zu entwickeln, die Dich in dieser Vielfalt an Informationen klar und fokussiert bleiben lässt.*

Trading-Ziele

Trader sind am erfolgreichsten, wenn sie aufhören, die Dinge zu tun, die sie gar nicht können … Es gewinnt derjenige, der es versteht, seine Fehler zu minimieren und aus diesen zu lernen. Trading-Ziele sollten sich nicht an festen Beträgen orientieren, sondern an den Schlüsselindikatoren. An der Disziplin und der Fähigkeit, diese einzuhalten.

⇨ *Überlege Dir genau, **wohin** Du willst und **warum** Du das willst. Je stärker der Sinn Deines Ziels, desto größer ist die Anziehungskraft.*

Trading-Fehler

Haben in der Regel immer mit Dir selbst zu tun. Du hast vergessen, den Akku Deines Laptops aufzuladen. Du hast Deine Hausaufgaben nicht genügend erledigt. Du hast keine Lehren aus dem gestrigen Handelstag gezogen. Du hast nicht geschaut, welche Daten heute veröffentlicht werden. Du hast undiszipliniert Deine KPIs ignoriert und wolltest schlauer sein als der Markt. Du warst unbeherrscht und undiszipliniert. Also suche nicht den Fehler da draußen …

⇨ *Jeder Fehler beinhaltet die **Chance,** besser zu werden. Entdecke und analysiere Deine Fehler. Lerne daraus und mach **neue Fehler** …*

Trading-Disziplin

Ein Trading-Tagebuch ist überlebenswichtig, um Dein persönliches Trading-Verhalten überprüfen zu können. Um Deine Strategien nachvollziehen zu können. Um ein sinnvolles Money- und Risiko-Management betreiben zu können. Um Dich an Deine eigenen von Dir aufgestellten Regeln und Konzepte halten zu können.

⇨ *Jack Schwager: »Die erste Eigenschaft erfolgreicher Trader ist die Selbstdisziplin …«*

Trading-Ergebnisse

Die Tatsache, dass Du in Deiner Planung über alle Eventualitäten nachdenkst, nimmt Dir am Ende auch die Furcht oder Angst vor Verlusten. Es macht einen Verlust deswegen nicht schöner, aber das Bewusstsein zu haben, dass es zu Verlusten kommen kann, lässt Dich umsichtiger und rationaler planen. Passiert dann wirklich »etwas«, hast Du eine ganz andere Haltung dazu, denn Du hast es in Deine Planungen mit einbezogen.

⇨ *Dein Plan ist aufgegangen!* John hat mir vor Jahren bei YouTube mal einen kleinen Trailer gezeigt. Darin ging es um einen alten Mexikaner, der in den USA schon seit über 20 Jahren kleine private (und illegale) Poker-Runden veranstaltet. Er hat die gleichen Erfahrungen gemacht mit den besten Poker-Spielern, wie wir mit den besten Tradern.

»Diejenigen, die einen Plan haben, sind noch dabei ...!«

Ziehung 20 der Farben *Trading-Colors-Game*

Trade	Einsatz	Gezogene Farbe	Veränderung	GuV	Aktuelles Kapital
1		Schwarz	+1 * KE		
2		Gelb	–5 * KE		
3		Beige	+2 * KE		
4		Grün	–2 * KE		
5		Beige	+2 * KE		
6		Rot	+3 * KE		
7		Grün	–2 * KE		
8		Gelb	–5 * KE		
9		Schwarz	+1 * KE		
10		Beige	+2 * KE		
11		Schwarz	+1 * KE		
12		Beige	+2 * KE		
13		Gelb	–5 * KE		
14		Beige	+2 * KE		
15		Grün	–2 * KE		
16		Schwarz	+1 * KE		
17		Rot	+3 * KE		
18		Gelb	–5 * KE		
19		Beige	+2 * KE		
20		Beige	+2 * KE		

Notizen

Notizen

VI

TRADING-KRISENMANAGEMENT

Checkliste Nr. 6 – Krisenmanagement: FORDEC

Trotz aller Vorsicht und Vorbereitung und vieler Checklisten besteht die Möglichkeit, dass es doch zu einem unvorhergesehenen Ereignis kommt. Blickt man in die Vergangenheit zurück, gab es einige dieser Ereignisse. Eines der beeindruckendsten und wohl auch fürchterlichsten war der 11. September 2001. Aber auch Ereignisse, die weniger tragisch sind, bewegen die Märkte, wie beispielsweise unvorhergesehene Entscheidungen von Zentralbanken (SNB), so nicht erwartete Wahlausgänge oder Ähnliches.

> **Trading-Floor-Tipp 45: *Gartman's Rules of Trading* #16: There is never one cockroach.**
>
> Schlechte Nachrichten erzeugen schlechte Nachrichten, was wiederum noch schlechtere Nachrichten erzeugt.

Wirklich vorbereiten kann man sich auf solche Ereignisse nicht, dennoch gibt es verschiedene Möglichkeiten zu reagieren. Aus der Fliegerei kennen wir ein System zum Krisenmanagement, welches wir auch sehr gerne für das Trading empfehlen.

Jeder Pilot bekommt sozusagen mit der Nahrung das **FORDEC**-Krisenmanagement-System verabreicht. Sinn und Zweck eines solchen Systems ist es, in kritischen Situationen aufgrund von erlernten Abläufen die Kontrolle zu behalten. Wir kommen wieder zum Punkt mentale Stärke und der Fähigkeit, im entscheidenden Moment Automatismen abrufen zu können.

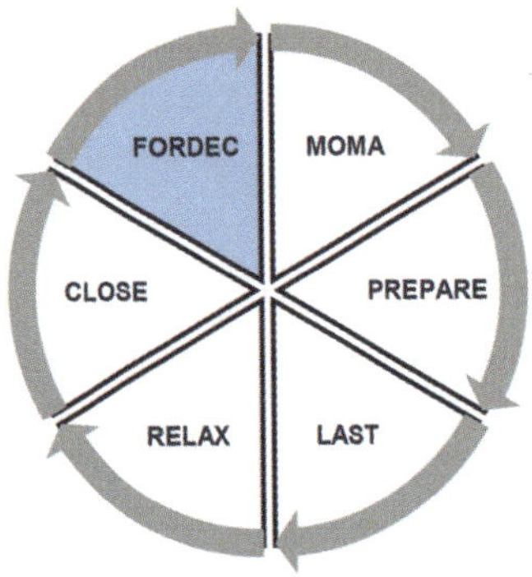

FORDEC

1. Facts
2. Options
3. Risks
4. Decision
5. Execution
6. Check

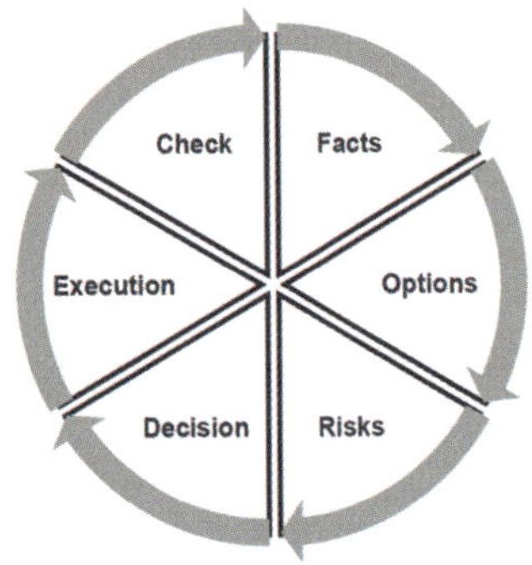

Blitzschnell müssen Entscheidungen getroffen werden, die in der Fliegerei über Menschenleben entscheiden. Im Trading ist es nicht ganz so dramatisch, auch wenn es der eine oder andere manchmal so empfindet.

Es ist die sechste Checkliste in unserem Konzept und wird von uns selbst häufig angewendet, auch wenn das Ereignis mal keine wirkliche Krise auslöst. Es hilft einfach dabei, einen klaren Kopf zu bewahren, bevor Du eine Entscheidung triffst, die Du vielleicht hinterher bereust.

	Beschreibung	**checked**
Facts	Was sind die Fakten? Was passiert hier gerade? Welche Gefahren bestehen?	
Options	Welche Möglichkeiten stehen mir zur Verfügung?	
Risks	Welche Risiken sind mit diesen Möglichkeiten verbunden? Welche birgt das niedrigste Risiko?	
Decision	Eine Entscheidung muss getroffen werden.	
Execution	Handlung	
Check	Überprüfen der Handlung. Was kann/muss geändert werden?	

Facts

Das Krisenmanagement-System FORDEC analysiert im ersten Schritt die Fakten. Welche Fakten liegen auf der Hand? Sind offensichtlich? Was sehe ich? Was höre ich? Wie geht es mir damit?

Facts	Was sind die Fakten? Was passiert hier gerade? Welche Gefahren bestehen?	

Die Frage »Was sehe ich?« ist wichtig, denn oft wird sie verwechselt mit der Frage »Was erwarte ich zu sehen?« Diese Form der Rationalität führt zu ganz anderen Überlegungen und final auch Entscheidungen als das Prinzip Hoffnung!

Options

Welche Möglichkeiten stehen mir aufgrund dieser Fakten zur Verfügung? Du wirst damit in die Lage versetzt, nach allen Möglichkeiten zu suchen, die Dir einfallen. Einfacher wird es, wenn Du Dir an diesem Punkt noch die Frage stellst, was Dein Ziel ist. Denn mit einem Ziel im Hinterkopf findest Du wahrscheinlich ganz andere Möglichkeiten als ohne die Klarheit eines bestimmten Ziels.

Options	Welche Möglichkeiten stehen mir zur Verfügung?	

Versuche, nicht gleich der erstbesten Möglichkeit eine Wertung zu geben, sondern sammle erst einmal, was Dir an Ideen einfällt. Erst im zweiten Schritt geht es darum, die Machbarkeit zu analysieren. Natürlich sind im Trading die Möglichkeiten begrenzt. Was aber auch gut ist, dann triffst Du schneller eine Entscheidung.

Risks

Das bedeutet, die mit diesen Möglichkeiten verbundenen Risiken zu eruieren. Hier beginnst Du, zu werten und eine Art Hierarchie der bestehenden Möglichkeiten zu schaffen. Diese Hierarchie wiederum ist abhängig von dem Ziel, das Du erreichen möchtest.

Risks	Welche Risiken sind mit diesen Möglichkeiten verbunden? Welches birgt das niedrigste Risiko?	

Versuche, hier in dem Punkt auch sachlich und rational zu bleiben, ohne die Risiken zu dramatisieren. Nachdenken, aufschreiben, werten.

Decision

Erst jetzt triffst Du eine Entscheidung, die Du für die beste erachtest. Denke daran, gerade in Krisenzeiten ist jede Entscheidung besser als gar keine Entscheidung!

Decision	Eine Entscheidung muss getroffen werden.	

Du wirst natürlich nicht wissen, ob Deine Entscheidung die richtige sein wird. Das findest Du erst heraus, wenn Du danach handelst.

Execution

Da im Trading nicht Dein Leben davon abhängt, wie Du entschieden hast (hoffentlich, ansonsten solltest Du noch einmal Deine Strategien überprüfen), kannst Du anhand der Wirkung bzw. des Ergebnisses unmittelbar überprüfen, ob Deine Handlung das gewünschte Ergebnis gebracht hat oder auch nicht.

Execution	Handlung	

Und auch hier, selbst bei einem Misserfolg, wird ein Haken gesetzt und die nächste der Möglichkeiten herangezogen.

Check

Oder die vorhergehende Version aufgrund der Erkenntnisse adjustiert. Auf jeden Fall hast Du jetzt auch noch einmal die Chance, etwas zu ändern.

Check	Überprüfen der Handlung. Was kann/muss geändert werden?	

Leider wird das Überprüfen der Ergebnisse häufig nicht *so* ernst genommen. Das ist schade, steckt doch in jedem »Feedback«, welches Du bekommst, eine Chance zur Verbesserung. Möglicherweise sogar eine Chance, weiter zu »*wachsen*«. Persönlich oder auch finanziell.

	Beschreibung	**checked**
Facts	Was sind die Fakten? Was passiert hier gerade? Welche Gefahren bestehen?	
Options	Welche Möglichkeiten stehen mir zur Verfügung?	
Risks	Welche Risiken sind mit diesen Möglichkeiten verbunden? Welche birgt das niedrigste Risiko?	
Decision	Eine Entscheidung muss getroffen werden.	
Execution	Handlung	
Check	Überprüfen der Handlung. Was kann/muss geändert werden?	

Wir haben in unserem institutionellen Kundenkreis (Handelsabteilungen von Banken) mal gefragt, wie sie den Januar 2015 und die Nachrichten der SNB überlebt haben. P&L-mäßig war es für die meisten Marktteilnehmer ein Desaster, da niemand damit rechnete, dass die SNB diese Meldung herausgeben würde.

Einer unserer Kunden vollzog aber genau die oben erwähnte Krisenmanagement-Strategie und konnte aus einem Desaster ein »Für diese Verhältnisse o.k.«-Ergebnis an diesem Tag erzielen. Witzig war, dass es ihm in dem Moment, da er agierte, gar nicht so bewusst war.

! Trading-Floor-Tipp 46: Achtsam, bewusst, demütig.

Über die letzten Kapitel haben wir jetzt versucht, unser Wissen, das wir uns in über 25 Jahren an und mit den Finanzmärkten angeeignet haben, so zu verpacken, dass es verständlich, aber vor allem praktikabel ist.

Unsere Ziele waren diese:

Am Ende dieser Ausführung wirst Du in der Lage sein:

	Erledigt:
Dein eigenes Trading-Verhalten noch besser zu verstehen. Vor allem Fallen und Fehler zu erkennen und zu eliminieren, die typisch sind für Dein Persönlichkeits-Profil.	
Dieses Verhalten bei Bedarf und entsprechender Marktsituation noch besser anzupassen bzw. zu optimieren, und damit erfolgreicher sein.	
Deinen Trading-Stil an *Dein* persönliches Risiko- und Money-Management anzupassen.	
Mit Unterstützung von Checklisten ziel- und lösungsorientiert und damit (noch) professioneller zu ***agieren***.	
Mithilfe Deiner persönlich entwickelten Handelsstrategien in den bevorzugten Märkten (noch) professioneller zu agieren.	
Mithilfe eines Trading-Tagebuches den Überblick sowohl über die eigenen Aktivitäten als auch das individuelle Trading-Verhalten zu haben und vor allem zu behalten.	

Trading soll Spaß machen, und es macht dann Spaß, wenn Du Geld verdienst. Das bedeutet aber auch, dass Du nicht jeden Tag Spaß haben wirst, denn Trading bedeutet auch, dass Du Geld verlieren wirst.

Mithilfe dieses Buches, dem Wissen und der Anwendung dieses Wissens wirst Du erleben, was es wirklich bedeutet, erfolgreich zu sein. Und mit erfolgreich meinen wir,

- dass Du **weniger verlierst,** wenn Du verlieren solltest
- dass Du **mehr verdienst,** wenn Du gewinnen solltest.

Vorausgesetzt, Du hältst Dich an die in diesem Buch beschriebenen »Regeln« zu den Themen Disziplin, Money-Management und Risiko-Management, wirst Du merken, wie sich die Qualität Deines Trading-Verhaltens deutlich verbessert.

Wichtig: Wir **garantieren** Dir keine Gewinne, das wäre unseriös und entspricht auch nicht unseren moralischen und ethischen Grundsätzen. Wir garantieren Dir deutlich mehr Spaß am Trading und ein gesundes Verhältnis zu Deinen eigenen Trading-Aktivitäten. Warum? Weil wir es selbst erlebt haben. In diesem Sinne …

Have fun and be disciplined …

Notizen

VII

CHECKLISTEN IM ÜBERBLICK

Checkliste Nr. 1 – Die PRE TRADE Checklist: MOMA

Zustand	**Beschreibung**	**checked**
Optimaler Zustand	Wie fühle ich mich? Aggressiv = Erst klären und Aggression abklingen lassen Destruktiv = Lustlos? Woran liegt das? Was kann ich tun, dass …? Defensiv = sorgfältige Vorbereitung ist wichtig wegen Sicherheit Offensiv = Vorsicht vor Überheblichkeit ⇨ zu hohes Risiko Konstruktiv = Go ahead	
Physische Fitness	Wie geht es mir heute körperlich? Müde, krank, hungrig, durstig? Ist für das leibliche Wohl gesorgt? Toilettengang erledigt?	
Emotionale Fitness	Mentale und emotionale Balance. Gibt es etwas, was mich nervt? Bin ich mental »fit for trade«? Abschalten – »in die Vitrine« stellen.	
Nicht-geschäftliche Dinge	Persönliche Ablenkungen – eliminieren Verabredungen im Kalender? Einplanen in der Strategie für heute Mail-Accounts abstellen, Handy ausschalten	

	Beschreibung	checked
Power	Maschinen laufen? Ist alles aufgeladen? Batterien o.k.?	
Optimales Umfeld	»Clean Desk« schützt vor Ablenkungen. Genügend Ruhe?	
Workstation	Info-Systeme (Reuters/Bloomberg) und Chartsysteme laufen?	
Emergency Backup	Für den Fall, dass Systeme abstürzen oder die Technik ausfällt. Wichtige Telefonnummern der/des Brokers liegen parat?	
Reize	Was könnte mich noch beim Handeln ablenken? Musik, Handwerker im Haus, Sonstiges?	

	Beschreibung	checked
Night	Welche Neuigkeiten gab es über Nacht von welchen Märkten? Welchen Einfluss könnten diese auf meine Strategie haben? Und muss ich meine Strategie möglicherweise anpassen?	
Economical Data	Wirtschaftsdaten, welche Makro-/Mikrozahlen stehen an? Welche Unternehmensdaten und -zahlen stehen heute an? Welche Auswirkungen könnten diese auf meine Positionen haben?	
Models	Welche Modelle/Instrumente/Papiere/Asset-Klassen handle ich? Was sagen die eigenen Charts? Gibt es Trends? Chartlevels? Wie ist die Volatilität/ATR? Muss ich das Setup der Charts evtl. ändern? Wo sind mögliche Entry und Exit Levels?	
Orderbuch	Gab es offene Positionen und wie sehen diese heute aus?	

RATIO	Beschreibung	checked
Payout Ratio	gibt das Verhältnis an zwischen den durchschnittlichen Gewinnen und den durchschnittlichen Verlusten	
Hit Ratio	zeigt das Verhältnis zwischen Gewinnern und Verlierern im Portfolio	
Profit Factor	beschreibt den Zusammenhang zwischen Payout Ratio und Hit Ratio in einer Zahl	
Risikobetrag	Wie sieht die Gesamt-P&L aus? Errechnen des Risikokapitals, wie viel Kapital kann eingesetzt werden?	

Checkliste Nr. 2 – TRADE ON Checklist: PREPARE

	Beschreibung	**checked**
Product	Welches Underlying wird gehandelt? Welche Instrumente werden dafür genutzt?	
Relevant Setups	Charts zum Underlying nochmal überprüfen. Wichtige Triggerpoints bestimmen und mit Tagesdaten abstimmen. Folge ich dem Trend oder handele ich antizyklisch?	
Economics	Noch einmal ein kurzer Blick auf die aktuellen Daten. Gibt es etwas Wesentliches in den letzten/nächsten zehn Minuten?	
Price Levels	Wo und wie steige ich ein? Kaufe ich in der Kasse? Stop In? Limit? Wo steige ich wieder aus? Wo sind TP und SL? Trailing Stop?	
Amount	Mit welchem Anteil meines gesamten Risikokapitals für heute gehe ich in diese Position? Wie ist die Aufteilung? Salamitaktik oder volles Risiko?	
Roll on	Wie ist der Zeithorizont meines Trades? Fünf Minuten? Intraday? Overnight?	
Expected 1st Move	Wie sollte die erste Bewegung bezogen auf mein Underlying aussehen? Was erwarte ich? Was werde ich tun, wenn diese Bewegung nicht eintritt?	

Checkliste Nr. 3 – TRADE ON Checklist: LAST

	Beschreibung	**checked**
Levels	Ist der Markt geöffnet, und wie sehen die Spreads (Geld-Brief-Spannen) aus? Wie ist die Liquidität? Wie das Momentum?	
Actuality	Gibt es noch ein paar aktuelle, für meine Position relevante Nachrichten?	
Sent	Trade-Details sind eingegeben. Limit/Betrag/SL?	
Trade	Order ist übermittelt? Order ist live oder abgelehnt? Order ist ausgeführt?	

Checkliste Nr. 4 – IN TRADE Checklist: RELAX

	Beschreibung	**checked**
Routine	Und wieder die Routine. Sind die Stops noch gültig? Läuft die Stop-Order noch? Hat der Preis noch seine Gültigkeit? Stimmt die Betragsgröße der Order noch (bei Teilausführungen)?	
Expectation	Läuft der Markt noch wie erwartet? Wenn Ja – alles gut. Wenn Nein ⇨ Beeinflusst diese Situation meine Trading-Idee/-Strategie? Wenn Nein ⇨ nichts tun. Wenn Ja ⇨ Eine Aktion überlegen, die auf meiner Strategie basiert.	
Lifetime	Zeitliche Ausrichtung, entwickelt sich mein Trade innerhalb der von mir erwarteten Zeitspanne? (insbesondere bei kurzfristig ausgerichteten Trades) Wenn nicht – Raus aus der Position? Stops versetzen? Neue Strategie?	
Attentive	Achtsam sein. Wenn also alles o.k. ist, bin ich wirklich entspannt mit der Position?	
EXit	Ist das Ziel oder der Stop erreicht? Ziel erreicht, Stop nachziehen? Gewinn mitnehmen (Vorsicht vor der »Halskrankheit«)? Position geschlossen?	

Checkliste Nr. 5 – Evaluation Checklist: CLOSE

	Beschreibung	**checked**
Cash	Deal closed: Trade erfasst? TADonline aktualisiert? Betragsgröße für nächsten Trade festgelegt? Day-End: Sind alle Trades verbucht? Wie sieht das Trading-Konto aus? Welches Ergebnis wurde heute erzielt?	
Live	Deal closed: Welche neuen Erkenntnisse gibt es aus diesem Trade? Gibt es Änderungen bei den Ratios oder der Risikogröße? Day-End: Welche offenen Positionen bleiben über Nacht bestehen? Worauf ist zu achten in Bezug auf die offenen Positionen (NEMO)? Gab es über den Tag schon auffällige Bewegungen, Volumina, Volatilität?	
O/N Orders	Deal closed: Teilausführungen? Sind alle Orders in Bezug auf diesen Trade raus (geschlossen, storniert)? Orders, die im Markt bleiben, führen zu neuen und ungewollten Positionen. Day-End: Orders sind übermittelt und live? Gültigkeit überprüft?	
Systems	Deal closed: TADonline ist final aktualisiert? Day-End: Alle noch offenen Systeme sind runtergefahren und geschlossen?	
Evaluation	Day-End: SWOT-Analyse. Was war gut, was war schlecht? Was sollte für den nächsten Tag beachtet werden? Wie sieht der Trading-Plan für den nächsten Tag aus?	

Checkliste Nr. 6 – Krisenmanagement: FORDEC

	Beschreibung	**checked**
Facts	Was sind die Fakten? Was passiert hier gerade? Welche Gefahren bestehen?	
Options	Welche Möglichkeiten stehen mir zur Verfügung?	
Risks	Welche Risiken sind mit diesen Möglichkeiten verbunden? Welches birgt das niedrigste Risiko?	
Decision	Eine Entscheidung muss getroffen werden.	
Execution	Handlung	
Check	Überprüfen der Handlung. Was kann/muss geändert werden?	

VIII

ANHANG: TERMINOLOGIE ALLGEMEIN

Begriff	**Bedeutung**
Aktien	Repräsentieren einen Bruchteil des Grundkapitals einer Aktiengesellschaft. Aktien werden an einer Börse notiert und können über diese sowohl gekauft als auch verkauft werden (einfache Version).
Anleihen	Verzinsliche Wertpapiere, wie z.B. *Schuldverschreibungen, Anleihen, Pfandbriefe, Rentenpapiere, Obligationen* (international auch: ***Bond***), die in der Regel zur langfristigen Fremdfinanzierung bzw. Kapitalanlage dienen.
Asset-Klassen	Anlage-Kategorien – Unterschiedliche Kategorien, in denen Interessierte ihr Geld anlegen oder investieren können.
Behavioral Finance	Das Spezialfeld *verhaltensorientierte Finanzmarkttheorie* (engl. *Behavioral Finance*) beschäftigt sich mit irrationalem Verhalten von Teilnehmern an den Finanz- und Kapitalmärkten.
Commodities	Rohstoffe, die an verschiedenen Börsen auf der Welt gehandelt werden können (z.B. Gold, Silber, Rohöl, Kaffee, Orangensaftkonzentrat usw.)
Derivate	Ein derivatives Finanzinstrument oder kurz Derivat (lat. *derivare* »ableiten«) ist ein gegenseitiger Vertrag, der seinen wirtschaftlichen Wert vom beizulegenden Zeitwert einer marktbezogenen Referenzgröße ableitet. Die Referenzgröße wird als *Basiswert* (Underlying) bezeichnet. Basiswerte können Wertpapiere (Aktien, Anleihen usw.), finanzielle Kennzahlen (Zinssätze, Indices, Bonitätsratings usw.) oder Handelsgegenstände (Rohstoffe, Devisen usw.) sein. Je nach Ausgestaltung der Hauptleistungspflichten im Vertrag unterscheidet man Festgeschäfte, Swapgeschäfte und Optionsgeschäfte.

Begriff	Bedeutung
Devisen	Sogenanntes ausländisches Buchgeld, welches auf Konten bei Banken liegt. Der *Model Code* sagt dazu Folgendes: Der Devisenmarkt ist ein gutes Beispiel für einen OTC-Markt, für den eine hilfreiche und professionelle Handelssprache zur Verfügung steht, die breite Anerkennung genießt. Die Grundterminologie für Kasse-Geschäfte verdeutlicht die Vorteile einer vielseitigen Verwendung des Begriffspaars **von Dir** (***Mine***) und **an Dich** (***Yours***). Als Antwort auf eine Kasse-Quotierung hat der Begriff **von Dir** (***Mine***) die folgende Bedeutung: *»Ich kaufe die Basiswährung von Dir und verkaufe Dir die Gegenwährung für eine Kasse-Lieferung über den Betrag, für den die Quotierung erfolgte, und zwar zu dem Kurs, zu dem die Basiswährung in Deiner Quotierung angeboten wurde.«* Wenn also die Kasse für Dollar/Yen mit 121.15-20 für 10 quotiert wurde, würde das vorgeschlagene Kassageschäft lauten: »Ich kaufe 10 Millionen USD zu 121.20.« Die dieser Standardisierung zugrunde liegende Logik besagt, dass der Händler sich mit seinen Äußerungen stets auf die Basiswährung bezieht und in Millionenbeträgen spricht, es sei denn, dies wird ausdrücklich anders lautend festgelegt. Wenn die Quotierung ohne Nennung eines bestimmten Betrages erfolgte, bedeutet der Ausdruck **5 an Dich** (***5 Yours***): »Ich ***verkaufe*** 5 Millionen in der Basiswährung (USD) für eine Kasse-Lieferung zu 121.15.«
Handelsstrategien	Ein persönliches Konzept, wie der Handel in bestimmten Asset-Klassen und den entsprechenden Märkten vollzogen werden soll. Einstiegspreis, Stop/Loss (SL) und Take Profit (TP) oder auch eine Exit-Strategie (Ausstiegsmöglichkeiten).
Marktsituation	Bestimmte Konstellationen an den Märkten, ausgelöst durch (un)erwartete Ereignisse, mit denen jetzt umgegangen werden muss.
Money-Management	Als Money-Management bezeichnet man eine Wertsicherungsstrategie, die darauf abzielt, das Risiko eines Wertpapier- oder Aktien-Portfolios durch Größenfestlegung der einzelnen Handelspositionen zu steuern.
Optionen	Eine Option bezeichnet in der Wirtschaft ein Recht, eine bestimmte Sache zu einem späteren Zeitpunkt zu einem vereinbarten Preis zu kaufen oder zu verkaufen. Deshalb wird sie auch als bedingtes Termingeschäft bezeichnet. Es handelt sich ausdrücklich um ein *Recht* und um *keine Pflicht*, d. h. der Optionsinhaber, der die Option zu einem bestimmten Preis (Prämie) vom Stillhalter (Optionsverkäufer) gekauft hat, entscheidet einseitig, ob er die Option gegen den Stillhalter ausübt oder die Option verfallen lässt. Eine große Bedeutung haben Optionen im Bereich der Finanzgeschäfte.
Paper Trades	Papier Geschäfte. Trading mit fiktiven Beträgen zu echten Kursen. Die Geschäfte werden nur auf einem Blatt Papier erfasst. Vorteil, Du kannst kein Geld verlieren. Nachteil, Du kannst nichts gewinnen. Wird häufig bei der Erarbeitung einer eigenen Trading-Strategie eingesetzt.
Risikomanagement	Risiko-Management umfasst sämtliche Maßnahmen zur systematischen Erkennung, Analyse, Bewertung, Überwachung und Kontrolle von Risiken.

Begriff	**Bedeutung**
Stop Loss	Zeitpunkt, zu dem eine Position, die im Minus ist, im Sinne der Verlustminimierung (SL) geschlossen wird.
Take Profit	Zeitpunkt, zu dem eine Position, die im Plus ist, im Sinne der Gewinnmitnahme (TP) geschlossen wird.
Trader	Händler – ein Marktteilnehmer, der versucht, billig einzukaufen und möglichst teurer wieder zu verkaufen. Oder teuer zu verkaufen und sich möglichst billiger wieder einzudecken.
Wertpapier	Ist eine Urkunde, ein verbrieftes Recht. Es gibt dem Inhaber dieser Urkunde das Recht, gegen Vorlage, dieses Recht beim Schuldner geltend zu machen.
Zertifikate	Als Zertifikate werden Schuldverschreibungen bezeichnet, die über derivative Komponenten verfügen, sodass ihre Wertentwicklung von der Wertentwicklung anderer Finanzprodukte abhängt. Zertifikate zählen zu den strukturierten Finanzprodukten. Sie werden von Banken emittiert und vorwiegend an Privatkunden verkauft; sie sind daher klassische Retail-Produkte. Zertifikate stellen für Privatanleger eine Möglichkeit dar, komplexe Anlagestrategien zu verfolgen und in verschiedene Anlageklassen zu investieren. Der Handel findet vor allem außerbörslich statt. Das erste jemals emittierte Zertifikat war im Juni 1990 ein Index-Zertifikat der Dresdner Bank auf den DAX.
Zinsen	Beschreibt den Wert (Preis) des Geldes, ausgedrückt in einem Prozentsatz. Zinsen werden für eine bestimmte Laufzeit und entweder für ein Guthaben (Habenzins) oder eine Schuld (Sollzins) berechnet.

ÜBER DIE AUTOREN

Als Investment-Banker verdiente Stefan Sillmann fast 25 Jahre lang sein Geld mit dem Handel und Vertrieb von derivaten Produkten des Zins- und Währungsmanagements an den bedeutendsten Handelsplätzen der Welt wie Frankfurt, London oder auch New York. Zu seinen Kunden gehörten internationale Konzerne, Zentralbanken aus dem europäischen Raum, regionale Sparkassen sowie private Investoren und Anleger. Er und sein Team gehörten über Jahre hinweg zu den besten ihrer Branche, ermittelt und ausgezeichnet durch das renommierte *Euromoney Magazine*. Seit nunmehr 10 Jahren begleitet er als selbstständiger Coach und Trainer Führungskräfte und deren Mitarbeiter aus allen Branchen bei ihren täglichen herausfordernden Aufgaben. Ebenso unterstützt er seit dieser Zeit jedes Jahr unzählige Junghändlerinnen und -händler in deren Entwicklung auf dem Trading Floor. Seine Arbeit ist geprägt von praxis- und vor allem ergebnisorientierten Inhalten und Maßnahmen.

John O'Donnell ist Trader von der ersten Stunde an und seit über 20 Jahren aktiv am Markt. Er arbeitete bei verschiedenen international agierenden Banken als Devisen- und Fixed-Income-Händler und legte schon früh die Prüfung als Aktienhändler an der Frankfurt Stock Exchange ab. Aus eigener Erfahrung, der Erfahrung von Händlerkollegen und dem Umgang mit privaten und institutionellen Trading-Kunden weiß er, dass sowohl erfahrene Marktteilnehmer als auch Neulinge dazu neigen, in die üblichen Trading-Fallen zu tappen und Geld zu verlieren. Er hat vom ersten Tag seiner Trading-Karriere an für sich selbst ein Trading-Tagebuch geführt und sowohl sein eigenes Verhalten als auch das seiner Trading-Kunden immer wieder dokumentiert, analysiert und ausgewertet. Daraus entstand das *Trade Analysis Diary (TAD)*, ein elektronisches Trading-Tagebuch, das ihm und allen anderen Tradern schon seit vielen Jahren tagtäglich hilft, professioneller und damit erfolgreicher am Markt zu agieren.

Einfach traden lernen

Carsten Umland

Sie als Tradingeinsteiger stehen vor einer schier unendlichen Menge an Fragen. Deshalb hat Carsten Umland erstmals das gesammelte Wissen zum Tradingeinstieg kompakt in einem interaktiven Buch zusammengefasst. Von der Vorbereitung über die solide Strukturierung eines Tradingtags bis hin zur Entwicklung einer eigenen Tradingstrategie führt er Sie als Tradingeinsteiger Schritt für Schritt in die Kunst des Tradens ein. Die einzelnen Kapitel werden durch Videos auf www.einfach-traden-lernen.net ergänzt und enthalten Onlinelektionen zur Vertiefung des Wissens.

240 Seiten | Hardcover | 34,99 € (D) | ISBN 978-3-89879-684-2

Das große Arbeitsbuch der Markttechnik

Michael Voigt

Mit seinem Bestseller *Das große Buch der Markttechnik* und der Buchreihe *DER HÄNDLER* hat Michael Voigt einen völlig neuen Weg beschritten, indem er Trading-Fachwissen mit der romanhaften Schilderung des Werdegangs eines jungen Traders verband. Mit dem großen Arbeitsbuch der Markttechnik gibt Michael Voigt Anfängern, Fortgeschrittenen und Profis nun ein weiteres einzigartiges Werk an die Hand.

Das große Arbeitsbuch der Markttechnik schließt genau an der Stelle an, an der viele andere Bücher aufhören – bei Aufgabenstellungen und Praxisbeispielen und häufigen Fehlern, die bei der Anwendung von bereits erlerntem Fachwissen auftreten. In einzigartiger Weise kombiniert das Arbeitsbuch den fachlichen Teil mit den Kernelementen des psychologischen Alltags als Händler und erlaubt dem Leser einen 360-Grad-Blick in der Kunst der Markttechnik.

480 Seiten | Hardcover | 39,99 € (D) | ISBN 978-3-89879-659-0

Mehr Informationen zu Tradingthemen finden Sie unter www.tradersjournal.de

Einfach traden

Birger Schäfermeier

Spätestens seit Ausbruch der Finanzkrise scheinen die Finanzmärkte immer unberechenbarer zu werden. Kursstürze von 30 Prozent und mehr sind zwar nicht an der Tagesordnung, die Schwankungen an den Börsen nehmen aber ständig zu. In einer solchen Umgebung versagt jedes komplexe Regelwerk, weil es nicht flexibel genug ist.

Birger Schäfermeier zeigt Ihnen die wichtigsten Prinzipien, um in einem sich ständig wandelnden Börsenumfeld als Trader weiterhin erfolgreich zu sein. Wie geht der erfahrene Trader mit Angst, Panik oder Euphorie um? Wie trifft er bessere Entscheidungen unter Zeitdruck und wie geht er mit Worst-Case-Szenarien um? Wie meistert er schwierige Szenarien und verbessert beständig sein Trading? *Einfach traden* bietet eine Roadmap mit den wichtigsten Grundsätzen, um in unterschiedlichsten Marktumgebungen erfolgreich zu sein.

220 Seiten | Broschur | 24,99 € (D) | ISBN 978-3-89879-814-3
Mehr Informationen zu Tradingthemen finden Sie unter www.tradersjournal.de